Exploring the Construction of Free Trade Port in China：
Offshore Financial Market Reopen

探索建设自由贸易港：
离岸金融市场再起航

杨　帆　著

中国金融出版社

责任编辑：任　娟
责任校对：孙　蕊
责任印制：丁淮宾

图书在版编目（CIP）数据

探索建设自由贸易港：离岸金融市场再起航（Tansuo Jianshe Ziyou Maoyigang：
Li'an Jinrong Shichang Zai Qihang）／杨帆著 .—北京：中国金融出版
社，2018.6

　ISBN 978 - 7 - 5049 - 9703 - 6

　Ⅰ.①探… 　Ⅱ.①杨… 　Ⅲ.①离岸金融市场—研究—中国
Ⅳ.①F832.5

中国版本图书馆 CIP 数据核字（2018）第 190866 号

出版
发行　**中国金融出版社**

社址　北京市丰台区益泽路 2 号
市场开发部　(010)63266347，63805472，63439533（传真）
网 上 书 店　http：//www.chinafph.com
　　　　　　(010)63286832，63365686（传真）
读者服务部　(010)66070833，62568380
邮编　100071
经销　新华书店
印刷　北京市松源印刷有限公司
尺寸　169 毫米×239 毫米
印张　14.75
字数　235 千
版次　2018 年 6 月第 1 版
印次　2018 年 6 月第 1 次印刷
定价　48.00 元
ISBN 978 - 7 - 5049 - 9703 - 6
如出现印装错误本社负责调换　联系电话(010)63263947

在当前全球贸易增长放缓、"逆全球化"风潮涌动、经贸规则形成新格局的背景下，党的十九大提出"推动形成全面开放新格局"，在现有保税港区和自由贸易试验区的基础上探索建设开放程度和自由程度更高的自由贸易港。从最初的保税区到目前"1+3+7"的自由贸易试验区格局，再到探索自由贸易港建设，我国的对外开放逐步升级，有力地推动了我国更高层次开放型经济体系的建立。作为中国经济制度改革的新引擎，自由贸易港无疑站在了更高的平台上，开始肩负起促进中国经济融入国际经济新秩序、促进"一带一路"国家间经贸合作、为我国加入高标准国际贸易协定提供经验的重要任务。

国际通行的自由贸易港一般具有贸易、投资和金融自由化的基本特征，在自由贸易港内设立的金融市场和机构以及开展的各项金融业务具有离岸金融的特征。强化我国自由贸易港的离岸金融功能，将进一步推动其在金融、服务业领域实现更高层次的开放，强化其贸易、物流、加工制造和增值服务等核心功能的发挥，也必将进一步助推自由贸易港的建设探索。因此，从适合培育离岸金融市场的视角研究推进我国自由贸易港的探索建设，以离岸金融市场为支点，推动服务贸易型离岸金融业务在自由贸易港、自贸试验区的先行先试，进一步对接TPP、TTIP等国际贸易新动向要求的金融自由化条款，有利于促进贸易投资便利化、提高资金使用效益、实现跨境资本流动和优化配置，从而为"一带一路"建设提供融资支持和便利，引领中国金融改革，推动人民币国际化进程，实现最高标准的开放。

《探索建设自由贸易港：离岸金融市场再起航》一书立足我国自由贸易试验区金融改革创新历程、自由贸易账户体系的设置、自由贸易港的金融开放期许，以及上海、深圳、天津三地离岸金融业务的探索实践，坚持金融改革创新为国家试制度、为区域谋发展的总体原则，坚持以制度创新为核心、以开放促改革促发展促转型、服务实体经济发展的根本要求，通过大量的翔实数据、及时的政策梳理以及指标体系的构建、策略模型的构建、风险溢出的测度对我国自由贸易港发展离岸金融市场进行了多角度、全方位、立体化、宽视野的思考与研究。本书结构清晰、内容翔实、信息量大，除基础性理论研究外，案例研究是一大亮点。本书兼顾当前与长远，分析了当下我国自由贸易港离岸金融市场建设面临的困难与挑战，并以上海为例，提出未来上海自由贸易港离岸金融市场建设的总体方向、模式选择、发展策略及实现路径。

新时代，新起点，新征程。2018年是中国改革开放40周年，也是我国实施新一轮改革开放、迈向更高层次开放型经济体系的新起点。本书以时间为轴、以理论为线、以实践为面，从三个维度架起了研究自由贸易港离岸金融市场的立体体系，对自由贸易港建设探索过程中实现金融领域最高标准开放的关键内容和步骤进行了深入研究，这些研究结论为当前形势下我国深化金融改革开放政策措施的制定提供了重要的理论基础和决策参考，具有一定的理论性、实践性和指导性。

天津市政府参事

中国滨海金融协同创新中心主任

王爱俭

2018 年 5 月

党的十九大报告明确提出："赋予自由贸易试验区更大改革自主权，探索建设自由贸易港。"这是中国开放政策的最新命题，也是未来中国开放发展的最前沿。2017年3月，国务院印发的《全面深化中国（上海）自由贸易试验区改革开放方案》明确提出，在洋山保税港区和浦东机场综合保税区等海关特殊监管区域内设立自由贸易港区。2017年11月10日，汪洋副总理在《人民日报》撰文，进一步对自由贸易港做了具体阐释。2018年3月，在《政府工作报告》中，李克强总理在"对2018年政府工作的建议"中指出，"全面复制推广自贸试验区经验，探索建设自由贸易港，打造改革开放新高地"。2018年4月，在博鳌亚洲论坛开幕式上，习近平主席发表主旨演讲，进一步指出"中国人民将继续扩大开放、加强合作，坚定不移奉行互利共赢的开放战略，坚持引进来和走出去并重，推动形成陆海内外联动、东西双向互济的开放格局，实行高水平的贸易和投资自由化便利化政策，探索建设中国特色自由贸易港"。

探索建设自由贸易港，是继承和发展我国自由贸易试验区制度创新成果、推进新的创新载体建设的重要安排，是应对全球经贸规则不断演变、平抑国际经济形势"逆全球化"波动、实现世界经济开放发展和强劲复苏的战略支点，是配合我国继续深入推进"一带一路"建设、掌握全球自由贸易主导权的重大举措，是新时代加快对外开放、促进经济增长、形成全面开放新格局的重要途径。

纵观国际上较为成熟的自由贸易港，均同时具备自由贸易、自由投资、自由金融和自由运输这四大功能，而放开外汇管制、积极发展离岸金融是世界自由贸易港的通行惯例。作为必要的金融基础设施，在我国探索建设自由贸易港，积极发展离岸金融市场，并根据自由贸易港的制度框架和基础条件，选择符合自身特征的离岸金融模式，既是我国尝试开展离岸业务的试验田，也是我国金融自由化改革的试验地。我国自由贸易港建设的基础是开放型实体经济，核心是打造制度空间，重点是围绕"一线放开"实现货物、人员、资金最前沿的开放。尽管有"探索建设"职责，但自由贸易港不再是"试验区"的概念，而是具体的开放实践。应该说，在我国自贸试验区过去五年的发展进程中，离岸金融业务总体发展缓慢，离岸金融市场尚未建立。因此，将自由贸易港的金融开放创新实践按照离岸金融市场规则进行管理，拓宽具有风险分散优势的多元化离岸金融业态，打通区内、区外的资金流动渠道，有助于进一步降低企业经营成本，提高自贸试验区、自由贸易港对各类企业的吸引力，有助于突破自贸试验区建设发展的瓶颈，实现自由贸易港更高层级的开放，有助于在更广领域、更大空间、更深层次上探索以制度创新推动全面深化金融改革的新路径，推进我国的金融国际化和人民币国际化，不断完善我国金融开放的风险防范机制。

对于建设以自贸试验区为载体的离岸金融市场，理论界已提出构想，但缺乏系统的论证与研究。深度审视我国自由贸易港及其"境内关外"的特性和"虚拟境外"的环境，深入分析自由贸易港离岸市场建设的理论支撑与区位机理，探讨在离岸市场放松金融管制的试验，平衡放松管制与风险监管的适度关系，对于加快实现自由贸易港更高层级的金融开放目标、减少自由贸易港金融自由化对国内金融体系带来的负面影响具有重要意义。

鉴于此，本书以我国自由贸易港离岸金融市场为研究对象，在整体架构上设计安排了7篇19个章节的内容，以离岸市场"为何建设"（第一、第二、第三篇）——"能否建设"（第四、第五篇）——"如何建设"

（第六篇）—"风险防范"（第七篇）为研究主线。

第一篇为绪论（第二至第三章）。本篇介绍了本书的选题背景、目的和意义；对自由贸易试验区与自由贸易港、离岸金融市场及其分类、自由贸易港离岸金融市场及其金融风险等相关概念的缘起、内涵、外延进行了阐释界定；对国内外相关文献研究成果分专题进行梳理，并在综述与评价的基础上，提出本书研究视角的切入点和研究主线。

第二篇为理论基础（第四至第五章）。本篇分别围绕自由贸易港、离岸金融市场建设及风险进行理论分析，遵循区域经济增长、规制经济学和制度经济学理论，微观视角的集聚经济与区位选择理论，宏观视角的金融自由化和金融创新理论，以及揭示金融自由化与金融风险关系的风险分散模型，进一步为后文分析做理论铺垫。

第三篇为经验借鉴（第六至第八章）。本篇是对国际自由贸易港及离岸金融市场建设发展的经验借鉴，对具有离岸金融功能的世界自由贸易港和对"境内关外"的离岸金融市场及其风险防范进行了案例分析，梳理出区位优势、制度要素、风险监管三个方面的经验，并以此为我国自由贸易港离岸金融市场建设及风险防范提供启示。

第四篇为现实考察（第九至第十一章）。本篇是对我国自由贸易试验区金融改革创新实践、自由贸易港培育离岸金融市场的现实考察，包括对我国自由贸易港及其前身自贸试验区金融开放创新实践的战略分析，对我国自由贸易港培育离岸金融市场的可行性、必要性和有效性论证，对我国具有离岸金融市场培育潜力的目标区域的基础条件、发展优势及金融创新实践成果的对比分析。

第五篇为指标测算（第十二至第十三章）。本篇构建了我国自由贸易港离岸金融市场培育潜力的评价指标体系并对指标的有效性进行了具体测算，通过建立计量模型实证考察我国已获批建立自贸试验区的重点区域的发展潜力以及离岸金融市场建设的区位选择。

第六篇为发展策略（第十四至第十六章）。本篇以上海为例，从宏观角度提出自由贸易港离岸市场分阶段的功能定位、制度模式以及以自由贸易账户为实施载体的发展策略；从微观视角梳理自由贸易港离岸人民币利率、汇率的形成机制，论证在风险可控的前提下，离岸市场资本项目试点开放的策略及路径选择。

第七篇为风险防范（第十七至第十九章）。基于资本项目试点开放等金融管制放松引致的国内金融体系的潜在风险，本篇实证检验人民币离岸金融市场对国内市场的风险溢出效应，探讨自由贸易港离岸市场的系统性金融风险以及风险溢出的源头和风险监管的对象，并据此提出风险防范措施。

探索建设自由贸易港是一项长期的、渐进的、系统性的工程。作为阶段性的研究成果，本书从尝试发展离岸金融市场的角度，对我国自由贸易港的建设进行了立体化的思考与研究。诚然，书中还有许多不足之处，特别是由于我国自由贸易港步入实操阶段时间尚短，上海自贸试验区的自由贸易港建设虽已得到国家批复，但其离岸金融业务体量相对较小，离岸金融市场的构建还需要政府加强推动和市场自身的不断完善，因此在分析我国自由贸易港离岸金融市场对国内金融体系的风险冲击时，无法得到自由贸易港离岸金融市场的有效数据，只能以同样作为"境内关外""政府推动"的香港及台湾人民币离岸市场的数据指标来代替，利用计量方法实证考察离岸金融市场对国内金融市场的冲击效应，并据此分析自由贸易港建设离岸金融市场可能给国内金融体系带来的风险。由于实证数据的替代，实证结论也将在一定层面上影响对策措施，相关建议或许有失偏颇，不够全面，而笔者也将根据时间的推移和自由贸易港的不断发展，积累数据，跟进研究，及时调整，加以完善。

目录

CONTENTS

第五篇　指标测算

第六篇　发展策略

第七篇　风险防范

第一篇 总 论

　　离岸金融起源于20世纪50年代，指的是在一国境内设立的不受本国金融监管的特殊形式金融机构为非居民提供的金融服务。面对经济全球化和金融自由化的新趋势，离岸金融市场的作用日益凸显。作为金融创新和金融自由化的产物，离岸金融市场凭借其制度限制少、有利于资本跨境流动和融资成本低等优势，在国际金融中心和世界自由贸易港迅速发展起来。离岸金融业务及离岸金融市场的发展，为许多国家和地区带来了巨大的收益和投融资便利，促进了区域开发开放和商务活动的繁荣，提升了一国（地区）货币以及经济实体的国际竞争力。作为必要的金融基础设施，在有效管控的自由贸易试验区、开放层次更高的自由贸易港积极筹划和构建离岸金融市场，并根据自由贸易港的制度框架和基础条件，选择符合自身特征的离岸金融模式，有助于创造良好的制度条件和市场环境，加速我国与国际经济贸易新标准、新规则体系的接轨，加快实现贸易、投资、金融自由化，以金融领域的开放创新引领我国自由贸易港的建设探索。

第一章 选题背景与研究意义

作为中国经济制度改革的新引擎,自由贸易港站在了更高的平台上,肩负着促进中国经济融入国际经济新秩序、促进"一带一路"国家间经贸合作、为我国加入高标准国际贸易协定提供经验的重要任务。建立自由贸易港离岸金融市场,以离岸金融市场为支点,推动服务贸易型离岸金融业务在自由贸易港、自贸试验区的先行先试,能够进一步对接国际贸易新动向要求的金融自由化条款,为"一带一路"建设提供融资支持和便利,引领中国金融改革,为进一步推进人民币国际化起到铺垫作用。

第一节 研究背景

第一,自由贸易港战略的实施。当前,以美国为首的发达经济体通过构建新一代全球经贸规则体系、提升服务贸易比重和竞争力、以自由贸易协定(FTA)为国际经贸竞争手段,主导着全球经贸格局的变化。中国自由贸易试验区战略的实施,正是立足于应对全球经贸规则的不断演变,主动顺应全球经济治理新格局,打造新时期我国面向世界、深耕亚太、适应国际经济新秩序的战略载体。作为自贸试验区的升级版,探索建设自由贸易港,对标世界经贸规则和经验,将赋予港区更多的改革自主权,在推动自贸试验区制度创新发展的同时,有利于创造我国参与全球价值链高端分工的优势,增加我国参与制定国际规则的话语权,平抑国际经济形势"逆全球化"的波动,实现世界经济开放发展和强劲复苏。我国自由贸易港战略是新时代推动形成全面开放新格局的重要举措,引入离岸金融功能,将推动其在金融、服务业领域实现更高层次的开放,强化其贸易、物流、加工制造和增值服务等核心功能的发挥。反过来讲,自由贸易港的建设探索、自贸试验区的制度创新,特别是在金融领域的开放创新,都可以通过构建离岸金融市场来实现。开放的离岸金融需要高度开放的经济环境作为基础。因此,在探索建设自由贸易港的背景下,构建离岸金融市场是积极推进自由贸易港建设、主动融入国际经济新秩序、探索 TPP 和 TTIP 等最新国际贸易动向要求的金融自由化条款的重要渠道，将会为我国加入高标准国际贸易协定提供经验。

第二，人民币国际化进程的快速推进。自 2008 年国际金融危机以来，主要国际货币波动显著加大，客观上增加了国际社会对人民币的需求。近年来，中国政府采取一系列措施推动人民币的国际化进程，并在诸多方面取得了重要进展，跨境贸易人民币结算金额高速增长，货币互换协议规模继续扩大，资本项目下人民币业务不断突破，香港人民币离岸市场发展迅速。中国已经与数个国家签订了双边货币互换协定，人民币也于 2016 年 10 月 1 日正式纳入特别提款权（SDR）的货币篮子；以人民币计价的原油期货于 2018 年 3 月 26 日在上海期货交易所挂牌，标志着商品领域的计价起步。但是，作为一个发展中国家，中国在金融方面特别是资本账户开放方面仍然保持较为谨慎的态度。基于我国政治与经济环境的特殊性，人民币离岸金融市场的建设与发展，对于推动人民币资本项目的开放、推动人民币国际化战略的实施起着关键作用。针对人民币国际化过程中产生的风险，我国需要在自贸试验区范围内进行先行先试，尤其是通过在自贸试验区开展资本项目开放审慎监管，大力发展人民币离岸市场以及中长期人民币债券市场，形成人民币跨境流动"安全垫"。作为中国经济制度改革的新引擎，自由贸易港站在了更高的基础之上，开始肩负起引领金融改革、促进中国经济融入世界和参与经济全球化的重大而艰巨的任务。建立自由贸易港离岸金融市场，以离岸金融市场为支点，推动服务贸易型离岸金融业务在自由贸易港、自贸试验区的先行先试，将会为进一步推进人民币国际化起到铺垫作用。

第三，金融自由化改革的推进。提高金融开放水平、加快金融创新是我国自由贸易港、自贸试验区建设过程中重要的任务之一，以此来提升我国贸易投资便利化程度，增强金融对实体经济的支持力度。扩大金融业双向开放、推进政策性金融机构改革、健全多层次资本市场体系、完善人民币汇率市场化形成机制、加快推进利率市场化、资本项目可兑换等金融改革都可在自贸试验区先行先试，并形成可复制、可推广、可升级的经验制度。设立自由贸易港离岸金融市场，尝试推进金融自由化改革创新，将推动金融全球化。在自贸试验区设立并推动发展自由贸易港离岸金融市场，有利于推进我国的利率市场化，为境内金融市场利率水平的合理定价提供参照；适度分流境外资金流入境内的规模，缓解外汇市场的压力，为汇率制度改革创造条件；将自由贸易港打造成为引进外资及支持中资公司海外发展的重要场所，进一步顺应世界金融自由化潮流，使金融资源在全球范围内低成本、高效率地流动，进一步拉近我国与各国金融市场在时间和空间上的距离，深化国内经济体制改革，更好地服务贸易和实体经济。因此，积极探索自由贸易港建设，在自由贸易港建立并发展离岸金融市场，是落实党的十九大精神、实现国际化金融市场的战略抉择。

第四，"一带一路"倡议的推行。建设"丝绸之路经济带""21世纪海上丝绸之路"，通过交通基础设施建设、物流网络布局等举措，能够实现我国东西区域的互联互通，是我国开展跨国经济贸易交流与合作的重要载体、实施对外开放的重要战略。作为承担国家使命的制度高地，上海、广东、天津和福建等自贸试验区均处于"一带一路"的重要节点，上海、陕西、浙江、福建、广东、四川等地正在着手启动或酝酿探索自由贸易港建设方案，其所具有的港口优势也将成为连接海内外的重要纽带。各地利用其政策和制度优势，加快离岸金融创新，能够为"一带一路"建设提供融资支持和便利，促进区域内国家间的经贸合作，与"一带一路"沿线国家共同打造宽领域、深层次、高水平、全方位的区域合作新局面。探索建设自由贸易港，不仅可以与"一带一路"倡议共同促进贸易门槛降低和贸易便利化提升，而且将逐渐形成一系列新做法、新经验，通过试水国内建设自由贸易港为我国对"一带一路"沿线港口投资积累经验，为对外开放提供新动力。因此，建设自由贸易港离岸金融市场，是加快实现"一带一路"倡议的助推器，是"一带一路"内外联动的战略支点，将进一步推动"大国大金融"建设，提升中国的国际金融影响力和话语权。

第二节　研究目的

第一，构建适合我国制度特征的在岸的离岸金融市场的分析框架。本书以国内外发展历史进程分析作为起点，对在自由贸易港区域内建立具有中国特色的在岸的离岸金融市场进行系统和深入的理论分析，即从制度变迁的角度出发，在时间上对我国自由贸易港及其前身海关特殊监管区①的离岸金融业务的演进历史进行分析，在空间上比较相似情景下国外相关模式，通过分析世界著名离岸金融中心的复杂性和特殊性，从发展机理、模式以及风险管理等多个方面提炼出建立离岸金融市场的一般性范式，为在自由贸易港建设离岸金融市场提供一个可行的整体性分析框架；探讨适合我国制度特征的在岸的离岸金融市场的功能体系、运行特征和经济影响，为甄选适合建立离岸金融市场的自由贸易港、自由贸易试验区提供有效的参照系和参考依据。

第二，探讨在自由贸易港建设离岸金融市场、开展离岸人民币业务的可行性。近年来，我国在新兴经济体国家中持续保持外商直接投资（FDI）第一，企业"走出去"步伐不断加快，国际资本的双向流动对我国全球化的金融服务提出了强烈需求。当前，我国借助自由贸易港的建设契机，构建离岸金融市场，充分利用全球资金，实现我国经济金融的全球化发展。因此，研究自由贸易港的金融市场基础、区位优势、功能定位及制约因素，特别是对比国外自由贸易港的离岸金融发展经验，将有利于形成对我国自由贸易港开展离岸金融市场建设的可行性研究，并通过厘清自由贸易港建设离岸金融市场的制约条件，有的放矢地从要素配置上解决问题，进一步制定步骤规划和政策方案，有效规避建设中的风险。

第三，基于国际金融发展的新领域和我国自身的实际情况，探索建立我国自由贸易港离岸金融监管体制。我国的货币体系和金融市场是全国统一的，很难长期地独立封闭运作。因此，自由贸易港离岸金融市场的建设发展将牵涉到整个国民经济命脉，而且其运行机制与我国现行的金融运行机制将存在较大区别，使得我国监管当局在自贸试验区、自由贸易港离岸金融市场的金融监管上面临巨大的挑战与压力。因此，自由贸易港离岸金融市场的建设将从金融监管目标创新和审慎监管政策创新角度出发，分别对宏观审慎监管和微观审慎监管提出更有效的机制措施，探讨自由贸易港离岸金融市场效率监管模式，努力建立既符合国内外金融市场实情，又能促进金融创新与风险防范的金融监管体制，为我国未来金融监管体制改革

---

① 我国海关特殊监管区域现有六种模式：保税区、出口加工区、保税物流园区、跨境工业园区（包括珠海跨境工业园区、霍尔果斯边境合作区）、保税港区、综合保税区。2013 年 9 月 27 日，国务院批复成立中国（上海）自由贸易试验区，涵盖了上海市外高桥保税区、外高桥保税物流园区、洋山保税港区和上海浦东机场综合保税区等 4 个海关特殊监管区域。

提供参考与借鉴。

第四，探索自贸试验区金融创新示范及推广模式，形成可复制、可推广、可评价的改革经验。建设自由贸易港离岸金融市场，既是尝试在我国内地开展离岸业务的试验地，也是为我国利率和汇率市场化改革、人民币资本项下的自由兑换创造条件，促进我国金融自由化发展。自贸试验区先行先试的金融改革需要遵循离岸金融市场运行的规律，为资金在区内外之间的自由流动提供便利化渠道，吸引更多的企业进入自贸试验区、自由贸易港开展经营贸易，尤其是要大力支持新兴产业和服务业，发展多种形式的离岸金融业态，为区内企业营造优越的制度条件和稳定的市场环境，为自贸试验区框架下的自由贸易港离岸金融市场建设发展提供理论依据，探索以先行先试倒逼国内金融自由化改革的分析范式，形成可复制、可推广、可升级的制度经验，为在全国统一布局、分步推进金融自由化改革提供有操作性的方案。

第三节　研究意义

一、理论意义

第一，深化自由贸易港与离岸金融发展的关系研究。从世界范围看，在自由贸易港开展离岸金融业务虽然不是一种全新的创造，但从理论上揭示其运行规律机制、区域经济影响和制度创新意义，却是一种全新的尝试。以往关于自由贸易港的研究，很少触及离岸金融业务这一主题，而关于离岸金融业务的研究也往往将重点放在监管和风险控制问题上。本书将研究自由贸易港与离岸金融发展的联动关系，特别是离岸金融业务及离岸金融市场建设发展对自由贸易港的经济影响和制度创新意义，丰富自由贸易港的研究内容，探索可经由自贸试验区发展离岸金融、以离岸金融市场功能推动自由贸易港建设的联动机制研究。

第二，探索有中国特色的离岸金融市场的培育机制。在我国的自贸试验区发展离岸金融市场，在国际离岸金融的发展形式中属于政府政策推动的"在岸"型的离岸市场，与自发形成的欧洲美元市场有很大差异，再加上中国经济金融发展的特殊环境，以及国内金融改革尚未完成，使得在自贸试验区发展的离岸金融市场与传统意义上的"在岸"或"境内关外"的离岸金融市场［如美国国际银行设施（International Banking Facility，IBF）］

有所不同。对于不可自由兑换货币的离岸金融业务，其发展模式也较为特殊。本书将从我国自贸试验区、自由贸易港视角来研究离岸金融市场建设的原因、模式、途径和风险防范，探索我国自由贸易港框架下的离岸金融市场培育机制，并从适合培育离岸金融市场的角度为我国自由贸易港的建设探索提供参考。

第三，丰富中国金融自由化的理论研究。金融自由化改革实施策略与其依托的自由贸易港的发展定位存在紧密联系。我国汇率、利率尚未完全市场化，金融市场还未发展成熟，目前由人民银行、银保监会、证监会、外管局独立分业的金融监管体系等综合因素决定了我国自由贸易试验区金融自由化的特殊性。本书将通过对自贸试验区金融制度创新、金融自由化的探索，以先行先试倒逼国内金融自由化改革的分析范式，形成可复制、可推广、可升级的改革经验，为在全国层面统一布局、分步推进金融自由化改革路径方案提供具有操作性的理论工具。

第四，尝试运用多种分析方法对我国在岸的离岸金融市场的建设发展进行交叉研究，推动多种相关理论的交叉应用与融合创新。本书综合应用区位理论、区域经济增长、制度经济学，以及集聚经济、金融自由化、金融创新与监管等相关理论，并将其有效统一在自贸试验区框架下的离岸金融市场的研究中。本书尝试运用离岸金融中心有效性模型，证明在自由贸易港发展离岸金融市场的有效性；使用因子分析法，筛选出具有离岸金融市场发展潜力的自贸试验区；运用人民币资本项目开放模型，研究自由贸易港离岸金融市场的资本项目逐步开放的路径；利用相关税制原理，提出支持自由贸易港离岸金融市场发展的优惠税制安排；通过 CoVaR 模型，测度自由贸易港离岸金融市场建设对国内金融体系的潜在风险冲击，并就完善自由贸易港离岸金融市场的风险监管框架提出相应的对策建议。

二、现实意义

第一，建设自由贸易港离岸金融市场是新形势下激发我国经济增长动力、推动经济可持续发展的内在要求。经历了改革开放后持续三十余年的经济高速增长，我国已经成为全球第二大经济体和重要的贸易大国，但是金融整体发展水平的相对落后使得我国金融综合实力与发达国家存在较大差距，也阻碍了我国经济的发展。在自贸试验区的战略背景下，加快建设自由贸易港离岸金融市场，能够进一步推动各种金融要素的自由流动与高效配置，提高贸易投资便利化，创新跨国贸易融资方式，促进对外贸易的发展。自贸试验区和自由贸易港战略是我国当前最重要的国家战略，承担着加快新一轮改革开放、推动经济增长的重要使命。建设自由贸易港离岸金融市场，同时控制好离岸金融市场建设的风险，对促进我国经济发展有重要意义。

第二，有利于推动我国金融体制改革，促进金融自由化。我国金融改革的目的是探索建立与国际接轨的金融制度体系，提高金融开放水平，从而更好地参与国际金融合作。但在当前我国资本项目尚未实现完全开放、金融市场化条件尚不具备的情况下，通过在自由贸易港设立离岸金融市场，在风险可控的条件下，积极进行各项金融改革措施的试验，积累成功的举措经验，再逐步向自贸试验区及区外的在岸金融市场推广，有利于加快我国金融体制改革的整体进程，同时最大限度地降低改革带来的风险。在金融开放试验方面，资本项目的完全开放、创新离岸金融产品、人民币国际化等改革都可以在自由贸易港离岸金融市场上开展。利用自由贸易港的优势，借鉴国际著名离岸金融市场建设的经验教训，探索建立我国当前所需求的离岸金融市场，将为我国金融改革开放积累宝贵的经验，奠定坚实的基础。

第三，为资本的国际化流动提供条件，提高金融资源的配置效率。在经济、贸易、金融等领域全球化发展的背景下，资本的跨境流动也成为不可阻挡的趋势，而资本流动与配置的效率将对本国和全球经济的发展都产生重要的影响。与在岸金融市场严格的监管制度相比，离岸金融市场的制度约束比较少，金融监管也相对宽松，这为国际资本的自由流动和高效配置创造了良好的市场条件。在自由贸易港设立离岸金融市场有助于国际资本通过合法途径流入我国境内开展投资活动，同时也可以满足我国大量跨国企业开展大规模境外资金交易的需求。

第四，有利于建立中国乃至世界金融监管的新范式。金融的健康发展离不开高效的监管体制，而在自贸试验区发展离岸金融市场、建设自由贸易港，需要建立符合我国国情与国际金融发展要求的离岸金融监管体制，以保障离岸金融市场的稳定运行。因此，离岸金融监管体制的建立也是我国自由贸易港离岸金融市场建设的重要内容，根据自贸试验区发展的实际情况与离岸金融市场建设的需要，构建既能有效防范金融风险又能最大限度保障金融创新所需的市场环境的金融监管体制，这一金融监管体制也将为我国在岸金融监管改革提供经验。

第二章 概念界定与研究范围

本章将对自由贸易试验区、自由贸易港、离岸金融市场及其分类、自由贸易港与离岸金融市场的关系、自由贸易港离岸金融市场及其金融风险等相关概念的缘起、内涵、外延进行阐释界定。

第一节 自由贸易试验区与自由贸易港

一、自由贸易试验区

作为中国政府在境内设立的区域性自由贸易园区①，无论是功能定位还是战略使命，自由贸易试验区都肩负着更多的继承与创新。以 2013 年 9 月 29 日最早挂牌成立的上海自由贸易试验区为例，中国的自由贸易试验区在功能定位上具有以下特点：第一，我国的自由贸易试验区综合了国际自由贸易港区和我国早期采用的综合保税区模式，涉及的业务领域包含货物贸易、服务业开放以及投资便利化等多个领域；第二，中国自由贸易试验区承担着政府职能定位改革试点的重要任务，而这也是国际自由贸易港区所不具备的要求；第三，中国自由贸易试验区结合自身国情和发展需求，重点是在人民币国际化、资本项目开放、离岸金融市场建设等金融制度试验与创新方面进行改革探索，提高金融对外开放水平，推动中国金融国际化发展。

不同于我国早期依靠享受优惠政策的各类自由贸易园区，自由贸易试验区的设计目标不再只是建立独立、不可复制的政策洼地，而是通过机制体制的改革探索，为企业经营发展提供一个自由、公平、开放的市场环境，进而提高企业创新的动力和活力，促进市场经济的成熟完善；通过实施进

---

① 参见 2008 年 5 月 9 日商务部、海关总署联合下发的《关于规范"自由贸易区"表述的函》（商国际函〔2008〕15 号）。

一步扩大开放政策，提高中国的对外开放水平，积极参与到全球经济贸易合作、国际治理活动中，增强中国在国际社会中的话语权。此外，为了确保自贸试验区各项改革试验的顺利进行，自贸试验区应该在风险防控方面进行实质性的改革，在正确认识政府与市场、社会三者之间关系的基础上，合理确定政府在风险监管方面的职能和地位，通过合理、高效的监管机制防范风险；同时，还可以借助在岸市场的风险管理手段和机制，为自贸试验区风险防控提供配套监管措施。

所谓"试验区"，就是要为我国实施新一轮改革开放战略进行前期尝试和探索提供试验田，以积累可创造、可复制、可推广的宝贵改革经验；而"试验性"决定了自贸试验区的推进方式，其原则是先行先试、风险可控、分步推进、逐步完善，在改革与开放的互动中形成全国可复制的制度框架。"试验"的内容则主要是对尚未开放的领域进行的开放探索，研究潜在的风险问题，包括政府管理体制改革与职能转变、服务业对外开放和市场化改革、贸易投资便利化以及监管效率改善等。因此，我国的自由贸易试验区肩负着为全面深化改革和扩大开放探索新途径的重要使命，承担着率先对自由贸易园区模式进行主动转型升级、为在更大范围实施改革积累经验的历史使命。

迄今为止，我国已经设立三批共 11 个自由贸易试验区，形成"1＋3＋7"的试点格局。2013 年 9 月，中国（上海）自由贸易试验区挂牌运作。按照《中国（上海）自由贸易试验区总体方案》中的说法，该试验区肩负着我国加快政府职能转变、探索管理模式创新、促进贸易和投资便利化，为全面深化改革和扩大开放探索新途径、积累新经验的重要使命，是国家战略需要。2015 年，广东、天津、福建三家自贸试验区相继成立。中央要求三地以上海自贸试验区试点的主要任务措施为主体，结合自身特点在促进内地与港澳经济深度合作、推进京津冀协同发展、深化两岸经济合作等方面积极开展探索，形成各具特色、各有侧重的试点格局。2016 年 9 月，中共中央、国务院决定在辽宁、浙江、河南、湖北、重庆、四川、陕西再设立七个自贸试验区，而这七个自贸试验区都有不同的重点任务，如辽宁着力于提升东北老工业基地发展的整体竞争力，浙江主要是落实中央关于"探索建设舟山自由贸易港区"的要求，河南主要聚焦贯通南北、连接东西的现代立体交通体系和现代物流体系建设，陕西的重点在于推动"一带一路"建设和西部大开发。自贸试验区探索了五年，这些先行起步的自由贸易试验区所形成的经验已逐步推向全国。

二、自由贸易港

自由贸易港目前没有明确的法律界定，不论是世界贸易组织出版的《贸易政策术语词典》还是密歇根大学编纂的《贸易术语》词典，都没有将自由贸易港与一般的自由贸易区、对外贸易区、出口加工区进行明确的区分；学界通常以世界海关组织（WCO）前身海关合作理事会1974年生效的《关于简化和协调海关业务制度的国际公约》（简称《京都公约》）专项附约中"自由区"的定义为参考。该公约规定，自由区（Free Zone）指"缔约方境内的一部分，进入这一部分的任何货物，就进口税费而言，通常视为在关境之外"①。《欧共体海关法典》认为，自由区及自由仓库是共同体关境的一部分或者是位于关境内，但是不受关境内制度监管与其相隔离的特殊地域。实践中，自由区、自由港与自由贸易港作为同义词混用。逻辑上讲，自由区涵盖自由港，自由港涵盖自由贸易港；自由港应建设在港口，狭义港口是指海港，广义港口可包括空港。

大多数学者认为，自由贸易港是指设立在一个国家或地区的境内关外，实行"一线放开、二线管住、区内自由"等政策制度，允许货物、资金、人员等要素资源自由进出，并对绝大多数商品免征关税，以实现贸易和投资自由化、便利化为目的的特定区域。自由贸易港是当前全球开放水平最高的特殊经济功能区。自由贸易港的特征见表2.1。

表 2.1   **自由贸易港的特征**

特征	含　义
境内关外	"境内"指的是空间意义上的国家（地区）的边境范围之内，"关外"则是指法律意义上的海关之外。简单理解就是在中国境内港口及其后方，由海关辟出一个特定的区域，在该港区内进出的货物就相当于进口和出口。海关对于该港区范围之内的货物一般不加干涉。

---

① "A 'free zone' is defined as 'a part of the territory of a Contracting Party where any goods introduced are generally regarded, insofar as import duties and taxes are concerned, as being outside the Customs territory'."

续表

特征	含　义
要素自由流动	在该港区范围内监管最小化，货物、资金、人员等各种要素能最大限度地自由流动。一般免除外国货物、资金进出该港区的配额限制，准许外国货物在没有海关手续限制和不支付关税的情况下，在港区内进行改装、加工、储存、展览和再出口等业务。
免税或减税	在该港区范围内的全部或绝大部分货物可免关税、增值税，且流通时可减免流通税。只有当货物从该港区进入到本国关境内时，才需要缴纳关税。
转口贸易与服务贸易并举	早期的自由贸易港绝大部分位于沿海港口，凭借其优越的地理位置、良好的港口和先进的运输、装卸设备，通过吸引外国货船、扩大转口贸易，发挥商品集散中心作用。现代自由贸易港的业务范围逐渐扩大，除了从事仓储和转口贸易外，港区范围也从码头向港口腹地延伸，拥有仓储、加工、展示、销售、综合服务等不同的功能分区，从而实现"区港一体化"。

资料来源：作者根据相关资料整理。

　　自由贸易港通常可以分为两种类型：第一类指全部商品进出港口可以免收关税，称为完全自由港，现在世界上已经为数不多了；第二类是指对绝大多数外国商品不征收关税，只对少数指定商品征税或实施不同程度的贸易管制，称为有限自由贸易港，世界上绝大部分自由港属于此类。[①] 根据区域范围，自由贸易港可以划分为三类：一是不划定特定区域，以保税物流园区为点、以保税运输为线组成自由贸易网络体系，例如荷兰的鹿特丹港；二是划定港口及其后方的一块特定区域作为自由贸易港区，例如韩国的釜山港、德国的汉堡港等；三是港口所在城市全部为境内关外区域，例如中国香港。根据运输形态，自由贸易港可以分为海港型、空港型、陆港型以及复合型（见表2.2）。复合型自由贸易港是未来发展的趋势。自由贸易港常见功能有贸易功能、加工制造功能、物流运输功能、金融功能、口岸功能和现代服务功能（见表2.3）。根据区位条件、基础设施建设情况和产业优势的不同，不同的自由贸易港会拥有不同的功能定位，同一自由贸易港也会在不同的时期选择发展不同的重点功能。

---

　　① 范宏云，孙光永. 香港建设自由贸易港的经验［J］. 特区实践与理论，2008（3）：38－42.

表 2. 2　　　　　　　　　　自由贸易港的运输形态类别

类型	特征	代表城市
海港型	位于临近海港的自由区，以海洋运输为主要交通方式，主要以沿海港口为对外贸易口岸和物流集散枢纽	新加坡、中国香港、德国汉堡等
陆港型	以境内关外为运作模式，并与沿海港口、空港或沿边口岸相连，具有报关、报检等口岸功能	苏黎世
空港型	航空港为对外贸易口岸，以机场为核心形成立体化综合交通运输网络	美国杜勒斯对外贸易区
复合型	集合了水运、公路运、铁路运、空运"四式联运"，叠加打造多个产业功能区集合	迪拜

资料来源：作者根据相关资料整理。

表 2. 3　　　　　　　　　　自由贸易港的特征

常见功能	细分功能
贸易功能	产品内销、商品展示和零售等
口岸功能	出入境、报关、退税、检验、检疫等
加工制造功能	研发、生产、加工、包装、改装、组装、维修等
物流运输功能	装卸、仓储、集散、中转、分拨、配送等
金融功能	银行、信贷、证券、信托、期货、外汇兑换、资金进出和转移等
现代服务功能	货物收集、船舶租赁、船舶管理、港口服务、旅游、教育、医疗等

资料来源：作者根据相关资料整理。

　　我国最早考虑建设自由贸易港始于 1983 年。当时，福建省有了打造自由港的初步想法，提出要在厦门探索建设自由贸易港，即"货物自由进出、人员自由往来、货币自由兑换"，该想法得到了邓小平同志和党中央领导的集体肯定。后来，虽然国务院同意在厦门"逐步实行部分自由港的政策"，但由于受到诸多方面条件的限制，探索自由港建设的"厦门方案"并没有得到落实。2013 年 11 月，汪洋副总理曾在《人民日报》撰文《构建开放型经济新体制》，提出"今后国家将在试点基础上，选择若干具备条件的地方发展自由贸易园（港）区，为在全国推行这种管理模式积累经验"。党的十八届三中全会明确提出："建设上海自由贸易试验区是党中央在新形势下推进改革开放的重大举措，要切实建设好、管理好，为全面深化改革和扩大开放探索新途径、积累新经验。在推进现有试点基础上，选择若干具备条件地方发展自由贸易园（港）区。"2017 年 3 月，国务院印发的《全面深化中国（上海）自由贸易试验区改革开放方案》明确提出，在洋山保税港区和浦东机场综合保税区等海关特殊监管区域内设立自由贸易港区。2017年10月党的十九大报告进一步明确，要"赋予自由贸易试验区更大改革自主权，探索建设自由贸易港"。2017年11月10日，汪洋副总理在《人民日报》刊文，对自由贸易港做了概括："自由港是设在一国（地区）境内关外、货物资金人员进出自由、绝大多数商品免征关税的特定区域，是目前全球开放水平最高的特殊经济功能区。"这是到目前为止我们能看到的对自由港或者自由贸易港最为明确的定义。2018年3月，在《政府工作报告》中，李克强总理在"对2018年政府工作的建议"中指出，"全面复制推广自贸区经验，探索建设自由贸易港，打造改革开放新高地"。2018年4月，在博鳌亚洲论坛开幕式上，习近平主席发表主旨演讲，指出"中国人民将继续扩大开放、加强合作，坚定不移奉行互利共赢的开放战略，坚持引进来和走出去并重，推动形成陆海内外联动、东西双向互济的开放格局，实行高水平的贸易和投资自由化便利化政策，探索建设中国特色自由贸易港"。

自由贸易港是中国自由贸易试验区的升级版，是形成全面开放新格局的重要举措。进入新时代以后，中国自由贸易港建设探索要体现中国特色，致力于打造开放层次更高、营商环境更优、辐射作用更强的开放新高地。《中共中央、国务院关于支持海南全面深化改革开放的指导意见》明确指出，要"探索建设中国特色自由贸易港。根据国家发展需要，逐步探索、稳步推进海南自由贸易港建设，分步骤、分阶段建立自由贸易港政策体系。海南自由贸易港建设要体现中国特色，符合海南发展定位，学习借鉴国际自由贸易港建设经验，不以转口贸易和加工制造为重点，而以发展旅游业、现代服务业和高新技术产业为主导，更加强调通过人的全面发展，充分激发发展活力和创造力，打造更高层次、更高水平的开放型经济"。中国自由贸易港的建设探索应参考香港、新加坡、鹿特丹、迪拜模式，但又不能完全照搬，要构建具有中国特色的自由贸易港，既要成为尝试促进中国开放型经济创新发展的先行区，也必将成为中国自由贸易试验区深化发展和建设的主要方向。

第二节　离岸金融市场及其分类

离岸金融产生于 20 世纪 50 年代以后，由经济金融全球化和金融自由发展而来。特别是在 20 世纪 80 年代以后，离岸金融中心在世界各地涌现。国际货币基金组织（IMF）指出，离岸金融是指商业银行等金融机构对非居民的金融服务，包括存贷款业务、基金管理、保险、信托等传统的业务类型，还包括资产保护、公司计划与税收筹划等。① 离岸金融市场（Offshore Finance Market）则主要指的是金融机构在境外为非居民提供资金结算与借贷、外汇交易以及保险、证券交易等离岸金融业务的金融市场，是国际金融市场的重要组成部分。与在岸金融市场相比，离岸金融市场的特点主要体现在服务对象以非居民为主，所受的监管和制度约束较少。但是，这并不排除一些离岸金融市场与境内金融市场之间在一定程度上是相互连通的，而且从各地离岸金融市场的实际情况看，虽然它与在岸金融市场在管理机制、资金价格决定等方面存在显著差别，但是二者在业务往来、资金交易等方面都存在紧密的联系。② 由于离岸金融市场的运行模式、货币种类、业务构成等不同，所以从不同角度看，离岸金融市场可以划分为多种模式。

1. 按照运行机制划分

离岸市场按运行机制的不同可分为四类：内外混合型、内外分离型、内外渗透型和避税港型。③ 内外混合型离岸金融市场没有设立严格的界限使之与在岸市场相隔离，资金在离岸市场与在岸市场之间的流动受到的监管限制较少，比较宽松，例如伦敦、香港等离岸金融市场。内外分离型离岸金融市场则严格与在岸金融市场相隔离，只能为非居民提供离岸金融业务，而且必须设立独立的离岸账户用于离岸金融业务，例如纽约、东京离岸金融市场。内外渗透型离岸金融市场与内外混合型离岸金融市场类似，离岸市场与在岸市场之间的分离不是十分严格，居民可以在离岸市场上开展离岸业务，部分离岸资金也可以进入境内市场，但是非居民的在岸业务要受

---

① 王亮. 我国离岸金融市场法律监管模式及措施探究 [J]. 学理论，2012（4）.
② 陈雨露. 国际金融（第四版）[M]. 北京：中国人民大学出版社，2011：70.
③ 左连村，王洪良. 国际离岸金融市场理论与实践 [M]. 广州：中山大学出版社，2002：18 - 20.

到严格限制，如泰国、马来西亚离岸金融市场。避税港型离岸金融市场则是选择一些经济不发达，但发展相对稳定而且具有明显税收优势和健全金融服务体系的岛屿国家，通过成立独立的企业形式在账簿上进行资金交易的离岸市场。除了极其诱人的税收减免优惠政策外，完全不受监管的资金转移和外汇交易也是该类离岸金融市场的巨大优势，如巴哈马、开曼群岛、百慕大等地的离岸金融市场。

表 2.4　　　　　　　　　　离岸金融市场比较（按运行机制划分）

	准入许可	对金融基础要求	对资金流动监管	市场与政府的作用	典型代表
内外混合型	审批宽松	很高	监管相对宽松	市场主导	伦敦、香港
内外分离型	严格审批	高	严格监管	政策主导	纽约、东京
内外渗透型	严格审批	高	严格监管	政策主导	曼谷、纳闽
避税港型	无金融管制	不高	自由	政府支持	巴哈马、开曼群岛

资料来源：作者根据相关资料整理。

2. 按照货币种类的划分

根据离岸金融市场上流通的货币种类划分，可以将其划分为美元离岸市场、英镑离岸市场、日元离岸市场、欧元离岸市场等，其中美元离岸市场是当前国际离岸金融市场中最重要、最核心的组成部分。一方面，美元离岸市场的前身是欧洲美元市场，也是全世界出现最早的离岸金融市场，发展时间最长，各种机制和体系比较成熟完善，离岸业务也十分全面；另一方面，美元是全球最重要的国际货币，在国际经济贸易活动和外汇储备中都占据着核心地位，而且美元具有较强的流动性，汇兑成本也较低，极大地促进了美元离岸金融市场规模的不断壮大。

3. 按照所处的地域空间划分

根据所处的地域空间，离岸金融市场可以划分为全境型、区域型和虚拟型。如果一个国家或者地区的全部范围内都可以从事离岸金融业务，则称为全境型离岸金融市场，这种模式常见于一些规模较小的国家或地区，例如开曼群岛、维京群岛等；如果离岸金融市场所处的地理区域隶属于国家或地区的一部分，则称为区域型离岸市场，例如伦敦、都柏林离岸金融市场；如果离岸金融业务仅通过成立专业的机构和簿记安排就可以实现，则这种类型称为虚拟型离岸金融市场，例如美国国际银行设施（IBF）、日本公开市场（JOM）等典型的虚拟离岸金融市场，后文将对此做重点分析。

4. 按照交易货币与市场所在地货币关系划分

根据离岸金融市场上所使用的交易货币与所在地货币之间的关系，离岸金融市场可以分为两种类型：本币离岸金融市场和外币离岸金融市场。如果离岸市场上交易所使用的货币与所在地的货币一致，为本币离岸金融市场；如果二者不一致，则为外币离岸金融市场。根据此划分方法，早期离岸金融市场——欧洲美元市场采用外币美元作为主要的交易货币，因此其为外币离岸金融市场；而美国国际银行设施主要是为了促进美元的发展而专门设立的离岸市场，因此其为本币离岸金融市场。但是，本币离岸金融市场和外币离岸金融市场并不是完全隔离的，在某些离岸金融市场上会同时使用多种货币进行交易，既存在本币离岸金融业务，也存在外币离岸金融业务，例如在东京离岸市场上同时存在本币日元和外币美元及欧元等，所以东京离岸金融市场既是本币，又是外币的离岸市场。

二者的差异则在于：其一，本币离岸金融市场主要是在政府的政策支持和推动下形成的，而外币离岸金融市场除了政府的作用外，还可以在市场机制的力量下自发形成；其二，本币离岸金融市场所采用的运行机制为内外分离型，而外币离岸金融市场则可以采用内外分离型、内外混合型等多种模式。

第三节　自由贸易港离岸金融市场

1. 自由贸易港与离岸金融市场

自由贸易港是与在岸市场相隔离的特定区域，因而在自由贸易港内开展的各种金融业务活动就会自然而然具有了离岸金融的性质和特征。自由港作为典型的自由贸易港，其主要的特点体现在商品贸易、资金结算、货币汇兑以及人员等方面的进出自由。所以，自由港也必须是自由的金融区，或是离岸金融区。由此看出，自由贸易港或者自由港与离岸金融市场存在着天然的紧密联系，二者相辅相成、互相促进，例如阿姆斯特丹、中国香港、新加坡、巴拿马以及开曼群岛等国际上重要的自由港同时也是全球知名的离岸金融中心。美国从 20 世纪 70 年代后期开始大力推进对外贸易区建设，同时通过专门的国际业务机构——美国国际银行设施来积极发展离岸金融市场，促进自由港建设与离岸金融市场建设的协同推进。

2. 自由贸易港离岸金融市场

本书研究的自由贸易港离岸金融市场是指在中国自由贸易试验区战略框架下的离岸金融市场。2013 年，我国率先在上海建立自由贸易试验区，开展新一轮试点，而金融改革是其重要的一项改革内容，而从上海自贸试验区金融发展的情况看，在一定程度上已经具有了离岸金融中心的特点，特别是其所采用的自由贸易账户体系，实质上是在自贸试验区内构建了一个与境内其他市场有限隔离、与国际市场高度接轨的金融环境。2014 年 5 月，上海自贸试验区开启了以自由贸易账户为形式的分离自贸试验区境内外业务，所采用的账户体系按照区内、区外，居民、非居民，境内、境外进行划分隔离，单独管理，为资金在试验区内以及向境外的自由流动创造了条件，这是我国开展跨境资本流动管理模式改革创新的一项重大举措，同时也明确了在自贸试验区内率先发展离岸金融业务的战略定位。

2017 年 10 月，党的十九大报告明确指出要"推动形成全面开放新格局"，措施之一是"赋予自由贸易试验区更大改革自主权，探索建设自由贸易港"。这是继承和发展自由贸易试验区制度创新成果、推进新的创新载体建设的重要战略安排，是配合我国继续深入推进"一带一路"建设、主动掌握全球自由贸易主导权的重大举措，是新常态下推进新一轮对外开放、促进经济增长的重要途径。在当前逆全球化背景下，发展自由港对于我国这样一个经济发展迅速、对外贸易频繁、经济自由程度和开放程度相对较低的新兴市场来说，是最佳时期。国际上较为成熟的自由贸易港均同时具备自由贸易、自由投资、自由金融和自由运输这四大功能，而放开外汇管制、积极发展离岸金融是世界自由贸易港的通行惯例。

作为必要的金融基础设施，我国的自由贸易试验区积极探索建设自由贸易港，适时适地发展离岸金融市场，并根据自由贸易试验区的制度框架和自由贸易试验区所在地的基础条件，选择符合自身特征的离岸金融模式，便于境外机构在自贸试验区、自由贸易港开展经常项目、投融资创新，为吸引全球离岸资金创造条件，反过来也必将进一步助推自由贸易港的建设发展。因此，在自由贸易试验区框架下建立和发展离岸金融市场，有助于加快自由贸易港的建设探索，有利于促进贸易投资便利化，提高资金使用效益，实现跨境资本流动和优化配置，进而实现最高标准的开放。

作为先试先行的主要任务，在自由贸易港建设离岸金融市场，既是我国尝试在内地开展离岸业务的试验田，也是我国金融自由化改革之利率市场化和汇率市场化、民营资本产融结合、资本项下人民币自由兑换的试验田。将自由贸易港的金融开放创新按照离岸金融市场规则进行管理，打通区内外的资金流动渠道，能够降低企业经营成本，提高自贸试验区、自由贸易港对各类企业的吸引力，突破自贸试验区建设发展的瓶颈，在更广领域、更大空间、更深层次上探索以制度创新推动全面深化金融改革的新路径，形成金融全面开放的新格局。

风险可控是我国自由贸易试验区战略突出强调的重点。在推行金融自由化的进程中，为了防范不确定性和风险，我国将金融开放创新放在试验区中先行先试，以离岸金融市场为金融开放的试验平台，开展风险可控的试验活动，总结成功经验，并大力推广到在岸金融市场，将进一步加快我国金融体制改革的步伐，使金融体制改革少走弯路。因此，自由贸易港是承载我国金融自由化改革的最好的试验区，建立和发展自由贸易港离岸金融市场为我国金融业发展创造了一个可以积极吸收国际金融服务经验、增强自身服务能力的缓和期，是实现我国国际化金融市场的战略抉择。

3. 自由贸易港离岸金融市场的金融风险

我国自贸试验区框架下的自由贸易港离岸金融市场，是衔接境外与境内两种资源和两个市场的一条通道，也是金融风险传递的一块跳板。因此，分析自由贸易港离岸金融市场的金融风险，本书认为，应在考察试验区离岸市场金融体系内在脆弱性的基础上，充分研究境外宏观经济金融变化对区内及境内区外的风险溢出。基于我国对实施自贸试验区战略提出的风险可控的前提和要求，本书更侧重于研究自由贸易港离岸金融市场对国内金融体系可能造成的系统性金融风险。

关于系统性金融风险的现有研究成果对于系统性金融风险的概念还没有形成一致的认识。从不同角度分析，这些研究成果可以分为以下四类：第一，以 Bernanke（2009）为代表的学者从风险影响范围的角度将系统性金融风险定义为会破坏整个金融体系以及宏观经济稳定的事件；第二，Gonzalez‒Hermosill（1996）、Kaufman（1999）等学者从风险扩散角度提出，系统性金融风险指的是能够通过多米诺骨牌效应导致风险扩散，给众多金融机构或金融市场带来损失的可能性；第三，以 Minsky（1995）为代表的学者基于金融功能的视角，认为系统性金融风险是由于意外事件影响金融市场信息的沟通，从而破坏金融功能的可能性；第四，十国集团（Group of Ten，2001）从对实体经济产生的影响角度，指出金融市场上出现的意外事件冲击市场参与者信心，并可能带来经济损失、危害实体经济发展的风险，就是系统性金融风险。

因此，本书所要研究的自由贸易港离岸金融市场对国内金融体系造成的系统性金融风险，有两层含义：一是自由贸易港离岸金融市场对国内金融市场功能的影响，二是自由贸易港离岸金融市场上的金融自由化改革的逐步推行对国内金融体系的风险冲击。

第三章　国内外文献综述

本章主要对国内外相关文献研究成果分专题进行梳理，并在综述与评价的基础上，提出本书研究视角的切入点和研究主线。

第一节　国外相关研究

下文将主要就自由贸易港的功能、金融自由化的利弊、离岸金融市场的发展等三个方面的国外研究现状展开综述。

一、对自由贸易港功能的研究

本书要探讨的自由贸易港的离岸金融市场，其作为自由贸易港的一种金融功能和贸易工具，随着世界各地自由贸易港的建立而不断发展。据此，本书将主要对围绕自由贸易港功能的经济学研究文献进行梳理。对自由贸易港的功能，较早的研究主要集中在将其作为国际贸易的一种手段，也即一般意义上的免税区。在当时，面向出口的自由贸易港还处于发展初期，同时由于贸易壁垒较高，自由贸易港的概念还没有演变到现在的多方面的形式，人们的注意力主要在自贸区的"免税"优势上。随着时间的推移，关于自由贸易港的经济学文献可进一步划分为两大领域：一是从东道国的视角来讨论加工出口区的发展，二是尝试提出一个统一的自由贸易港理论。

对于前者而言，经济学文献把加工出口区定义为经济发展的一种工具，尤其是作为经济自由化的一种工具。其中，Madani（1997），Jenkins、Esquivel 和 Gerardo（1998）强调加工出口区与遍及全国的经济改革相比较，是一种次优的政策。对于后者而言，自由贸易港理论的发展可以归纳为两个方向：（1）对自由贸易港成本、收益的分析；（2）自由贸易港对东道国福利影响的研究。Warr（1987）对位于马来西亚、印度尼西亚、韩国、菲律宾的四个自由贸易港进行了成本收益分析，讨论了不同成本收益的相对重要性，是对自由贸易港成本收益的开拓性研究（Jenkins, Esquivel and

Gerardo，1998）。研究自由贸易港对东道国福利影响的学者尝试研究以下两个问题：一是当外资投入到自由贸易港时，东道国的福利更高，还是将相同的外资投入到国内经济中福利更高；二是在建立自由贸易港之后，东道国的福利是否增加（Jenkins，Esquivel and Gerardo，1998）。Hamada（1974）第一个使用2×2因素模型研究了自由贸易港的福利影响，他认为自由贸易港中外商直接投资降低了东道国福利。Hamilton和Svensson（1982）在不同的假设下使用同样的框架得出结论，认为投资于自由贸易港的外商直接投资与相同数量投资于国内市场的外商直接投资相比降低了东道国福利。随后的研究使用了扩展的2×2因素模型。Miyagiwa（1986）使用了三个生产要素（土地、人力和资本）以及三个产品，由此得出结论：自由贸易港中用于使生产多样化的外商直接投资增加了东道国福利。

二、对金融自由化利弊的研究

研究自由贸易港的离岸金融市场建设，其实质是要探讨在自由贸易港进行金融自由化试验的可行性，因而本部分将集中梳理国际上对于金融自由化利弊的文献综述，为进一步研究在自由贸易港进行金融自由化试验奠定基础。

大量的经济学家对金融自由化理论从基础的宏观经济模型，到金融自由化促进经济增长的传导机制等各方面进行了有益的补充、完善与发展，特别是Pagano（1993）运用内生增长模型，探讨了金融自由化后的金融发展对实际经济增长的影响机制，成为后来在金融自由化分析领域最有影响的理论基础之一。Pagano认为，在金融压抑情况下，利率被管制的结果是金融机构的市场机制无法得以完全有效的发展，这将会导致储蓄向投资转化的低效率，并进而导致经济增长率的下降。金融自由化必须要求利率自由化从而以市场的模式配置资源，实现金融部门效率的提高和实体部门效率的提高。

从实证角度上，Obstfeld（1995）则进一步指出，不仅是利率，资本市场开放和全球化也可以有效地分散投资风险并提高消费水平，这对长期经济增长会带来相当大的正效应。Stulz（1999）的检验则进一步验证了资本市场开放必然会使得企业的融资成本降低。Bailliu等（2001）从资本账户开放对私人金融市场效率提升的途径等各个角度分别从实证角度进行研究，也得到了金融自由化的有力的支撑。Bekaert、Geert和Harvey（2003）则综合了各种观点，认为金融开放促进经济增长的逻辑在于通过促进金融业自身的发展来扩大投资规模、提高投资效率，从而促进经济的增长。

Krugman（1993）首先指出缺乏技术进步保障而仅通过资本账户开放等金融手段带来的繁荣将不能持久。随后，1997 年亚洲金融危机给新兴市场国家金融自由化进程带来了巨大困扰。Stiglitz（2000）分析了贸易开放和金融开放的异同，他们的结论是金融开放与贸易开放不同，单纯的缺乏实体经济保障的金融开放极有可能给发展中国家带来非常严重的后果。Alessandria 和 Qian（2005）指出，在资本监管乏力的国家中，资本账户开放引发的巨额资本流动对经济增长带来的恶性冲击将给发展中国家带来重大损失。

三、对离岸金融市场发展的研究

20 世纪以后，全球金融开始向自由化方向发展。在这一趋势下，离岸金融作为金融自由化发展的典型代表开始迅速发展起来，而反过来又进一步促进了金融自由化，因此离岸金融的产生和发展对金融自由化起到了一定的鼓励和推动作用（左连村等，2002）。前文梳理了金融自由化利弊的研究，而对于离岸金融市场的研究，首先是从实践领域运行开始，而后才有理论体系的构建。关于离岸金融市场，国外的研究成果比较丰富，视角也各有不同，本书将结合所要探讨的主题重点对离岸金融市场的建设发展、评价指标体系、存在的风险及监管方面的相关研究进行总结。

1. 对离岸金融市场建设发展的研究

西方发展经济学家从 20 世纪 70 年代开始从供给与需求的角度分析金融体系的构成，并基于此研究了离岸金融中心的形成原因。Charles P. Kindleberger（1974）对全球主要的国际金融中心进行系统研究后指出，国际金融中心形成的核心动力在于金融市场与金融机构组织所具有的规模经济效益。Richard、Anthony、Johns（1983）则运用市场摩擦理论分析了离岸金融中心的形成和发展，认为政府所采取的干预行为产生的摩擦力起到了重要的推动作用。Ronen Palan（1998）提出离岸金融市场产生的主要目的是规避在岸金融市场的监管，而这正是金融向国际化、自由化发展的重要原因。Richard（2005）认为离岸金融市场正向更富弹性的方向发展，成为在岸金融市场后台服务的重要提供场所，并且推动了金融监管的不断改革。Philip R. Lane 等（2010）、T. K. Jayaraman（2010）等认为金融国际化水平的提升得益于离岸金融市场的产生与发展，原因在于其能够带动金融机构、金融产品、金融人才以及金融监管等全方位的国际化发展。

2. 对国际离岸金融市场评价指标体系的研究

H. C. Reed（1998）运用层次聚类分析（HCA）、逐步多元判别分析（SMDA）等统计分析方法对亚洲地区金融业发展水平较高的主要城市进行定量分析与比较，将其分为五个层次，并提出了国际金融中心网络概念。Gehrig T.（2000）对全球主要国际金融中心发展情况进行综合考虑后挑选了 13 个指标作为金融中心评价指标体系的基本构成要素，并以此对新加坡、中国台湾与中国香港等地进行了定量分析。Hilton McCann（2005）从金融产品创新、经济与政治发展环境以及地理区位等方面选择指标构建了离岸金融中心评价指标体系，并对全球三大重要离岸金融中心伦敦、香港、新加坡的发展情况进行比较分析，指出离岸金融中心的建立与发展虽然会极大地促进金融业竞争力的提升和资金的自由流动，但同时也会导致洗钱、逃税等活动的增加。Andrew K. Rose 和 Mark M. Spiegel（2006）运用最小二乘法对全球 69 个离岸金融中心和 222 个货币发行国进行实证研究，以分析影响离岸金融中心市场规模的主要因素，并比较影响程度的大小，进而构建离岸金融中心的评价指标体系。Ahmed Zorome（2007）运用二元回归计量模型分析离岸金融市场的形成要素条件，并建立了新兴市场经济体建立离岸金融市场的评价标准。

3. 离岸金融市场的运行风险及对所在国或周边国家（地区）的负面影响

学者从不同的角度诠释了离岸金融市场的运行风险及效应。1979 年 Vic. Carthy 的《金融与发展：离岸金融收益和成本》，1996 年 Hampton M. P. 的《离岸界面犯罪与社会变革探究》、1998 年 Salvatore D. 的《新兴国家经济中的资本流动、经常账户赤字、金融危机》、1999 年 Corbett J. 及 Vines D. 的《亚洲货币和金融危机》、2001 年 Liz Dixon、Shogo Ishii 的《金融稳定调查之离岸金融中心的金融流》，都从各自角度对离岸金融市场存在的风险进行了比较全面的阐释。Edward J. Kanew（1999）认为离岸金融市场运作中的制度漏洞和负面问题是产生风险的主要原因。许多研究关注到离岸金融市场对所在国或周边国家（地区）的负面影响。Sharon C. Cobb（1998）认为离岸金融市场所具有的金融服务功能、金融管制强度以及所处的地理位置决定了其为全球金融市场提供离岸金融服务的能力，但也会对其他国家（地区）特别是周边地区的税收和金融稳定造成一定的冲击。Walter H. Diamond（2003）重点考察了避税港型离岸金融中心的发展情况，该类离岸金融市场为国内资本外逃后回流提供了条件，会给本国货币带来一定的升值压力，影响货币政策的独立性。Matthew Davis（2008）、Pierre M. Picard 等（2008）认为离岸金融中心的建立与发展不仅会削弱在岸市场金融监管的有效性，而且还会影响国家合作的稳定发展。Maziad（2011）指出离岸金融市场的建立以及其与在岸金融市场之间存在的紧密联系，都会在一定程度上削弱本国货币政策的独立性。

4. 关于离岸金融市场监管的研究

Salim M. Darbar 和 R. Barry Johnston 等（2003）研究了离岸金融市场的风险监管与防范问题。Choo 和 McCauley（2003）通过分析 20 世纪末爆发的韩国金融危机，指出其爆发的主要原因是银行和企业缺乏对短期外债的有效管控，金融监管当局应当加强对境内金融机构与非金融企业在离岸金融市场开展业务的监管。Rawlings（2005）认为在各国对离岸金融中心采取监管的情况下，离岸金融市场仍不断地进行产品、业务以及制度创新来规避监管，其仍能成为国际金融活动的重要场所。He 和 McCauley（2010）指出离岸金融市场的发展会对境内货币和金融稳定造成一定的冲击，应当对其采取一定的监管措施，而且美联储对欧洲美元采取的监管政策和措施具有重要的参考价值。Ogawa 等（2013）考察了加勒比地区离岸金融市场的发展情况，发现金融监管的缺失使得跨国银行的监管套利活动普遍存在，隐藏着巨大的系统性风险，因此应建立信息沟通共享机制对离岸金融市场采取审慎监管，还应建立风险应急处理机制等。

第二节　国内相关研究

为进一步对本书研究做好理论铺垫，下文将对我国学者关于自由贸易港、自由贸易试验区、离岸金融市场的相关研究进行综述。

一、对自由贸易港与离岸金融市场关系的研究

黄宝奎（1994）认为离岸金融市场与自由港发展二者之间存在相互促进的关系，自由港作为自由贸易港的重要形式，其要求在货物、资金、货币以及人员等方面都具备自由进出的条件，这也就是要求自由港同时也是

"金融自由区"，具备离岸金融市场的特征和功能，而阿姆斯特丹、新加坡、中国香港、开曼群岛等都是典型的代表。顾益民（2013）通过研究联合国发布的《自由贸易区和港口腹地发展》，指出自由贸易港内所开展的各种金融活动都具有一定的离岸金融特征，本质上看都属于离岸金融，而且离岸金融市场也是自贸试验区发展的必要基础条件，因此在建立自由贸易港的同时应根据自身的情况和发展需要选择合适的模式建立配套的离岸金融市场。林采宜（2014）认为离岸金融的发展是自贸试验区成功的必要前提，而货物进出自由、投资自由以及外汇兑换和资本流动自由是建立离岸金融中心的主要条件。闫海洲等（2014）综合分析中国香港、日本、新加坡和开曼群岛自由贸易区发展的经验，发现自贸试验区建设过程中离岸金融市场的建立是其重要的内容之一，二者已经融为一体，相互推进，共同发展。陈静（2014）认为无论是基于自由贸易的理论与实践，还是立足于国际自由贸易港的发展经验，自由贸易和离岸金融天然结合在一起。余淼杰等（2018）从国际经验中总结认为，自由港往往也是国际金融中心；自由贸易港将成为区域乃至国际金融中心，实现以金融发展助力经济发展。上海对外经贸大学自由贸易港战略研究院（2018）研究认为放开外汇管制、积极发展离岸金融业务是世界自由贸易港的通行惯例，离岸金融对自由贸易港的建设起着至关重要的作用。

二、对我国离岸金融市场建设发展的研究

自20世纪80年代全球金融自由化以来，世界范围内掀起了建立离岸金融市场的浪潮，我国也自此开始对离岸金融业务及市场进行全面、深入、系统的研究。

1. 对我国离岸金融市场发展的基础分析与介绍

2002年连平在《离岸金融研究》中对离岸金融的概念、发展动因、形成机制、包含的主要内容等基础理论进行了规范性的介绍。2002年左连村和王洪良合著的《国际离岸金融市场理论与实践》通过介绍国外主要离岸金融市场的发展情况，指出巨大的成本优势是金融机构积极开展离岸业务的主要动因，并进一步深入探讨了离岸金融市场形成与金融自由化发展之间的相互关系。2008年巴曙松、郭云钊合著的《离岸金融市场发展研究——国际趋势与中国路径》则分析了离岸金融市场的发展趋势，并提出了我国建立离岸金融中心的主要举措。2012年曾之明所著的《人民币离岸

金融中心发展研究》指出了建立人民币离岸金融中心的主要动因，评估了我国创建离岸金融中心的可行性以及可能存在的障碍，并借鉴国际重要离岸金融中心的发展经验，提出了稳健推进人民币离岸金融中心建设的运作思路和整体方案。丁一兵（2016）认为人民币离岸市场的建设目前没有充分发挥预期中的助推人民币国际化的功能，由于我国资本项目尚未完全开放，离岸市场有助于克服人民币自由流动受限这一障碍。

2. 对离岸金融市场区位选择的研究

彭红英等（2004）运用层次分析法选择影响离岸金融市场建立的因素构建了评价指标体系，并进一步利用模糊评价法考察了我国是否具备建立离岸金融市场的基本条件。刘丹（2009）提出应利用上海优势发展离岸市场，并推动上海离岸金融中心建设。王伟亮等（2009）探讨了天津东疆保税港区发展离岸金融业务的优势和分三步走的发展思路，提出由"内外分离"向"适度渗透"逐步转型，并就发展离岸金融过程中须解决的问题给出了建议。吴晓求（2010）提出在上海建立离岸金融市场，对非居民投资者的人民币金融业务进行类似于美国 IBF 或日本 JOM 等离岸市场的机制设计，通过有效建立境内外防火墙、账户分离等，在降低离岸市场对我国国内市场冲击的同时，实现人民币资产定价。原毅军等（2010）分析了国际离岸金融市场发展的趋势，并提出了大连建立离岸金融中心应采取的模式和政策。曾之明（2012）综合博弈论和多因子分析等研究方法，实证分析了建立人民币离岸金融中心的区位选择问题。向静（2013）认为应推动香港与前海两地金融市场的有效对接，作为推动人民币国际化的重要平台，并将其发展为全球重要的人民币离岸中心。仇垫（2014）认为伦敦和新加坡离岸金融市场发展较好，并有各自的优势，有利于在这两个城市建设人民币离岸金融市场。王炜（2016）梳理了伦敦离岸人民币市场的基本框架和发展现状，对当前面临的问题提出了建议。

3. 对离岸金融市场风险防范的研究

连平等（1999）指出缺乏对离岸金融市场的有效监管，会给国内金融市场稳定带来风险，包括银行系统性风险、短期资本流动风险、经常项目失衡、削弱货币政策独立性等。王丹枫等（2004）认为宽松的监管环境是造成离岸金融市场存在潜在风险的重要原因，因此对离岸金融市场同样应该进行严格的监管。张谊浩等（2009）基于我国内地资本管制的前提，以香港离岸金融中心为研究对象，构建了"离岸中心金融效应模型"，分析了香港离岸金融中心发展对内地金融深化所产生的影响，进而指出沪港合作的前景，提出构建沪港国际金融中心发展的协调机制。洪昊等（2011）对我国离岸金融市场的发展情况进行了回顾，指出了在金融监管方面存在的问题，并借鉴其他离岸金融市场的相关经验和做法，提出了加强我国离岸金融监管的建议。张瑞军等（2013）利用发达国家的经验数据实证模拟了香港人民币离岸市场给金融市场带来的风险，并预测了风险可能爆发的时间。乔桂明等（2014）、李真（2014）结合我国的实际及部分发达国家的成功经验，认为离岸金融监管的核心是市场准入监管、业务经营监管和金融谨慎监管。

三、对我国在自由贸易试验区建设离岸金融市场的研究

随着我国自由贸易试验区战略的实施推进，在我国自贸试验区开展离岸金融市场试点建设的研究逐渐成为热点。研究焦点集中在以下几个方面。

1. 关于自由贸易试验区与离岸金融市场建设关系的研究

涂永红等（2013）指出上海自贸试验区的设立为开展人民币国际化创造了良好的条件，对于人民币离岸业务发展具有重要的推动作用，也进一步促进了我国人民币离岸市场的发展。裴长洪等（2014）认为自贸试验区金融改革是上海国际金融中心建设的重要契机，自由贸易账户体系的创立成为自贸区发展离岸金融业务的基本要素。顾益民（2013）从金融自由化理论视角研究认为金融自由是自贸试验区重要的制度要件，自贸试验区内的金融市场和金融业务具有离岸金融的性质和特征，自贸试验区应建立离岸金融市场作为必要的金融基础设施。刘翔峰（2016）、胡江云（2014）认为上海自贸试验区作为一个境内关外的在岸"离岸人民币金融市场"正在逐步形成。余颖丰（2013）从规制经济学视角解读了自贸试验区形成的动因、政策目标与金融改革之间的关系，提出以构建自贸试验区离岸人民币中心为突破口，开展资本账户放开实践。温彬（2014）、胡汝银（2013）、孙立坚（2013）认为上海自贸试验区的离岸金融市场是自贸试验区改革发展的重点之一，应侧重于离岸人民币业务的拓展、推进人民币自由兑换和国际化以及金融自由化。沈战（2014）认为建立和发展上海自由贸易试验区离岸金融市场是中国经济增长和发展的内在要求，有利于稳步推进中国金融自由化进程，实现我国国际化金融市场的战略抉择。李文增（2013）认为离岸金融业务发展与自贸试验区建设相辅相成，并从金融创新

动因理论的需求、供给、市场角度分析了天津东疆保税港区（天津自由贸易试验区功能区之一）离岸金融业务的进展情况。

同时，也有学者持不同观点。张贤旺（2014）认为通过政策措施设计建立的在岸的"离岸市场"不一定会产生特定效果，上海自贸试验区等国内局部地域实施金融改革以及建立在岸的"离岸市场"，会对国内金融市场形成溢出效应管理挑战。韩龙（2014）认为将自由贸易试验区的金融改革定位于建立离岸金融市场，会妨碍实现人民币国际化和从自由贸易试验区获取经验构建我国发达金融市场的目的。

针对上述争论与探讨，在自由贸易试验区能否发展离岸金融市场，以及建设自贸试验区框架下的离岸金融市场的可行性分析将是本书研究的主要问题之一。

2. 关于自由贸易试验区离岸金融市场建设研究

自由贸易试验区离岸金融市场建设是实践性较强的领域，学者们多围绕离岸金融市场的制度模式、风险冲击、监管措施等展开探讨。

第一，对于自由贸易试验区离岸金融市场的发展模式，学者们有着不同的看法。丁剑平（2014）、连平（2013）认为自贸试验区应该采取有限或有一定条件的渗透型离岸金融模式，倒逼中国资本账户的开放。陈卫东等（2015）、汪川（2014）分别分析了美国IBF制度设计及发展经验，并将美国IBF产生的背景与我国目前状况相比较，提出其对上海自贸试验区人民币离岸金融市场建设的借鉴意义。闫海洲等（2014）、杨承亮（2013）选取中国香港、日本、新加坡自贸试验区和开曼群岛等不同模式的离岸金融市场作为研究对象，分析在自贸试验区框架下离岸金融市场建设与运作的经验，得出结论：上海自贸试验区离岸金融市场初期应实行内外分离型模式，并重点在资金流动、市场交易等环节实施有效的资金监管和保护措施。通过借鉴国际上本币在境内作为离岸货币流通的运作，李文增（2013）提出在天津自由贸易试验区的功能区之一东疆保税港区建立内外分离型人民币离岸金融服务区，针对境外非居民开展人民币离岸业务先行先试，待区内离岸金融业务发展到一定规模时，建立离岸金融市场。杨维新（2014）、沈飞等（2014）、邵宇（2013）预计未来自贸试验区离岸金融市场发展空间巨大，提出上海自贸区离岸金融市场应实行"先严格分离，再内外一体"的发展策略，先初步实现中国香港、新加坡等具备的自由贸易和离岸金融功能，培育在岸的分离型离岸中心，逐步放宽外汇管制；在监管效率提升、确保不发生系统性风险的基础上，试点完全取消资本项目管制，参照伦敦离岸金融市场模式构建全面渗透型和内外一体化的"全球离岸金融中心"。乔桂明等（2014）提出上海自贸试验区离岸金融市场可以采取渗透型模式，但是其他自贸试验区在探索建立离岸金融市场时应首先采用内外分离型模式。陈丽英等（2016）运用实证手段分析了内外分离型和渗透型国际离岸金融中心的发展情况，在实证结果基础上阐释了两种模式的优缺点，为上海自贸试验区离岸金融市场发展模式的选择提供了相应借鉴和建议。

第二，对于自由贸易试验区离岸金融市场的人民币资金回流问题，业界存在着争议。顾苏海等（2014）通过借鉴美元、欧元、日元在回流进程中的相关经验，梳理了上海自贸试验区人民币回流机制，认为在上海自贸试验区建立人民币回流机制，不仅可以增强人民币的流动性，提升境外投资者对人民币的持有意愿，还可以促进区内经济、金融的健康与稳定发展。范俊林（2013）认为如果上海自贸试验区离岸人民币回流渠道开得过多、口子太大，虽然有利于增加境外持有人民币的吸引力，但容易异变为境内外套利，同时也会使人民币国际化在一定程度上面临"特里芬难题"。他认为自贸试验区的离岸金融市场可以在适度扩大人民币回流机制的前提下，重点考虑引导中资金融机构扩展境外人民币客户，促进人民币在境内流通使用。

第三，对于自由贸易试验区离岸金融市场建设是否会引致其他风险冲击，学者们采用不同的研究方法，持有不同的意见。王勇等（2014）以经验分析法，实证中国香港、新加坡等九大离岸金融中心的金融发展的经济效应，发现离岸金融中心的金融发展对经济具有显著正向作用。郭云钊等（2013）同样采用经验分析法，通过实证分析香港离岸金融业务对开办地经济的影响效应，证明开展离岸金融业务能够促进香港经济增长、金融业发展水平提升、财政收入增加以及就业率提高。乔依德（2014）提出，处于资本账户逐渐开放特定时期的上海自贸试验区，在一定程度上兼具离岸因素与在岸因素，在上海自贸试验区建立发展人民币离岸市场，既能与在岸市场相互促进，助推人民币国际化，也可能对在岸市场产生潜在的不利影响，挤压建设中的内地金融中心的发展空间。张瑾（2015）系统梳理了自贸试验区金融风险来源及主要风险类型，揭示了上海自贸试验区的潜在金融风险，并提出了相关政策建议。侯斌（2016）探讨了上海自贸试验区离岸金融业务发展现状、离岸金融业务审慎监管存在的问题，并对完善我国自贸试验区离岸金融业务审慎监管提出了具体建议。

第四，对于自由贸易试验区离岸金融市场的分业、混业监管问题，学者们进行了积极的讨论。裴长洪（2014）提出参照迪拜金融中心的监管组织架构，探索在自贸试验区内成立离岸金融实务管理局作为专门的离岸金融监管机构，对区内离岸金融业务的开展进行全面、动态监管。贺瑛（2013）等认为自贸试验区内应构建混业经营、合力监管体系。丁剑平（2014）认为当前中国的分业监管模式有其存在的意义，虽然上海自贸试验区选择利用综合信息平台，但"三会"合一不可取，上海自贸区可以开展集中会诊式的监管，通过会诊解决综合性的问题。余颖丰（2013）提出要强化对"交易"的监管，而非在"地理"概念上的监管。

在自贸试验区的框架下构建离岸金融市场，采用何种制度模式，如何做好对特殊账户的监管、把控"二线"到"一线"的金融防线，做好对离岸金融业务的配套监管、防止离岸市场对在岸市场造成的经济冲击，保障自贸试验区框架下离岸金融市场的良好、稳定、健康运行，将是本书研究的重中之重。

3. 关于自由贸易试验区金融自由化改革的研究

我国实施自贸试验区战略的目标之一就是要加速国内金融自由化改革。林采宜（2014）认为，上海自贸试验区能否成为真正的国际自由港，主要取决于能否在贸易投资和金融方面实现自由，其中贸易投资自由化所带来的商贸物流发展是基础，金融自由化是重点，特别是在资本项目开放、人民币自由兑换以及利率市场化等方面的改革。笔者通过梳理文献发现，学者们大多围绕自贸试验区金融自由化的正面效应、负面风险、具体措施等展开探讨。

第一，关于自由贸易试验区金融自由化的正面效应研究。项后军等（2016）以上海自贸试验区为例，从自然试验的角度出发，实证考察了样本期内上海自贸试验区的设立对上海地区资本自由流动的影响，结论认为影响显著。姚大庆等（2015）实证评估自贸试验区的设立对中国资本管制和金融自由化的影响，认为自上海自贸试验区设立后中国对资本管制的影响逐渐弱化，自贸试验区的一些政策变化对金融自由化改革发挥了关键作用。吴大器等（2014）通过分析美国渐进式金融自由化，认为在全球金融自由化发展趋势下，在上海自贸试验区实施更深层次的金融改革是加快我国金融自由化进程的必要举措，且需按照离岸金融市场运行规律对自贸试验区金融发展进行管理。余永定（2013）认为上海自贸试验区金融自由化改革有利于促进人民币国际化。

第二，关于自由贸易试验区金融自由化的负面风险研究。钱晓霞等（2016）认为随着金融开放进程的推进，汇率波动和短期资本对股市的冲击将不断增加，增大我国金融风险。张瀛（2014）认为许多发展中国家在公司治理、财产权益法律保护等方面存在比较严重的缺陷，导致金融自由化环境下无法对资本跨境流动进行有效的管理和规范；而金融自由化程度的提升势必会削弱国内金融市场资金的流动性，对本国金融市场的发展造成一定的冲击，影响本国宏观经济的稳定运行。张莫（2013）认为随着美联储货币政策的转向，全球资金流动格局调整，金融自由化快速提升将带来跨境资金大规模快速流动的风险，根据IMF关于资本项目开放的统计数据，我国的资本账户已在绝大部分项目上实现基本可兑换或部分可兑换，而剩余完全不可兑换的项目仅占不到10%，主要涉及金融衍生品交易等，而这些领域的风险更高，因此在当前推进金融自由化改革应谨慎。

第三，关于自由贸易试验区金融自由化改革具体措施的研究。刘彬（2016）基于自贸试验区金融创新的试错机制，建立实物期权模型对上海自贸试验区的金融创新机理进行研究，认为上海自贸试验区需要采取措施降低试错成本，促进金融创新。赵大平（2015）探讨了上海自贸试验区人民币资本项目开放试验，并结合上海自贸试验区的实践，论证了自贸试验区分账管理体系、人民币跨境支付体系等政策措施的有效性。肖本华（2014）认为上海自贸试验区金融开放的核心是资本项目可兑换，自贸试验区应围绕人民币国际化扩大资本项目可自由兑换，拓展自由贸易账户的职能，合理使用资本流动管理工具以防范风险。杨杞煌（2014）提出按照"一线彻底放开、二线有效管制"的监管原则通过设立独特的账户体系在自贸试验区内进行金融自由化改革，参照市场规则和国际惯例操作管理区内的金融活动，倒逼境内金融市场的改革。焦武（2013）认为自贸试验区的金融改革重在"自由""试验"，要注意金融自由化改革的速度与顺序，前期严格隔离不同金融交易账户，采取分账管理模式，在区内设立分离型离岸金融市场推进金融自由化改革。张释文等（2018）认为我国自由贸易港的建设要利用自由贸易试验区先行先试的特点，推动各项离岸金融业务发展，加快离岸金融中心建设，以自贸试验区金融改革和金融市场的发展带动全国范围内汇率、利率和金融体系改革提速。

通过对金融自由化发展的利弊、措施分析可以看出，研究如何在自贸试验区内开展金融自由化改革试点，需要研究在风险可控的前提下，自贸试验区推进金融自由化改革的顺序、速度、方式，而通过离岸金融市场的金融创新形式，适时推进金融自由化举措，将是本书研究的重点。

第三节 对国内外相关研究的评述

国内外学者对于自由贸易港和离岸金融市场的研究，在理论分析和实证经验分析等方面都在不断深入、完善，虽然大多数研究是基于实务层面的分析，但是都从不同角度揭示了自由贸易港与离岸金融市场之间存在着紧密联系，而且其对不同离岸金融市场的分析比较，对我国自贸试验区发展离岸金融市场、探索建设自由贸易港具有参考和借鉴价值。随着我国金融改革开放的不断推进和人民币国际化水平的大幅提升，学者们开始关注和重视人民币离岸金融市场的建设问题，对离岸金融市场的选址、构建及量化研究已成为热点，特别是基于香港人民币离岸金融市场的研究近年来较为丰富，而对于境内关外的我国内地的离岸金融市场建设还鲜有学者进行深入探究。随着自由贸易试验区和自由贸易港成为新时代我国重要的发展战略，自由贸易试验区开展的金融自由化改革和金融创新实践，进一步推动了理论界对于在自由贸易试验区框架下建立发展离岸金融市场、探索建设自由贸易港的构想。通过梳理相关文献，本书发现两个问题：一是对于时下在我国自由贸易试验区发展离岸金融市场，理论界还存在着许多争议；二是对于支持在自贸试验区构建离岸金融市场，以前两批获批建立自贸试验区的上海、天津、广东、福建为对象的研究均有，且仅对市场的功能定位、模式选择、业务种类有所涉猎，而至于离岸金融市场对探索建设自由贸易港的必要性和可行性、区位选择的论证，以及在离岸市场上放松金融管制的步骤和策略、离岸账户与在岸账户的风险监管等问题，还没有学者对此进行系统性的研究。因此，本书将以在我国自由贸易试验区建设离岸金融市场之"为何建立"—"能否建立"—"如何建立"—"风险防范"作为贯穿全文的研究主线，探讨在自贸试验区建立离岸金融市场对于加快自由贸易港建设的必要性、可行性以及具体的建设发展路径、金融自由化改革步骤、风险监管防范等。

第二篇 理论基础

本篇主要对本书论述的相关问题进行理论分析，分别围绕自由贸易港、离岸金融市场建设及风险进行理论分析，包括区域经济增长、规制经济学和制度经济学理论，微观视角的集聚经济与区位选择理论，宏观视角的金融自由化和金融创新理论，以及揭示金融自由化与金融风险关系的风险分散模型，为后文的分析做理论铺垫。

第四章　自由贸易港的相关理论

本章的研究对象是我国的自由贸易试验区和自由贸易港，其涵盖了几个经济学分支学科。首先，它属于特殊经济区的一种形式，体现着区域经济增长理论；其次，自由贸易试验区和自由贸易港作为国家战略，体现了政府对我国自由化程度最高的地区经济发展的规制思考，规制经济学是分析该问题的基础；最后，自由贸易试验区和自由贸易港强调用制度创新来激发市场活力、促进经济增长，而实质上，这是通过制度经济学来指导实践。所以，本章的理论基础由区域经济增长理论、规制经济学和制度经济学理论组成。

第一节　区域经济增长理论

根据经济增长路径的不同，区域经济增长可以分为均衡增长模式和非均衡增长模式。均衡增长模式强调的是国民经济的全面、协调、均衡发展，即将国民经济系统作为一个整体，按照一定的比例同时对构成经济系统的各行业或部门进行投资，带动各行业的全面、协调发展，进而促进经济增长。非均衡增长模式强调经济活动之间的关联，在实践中被广泛应用，比较有代表性的研究如不平衡增长理论、循环累积因果理论、增长极理论、中心—外围理论等、生产要素流动理论等。就我国自由贸易试验区战略而言，非均衡增长模式的理论研究能够很好地解释这一战略布局。

1. 不平衡增长理论

不平衡增长理论起源于 1958 年，由德国思想家阿尔伯特·赫希曼（Albert Otto Hirschman）提出，其认为利用产业间所具有的"关联效应"能够实现经济增长目标，具体来说就是要首先发展具有明显关联效应的重点产业，进而带动其前后关联的相关产业的发展。同时，赫希曼还提出区域经济增长中可能在发达地区与落后地区之间出现的极化效应和溢出效应：发达地区由于在经济发展水平、投资回报率以及居民收入水平等方面都具有明显的优势，会吸引落后地区的优质资源不断向发达地区集聚，进而使得二者之间的差距进一步扩大，产生极化效应；而当发达地区经济发展达到一定程度以后，则会开始向落后地区进行投资，资源要素开始逐步流向落后地区，促进落后地区经济发展，形成溢出效应。

2. 循环累积因果理论

瑞典经济学家缪尔达尔（Gunnar Myrdal）指出生产要素在不同区域之间流动会产生回流效应和扩散效应。其中，回流效应指的是当不同地区的投资回报率存在显著差异时，会使得资本、劳动力以及技术等各种生产要素逐渐从落后地区转移到发达地区，导致地区间发展差距不断扩大；而扩散效应指的是随着发达地区经济发展水平的不断提高，生产成本也会逐步提高，进而使得生产要素逐渐流出发达地区而流向落后地区，推动落后地区经济发展，缩小与发达地区之间的差距。但综合来看，生产要素流动的回流效应要大于扩散效应。缪尔达尔认为在一个完整的经济系统中，各种要素之间存在着相互影响、相互作用的联系，以循环累积的方式进行运动。按照这种循环累积的运动方式，初始条件优越的地区能够在发展过程中不断积聚优质资源要素，进一步加快经济发展速度，通过正向反馈不断强化自身的优势；而对于落后地区而言，则会产生负向反馈作用。因此，在这种模式下，区域经济发展会逐渐偏离均衡状态，最终形成二元经济结构。

3. 增长极理论

法国经济学家弗朗索瓦·佩鲁（Francois Perroux）指出，在经济体系中某一部门的经济增长速度相对较快，并推动其他部门的发展进而促进整个经济的发展，这个经济部门也就成为经济发展的增长极。这一增长极对经济发展的推动作用具体体现在三个方面：第一，支配作用。增长极在整个经济系统中处于支配地位，是推动经济发展的核心要素。第二，乘数作用。增长极能够带动与之相关的产业部门的发展。第三，极化效应和扩散效应：一方面，增长极发展速度快、要素投资回报率高，进而吸引大量资源要素，形成集聚效应，促进经济更快发展，进一步增强资源的吸引力；另一方面，增长极在发展到一定阶段后会带动周围地区经济的发展。在此基础上，法国地理学家布代维尔（Boudeville）提出"区域增长极"概念，即某一地区经济发展的增长中心，对于区域经济发展起着关键性的推动作用。

4. 核心—外围理论

由约翰·弗里德曼（John Friedmann）提出的核心—外围理论（又称核

心—边缘理论），主要贡献在于将经济与政治、文化等领域联系起来，构建了总体社会系统。弗里德曼认为，经济发展的本质是不断创新的过程，包括技术、制度创新等，但是具体的创新与发展一般源于个别"变革中心"，在此基础上不断向周围进行扩散。弗里德曼指出在整个经济系统发展中，"变革中心"的作用体现在六个方面：生产效应、支配效应、连锁效应、现代化效应、心理效应和信息效应，而在这六种效应的相互作用下，"变革中心"的地位会进一步凸显。

5. 生产要素流动理论

在经济发展中，生产要素是开展各项活动的基础，而在区域经济中，生产要素流动发挥着关键性作用。经济发展在各种生产活动进行过程中会出现三种效应：第一，"市场接近效应"。为了降低产品交易成本，企业在进行区位选择时通常会首先考虑靠近大型市场的地区。第二，"生活成本效应"。企业的大规模集聚带来产品供给的增加，导致产品的市场价格下降，直接降低了居民的生活成本。第三，"市场拥挤成本"。企业在同一区域集聚的同时也加剧了彼此之间的市场竞争，给企业的生存和发展带来了一定压力。在这些效应作用下，生产要素在不同区域间流动。克鲁格曼（Krugman）的研究也指出在经济发展中，由于受到向心力和离心力的作用，生产要素的流动会进行重新配置，向心力使得要素不断流向同一区域，而离心力使得要素向周围扩散，抑制了要素的过度集中①。

从经济增长的模式看，我国建立自由贸易试验区和自由贸易港主要是政府推动下的"非均衡性增长"，建设自由贸易试验区和自由贸易港的主要目的在于在已有的经济基础上利用政策制度优势推动区域经济发展，形成新的增长极，并进一步带动周围地区的经济发展，最终实现全面发展。但是，关于是否应当建立这种理论意义上的自由贸易港区，学者们持有不同的看法。美国经济学家赫希曼（Hirschman）指出，发展中国家建立自由贸易港区，可以提升对外开放水平，有利于学习国际先进的管理模式，不仅可以带动自由贸易港区自身以及周围地区的经济发展，还可以起到示范效应，推动全国经济的发展②。但是，也有学者对此持反对意见，缪尔达尔认

---

① 藤田昌久，保罗·R. 克鲁格曼，安东尼·J. 维纳布尔斯. 空间经济学：城市、区域与国际贸易 [M]. 梁琦，译. 北京：中国人民大学出版社，2013：306.

② HIRSCHMAN A O. The Strategy of Economic Development [M]. New Haven：Yale University Press，1945.

为自由贸易港区建立以后，在政策制度红利驱动下会吸引大量资源要素流入区内，不利于要素的自由流动，使得区域之间经济发展的差距不断扩大①。从全球自由贸易港区发展的实际情况来看，自由贸易港区的建设与完善，能够起到一定的扩散效应和示范作用，对带动全球贸易发展、促进世界经济增长起到不可忽视的作用。

第二节　规制经济学

规制经济学起源于 20 世纪 70 年代，其主要研究政府规制活动及其后果，具体包括规制公共利益理论、规制经济理论和激励性规制理论。

1. 规制公共利益理论

规制公共利益理论认为，政府规制是在市场失灵条件下政府采取的必要措施。由于市场存在脆弱性，如果不进行必要的管理，有可能造成不公平、低效率等问题，因此需要政府对市场主体的经济活动进行必要的规制，及时调整市场失灵，维护公共利益，提高市场运行的效率，改善社会福利。

2. 规制经济理论

规制经济理论指出，由于政策制定者或者是监管部门在制定规制时可能受到任期期限、自身利益以及信息缺失等因素的影响，会导致规制失灵，进而引发一系列经济运行问题（奥格斯，2008）。其中可能出现的极端情况就是"规制捕获"，即政策制定者在确定政策时可能受到利益者的捕获，导致利益路径固化。因此，规制经济理论提倡政府放松或简化管制。

3. 激励性规制理论

与传统的规制经济学不同，激励性规制理论主要是基于信息不对称条件利用委托—代理分析框架研究规制问题，其主要研究的不是规制形成的原因，而是应该采取怎样的措施进行规制，探讨将激励机制运用于规制制定，从而提高规制的效率。

在我国自由贸易试验区和自由贸易港的建设过程中，需要明确中央与地方政府以及政府与市场之间的权力边界问题，"应该如何规制"或"如何放松规制"显然是我们在研究自由贸易试验区和自由贸易港问题时必须

---

① MYRDAL G. Economic Theory and Underdeveloped Regions ［M］. London：Gerald Duckworth &Co. , 1957.

考虑的问题。在贸易、资金以及人员方面的高度自由化是我国自由贸易港最大的优势，进而成为我国在推动市场化进程、提升对外开放水平以及强化市场对资源配置的决定性作用等一系列改革中的重要试点。作为国家战略，自由贸易试验区和自由贸易港的实施必然体现着政府的规制作用。从各地自由贸易试验区和自由贸易港的实施方案和中央及各部委的支持政策来看，这种规制相对于其他地区而言，具有放松规制的寓意，包括负面清单管理等制度创新和改革政策的先行先试等。

第三节　制度经济学

由科斯（Coase）、诺斯（North）等学者提出的新制度经济学，主要研究了制度在经济社会发展中所发挥的作用。[①] 受到资源稀缺性的制约以及经济活动中交易费用的影响，制度对于资源的有效配置具有重要意义。诺斯指出，当技术条件不变时，利用制度创新可以提高生产率，促进经济增长。[②] 同时，在经济发展过程中，经济组织的效率也发挥着关键性作用，这就需要经济组织具有特殊的制度安排，能够通过确立所有权而产生一种刺激作用，同时使得个人的经济努力所获得的私人收益率能够接近全社会的平均收益率水平。[③] 诺斯认为，制度在经济增长中的作用主要体现在能够建立人们进行交换的激励结构。[④] 制定合理的制度安排，不仅可以降低经济活动交易的成本，还可以提高经济活动后果的可预期性，减少不确定因素，从而提高经济的运行效率，促进经济增长。

科斯主要从交易成本的角度分析了制度产生的内在原因：企业制度推出的主要目的就是为了减少交易成本。科斯认为，企业在生产经营活动中获取准确的市场信息、谈判等必须付出相应的费用，形成交易成本，这就需要建立一定的制度对市场运行秩序进行约束，同时降低交易成本；如果缺少制度对市场行为的约束，市场这只"看不见的手"极有可能引发经济

---

① 贺卫，伍山林. 制度经济学 [M]. 北京：机械工业出版社，2003：3.

② 藤田昌久，保罗·R. 克鲁格曼，安东尼·J. 维纳布尔斯. 空间经济学：城市、区域与国际贸易 [M]. 梁琦，译. 北京：中国人民大学出版社，2013.

③ 戴维·G. 爱泼斯坦，史蒂夫·H. 尼克尔斯. 消费者保护法概要 [M]. 陆震纶，郑明哲，译. 北京：法律出版社，1994.

④ 道格拉斯·C. 诺斯. 制度、制度变迁和经济绩效 [M]. 刘守英，译. 上海：上海三联书店，1994：3.

社会运行的混乱。①

  因此，我国的自由贸易试验区和自由贸易港是制度创新的再次安排，制度既可直接降低港区内的交易成本，也可通过为港区内交易创造条件、营造环境、提供服务、进行激励等，提高港区内的交易效率，达到间接降低交易成本的效果。

---

① 铃木深雪. 消费生活论——消费者政策（修订版）[M]. 张倩，高重迎，译. 北京：中国社会科学出版社，2004.

第五章　离岸金融市场建设及风险的相关理论

离岸金融市场是特殊的金融中心，其主要服务于非居民并为其提供低成本的金融中介服务。集聚经济理论和区位选择理论从微观视角为离岸金融中心的形成提供了理论分析框架，金融创新理论、金融自由化理论从金融机构逐利、政府放松金融管制以及金融市场自身发展的宏观角度解释了离岸金融市场培育的原因，而揭示金融自由化与金融风险关系的风险分散模型则进一步厘清了离岸金融市场建设与风险防范的理论基础。

第一节　集聚经济理论与区位选择理论

关于金融中心形成的微观经济理论主要分为两类：一类是集聚经济理论，以金德尔伯格（Kindleberger，1974）为代表；另一类是区位选择理论，以菲利普·戴维斯（Philip. Davis，1990）为代表。

1. 集聚经济理论解释

金德尔伯格认为，跨地区支付效率和跨地区金融资源配置效率是金融中心集聚效益的主要表现形式。集聚经济效应为金融企业提供近距离交流的便利。金融集聚的外部规模经济效益主要在于能够提高投融资的便利化程度、增强金融市场的流动性、降低融资成本、促进金融机构之间的合作以开发其他产业。

利用集聚所具有的规模经济和范围经济效应，在特定区域建立离岸金融市场可以促进投资者的集聚，并且有利于投资者降低获取信息的成本、获得便利化的投融资服务，同时还能够通过带动离岸金融服务与信息科技产业的深度融合，提升金融资源的流动与配置效率，进而促进离岸金融市场的进一步发展。因此，正是金融机构和市场集中的规模经济和范围经济效益促进了国际金融中心的产生，促进了离岸金融市场的发展。随着国际化程度的提高，在区域范围金融中心的顶端就会产生全球金融中心，1914年以前是伦敦，1914年至今则是纽约。

2. 区位选择理论

戴维斯从微观要素供给和产品需求的角度探讨了金融企业选址经营的标准。区位选择理论认为，生产要素和市场需求以及可选择经营地点所处地区的外部经济性是企业进行选址时必须考虑的基本要素，而确定选址后，由此带来的沉淀成本直接决定了区位选择的惯性程度。因此，在进行离岸金融市场的区位选择时应该主要考虑供给、需求和沉淀成本三个方面的因素。

第一，供给因素。在建设离岸金融市场前，需要先考虑经营许可证、经营场所、设备、专业人才以及资金成本等基本要素。其中，经营许可证成本主要受到两个方面的影响：创业审批制度效率和金融管制程度。人力成本来自吸纳具备专业化水平的人才。市场需求所决定的边际产品收益也是需要考虑的因素。此外，还需要考虑所选择地区政治与经济环境的稳定性。稳定的政治与经济环境是金融平稳运行的基本条件，对离岸金融市场的建设与发展也同样重要。资金是金融运行的基本要素，资金成本不仅受到市场供求状况的影响，还与一国的金融制度有关。如果所采用的规章制度不利于市场的公平竞争，会增加金融机构的经营成本。规章制度也并不一定会带来成本的增加，如金融风险监管、投资者保护等制度可以降低资金的成本。此外，资金的支付结算效率也是影响资金成本的重要因素。

第二，需求因素。离岸金融市场业务的开展主要是借助先进的信息通信技术来实现的，因此，离岸金融市场建设需要考虑时区对需求的影响。当离岸金融市场在全球金融活动中处于重要的轴心时，信息通信技术的运用可以进一步巩固其核心地位。但如果离岸金融市场缺乏相应的技术人才作为支撑，也就无法获得技术利益。信息通信技术有利于提高离岸金融市场的自由化，但是沉淀成本的存在也使得选址和搬迁自由受到一定的限制。

第三，沉淀成本。离岸金融市场建设的沉淀成本来自市场流失或者从某一地区退出时带来的声誉损失。

第二节　金融创新理论

1912 年，著名经济学家约瑟夫·熊彼特（Joseph Alois Schumpeter）首次提出了金融创新理论，指出创新的本质就是通过生产要素和条件的重新组合建立新的生产函数，并将其运用于生产体系中。从 20 世纪 70 年代开始，多种形式的金融创新不断涌现，吸引了学者们的关注，金融创新理论不断丰富。

金融创新理论认为，在经济不断发展的过程中，金融机构会通过金融创新来满足越来越多元化的金融需求，进而获得更多的收益。Greenbaum 和 Haywood（1971）认为在经济发展中，财富的不断积累是金融机构进行金融创新的主要动力。Allen 和 Gale（1991）研究指出，在不完全竞争的市场条件下，金融创新的主要目的在于抵御金融风险或者是进行套利交易。Allen 和 Gale（1995）研究发现，在金融市场上，家庭和企业对金融创新的需求存在显著差异，前者主要是为了进行跨期财务风险管理，而后者更注重资金营运管理。

金融创新的供给推动理论认为，伴随着新技术、新组织的出现，金融机构会积极将其运用于自身的经营管理中，来降低经营成本、提高利润。西尔柏从供给角度分析了金融创新产生的原因，提出了约束诱导型金融创新理论，认为微观金融组织进行金融创新主要是为了减轻外部约束对自身发展的阻碍，而且在通常情况下，面临的外部约束越大，金融创新的动力也就越大。J. R. Hicks 和 J. Niehans（1983）则从交易成本的角度分析了推动金融创新的原因，认为金融主体开展金融创新的动力来源于交易成本的存在，而金融创新的本质就是通过不断运用新技术、新方法降低交易成本的过程。

由美国经济学家 Kane 提出的金融创新规避管制理论的核心观点认为，通过金融创新能够合理规避监管约束，并带来一定的收益。Kane（1981）通过分析美国金融机构的发展情况发现，面对不断调整的金融监管制度，美国商业银行会不断进行创新以适应监管环境的变化，并且金融创新的速度甚至会超过金融监管制度的调整速度，冲击金融监管。Kane 的规避管制理论系统分析了创新与监管之间的关系，指出金融创新的重要原因在于规避监管，而创新的不断出现使得监管制度不断变化。

金融创新的扩散机制理论从扩散角度分析了金融创新影响其他金融主体的过程。Molyneux 和 Shamroukh（1996）提出了金融创新的扩散结构，并指出金融机构进行创新的动力一方面来自自身对金融创新的重新认识，另一方面来自周围其他金融机构所进行的金融创新。也就是说，金融机构进行创新不仅取决于机构个体对金融创新重要性的理解，还受到周围群体对金融创新的认识程度，当周围群体都进行金融创新时，在羊群效应的作用下，金融机构也会开展金融创新。

根据以上分析，离岸金融市场的形成与发展，一方面是受到创新需求和供给的推动，另一方面则主要为了规避在岸市场金融监管的约束。由于金融业本身的特殊性，发达国家通过采取一系列的金融监管措施来防范金融风险、维护金融稳定，而金融管制必然会导致金融机构的成本增加，从而促使金融机构寻求规避途径，欧洲美元就是典型的规避法规型国际金融创新。可以说，离岸金融市场的出现是最重要的金融创新。离岸金融市场出现以后，为了获取更多的利益，金融机构和企业会在在岸市场与离岸市场之间寻找套利机会，合理避开金融监管约束。在 20 世纪 70 年代开始的金融自由化发展的影响下，离岸金融也快速发展起来。当离岸金融市场出现创新机会时，金融机构或者其他主体会迅速进入离岸市场进行创新活动，不断推动离岸金融市场的发展。在全球化发展趋势下，金融创新不断削弱金融监管的有效性，加之金融的脆弱性、危机的传染性，可能诱发系统性金融风险等问题，因而需要再次调整金融监管制度，反过来又进一步刺激金融创新的产生，形成"金融创新→风险产生→金融监管→规避监管→金融创新"相互作用的动态过程。

第三节　金融自由化理论

金融自由化理论主要包括麦金农（McKinnon）和肖（Shaw）的金融深化理论、麦金农和肖的金融深化理论的扩展、M－S 理论、有关金融脆弱性的现代理论研究、金融危机理论与模型、金融自由化排序理论等，从不同角度对金融自由化进行了全方位研究。

1973 年，麦金农、肖等学者对金融业在发展中国家的情况进行了系统分析，研究发现在发展中国家，政府对金融业进行了许多的干预，抑制了金融市场的发展，产生了严重的"金融抑制"问题，从而提出发展中国家应该实施金融自由化改革，放松政府管制，提高金融市场的自由化程度，使市场达到均衡状态，这也就是著名的 M－S 理论。在全球金融自由化发展的趋势影响下，新兴市场经济体也开始加入，推动本国金融自由化改革。从各国金融自由化改革的具体实践看，其内容主要包括：第一，金融业务的自由化，政府放松对金融机构经营范围的限制，金融机构可以扩大业务范围、开展交叉业务，从而促进公平竞争；第二，金融市场的自由化，放宽金融市场的准入限制，推动金融创新发展，建立完善的金融市场体系，加快金融市场管理模式改革；第三，资金价格决定机制的自由化，即利率、汇率的市场化改革，充分发挥市场在资金价格形成中的决定性作用；第四，资本跨国流动的自由化，逐渐减少资本管制，提高资本流动的自由化，同时适度放宽金融机构进入本国的准入条件。

发展中国家金融自由化过快发展也导致了金融危机的爆发，人们开始质疑和反对 M－S 理论，进而诞生了新结构主义、新凯恩斯主义、新制度主义等流派。麦金农也在原有理论的基础上做了修正，提出了金融控制论，指出发展中国家在进行金融自由化改革的过程中一定要掌握好改革的速度，采取循序渐进的改革模式。这也从外因角度解释了金融自由化改革导致金融风险爆发的原因；而对于危机产生的内因，理论界提出了金融脆弱性理论、金融危机理论与模型，并对此进行了具体探讨。

亚洲金融危机后，金融自由化排序理论逐渐发展起来。Edwards (2002) 指出金融自由化改革应当从解决财政失衡问题入手，使得在改革初期能够达到宏观经济的基本稳定，而当贸易自由化实现以后，才可以逐步推进资本账户自由化的改革；同时，通过监管制度改革提高监管效率，确保金融自由化改革的顺利实施。但是，最新的金融自由化排序理论认为，金融自由化改革的顺序应当根据实际情况来确定，并不存在一种适合所有国家的自由化改革次序。①

国际离岸金融市场的产生与发展，其本身就是一个金融自由化的过程，而其在促进全球金融自由化的进程中，均发挥了示范和导向作用。对于我国自由贸易港离岸金融市场金融自由化改革的试行，更强调用金融控制理论和金融自由化排序理论指导实践，控制好金融自由化改革的节奏，将金融自由化改革的政策次序与我国的实际相结合，循序渐进。但是，在金融自由化改革不断深入的情况下，来自宏观、微观层面以及国外的潜在金融风险在自由贸易港离岸市场的不断积聚，可能会产生更大的风险。因此，在推进我国自由贸易港离岸市场建设、适时进行金融自由化改革过程中，我们更需要做好金融风险防范。

---

① 张志超．开放中国的资本账户［J］．国际经济评论，2003（1－2）．

第四节　金融自由化和金融风险的关系：风险分散模型

麦金农提出，在稳定的宏观经济环境下，金融自由化改革同样会使得金融体系的脆弱性增加，对金融系统的稳定产生负面影响。刘天才等（2003）用一个分散风险的概率模型对金融自由化与金融风险的关系进行了解释和探讨，假设金融市场数量的增加是金融自由化的重要内容，从单个市场入手，研究金融自由化与金融风险的关系。

由于金融市场上存在着不确定性，按照损失发生情况，将"受损失"记为事件 0，"不受损失"记为事件 1，P 表示金融风险发生的概率，即 $P = p (X = 0)$。根据马科维茨投资组合理论中的基本假设，金融市场上风险厌恶型投资者居多，而风险偏好型投资者较少。假定风险厌恶型投资者对风险的接受程度为 ρ，而如果某一金融市场上风险发生的概率大于投资者对风险的接受程度，即 $P > \rho$，就会导致投资者开始大规模逃离该金融市场，进而引发单个金融市场的风险。如果 $P \leq \rho$，则可以实现金融风险的转移。因此，金融风险发生概率 P 的大小是影响整个金融市场风险集中暴露的主要因素。

对于风险厌恶型投资者而言，通过风险转移措施可以有效控制单一金融市场的风险。但是，当投资者将自身风险进行转移的同时，必然会对整个金融市场产生一定的影响。

根据金融自由化导致新的金融市场产生的假定，我们将原有的金融市场和新产生的金融市场分别设定为市场 1 和市场 2，而且两个不同市场的风险 $P (X_1 = 0)$ 和 $P (X_2 = 0)$ 是彼此独立的，同时假设同一主体在不同市场上的交易规模相等。

在交易之前，每个参与主体都会对在不同金融市场上进行金融交易的预期后果进行比较，并对在不同市场上的金融交易可能遭受的风险进行转移。如果风险转移的成本很小，风险厌恶型投资者就会转移到风险较小的金融市场进行投资。此时，其面临的风险可以表示为 $P = \min (P (X_1 = 0), P (X_2 = 0))$，那么 $P \leq P (X_1 = 0)$。也就是说，当新的金融市场 2 出现以后，市场主体面临的风险概率 P 也会随之降低，进而降低整个金融体系的风险。

以上分析主要考察的是单个金融市场的风险，而忽略了风险在不同市场之间的传递，下文将进一步分析金融市场之间风险传递的情况。

风险分散理论指出，在允许风险进行转移的情况下，新金融市场的产生有利于降低单个市场风险发生的概率。例如，通过运用期权等金融衍生工具的交易可以降低股票市场的风险（宋敏，1999）。当仅存在市场 1 或市场 2 时，参与主体面临的风险为 $P(X_1=0)$ 或 $P(X_2=0)$，而当两个市场均存在且可以在同一时间、不同市场上的交易中进行风险转移时，就可以降低单个金融市场的风险。假设当两个市场同时存在时，单个市场的风险表示为 $P'(X_1=0)$ 和 $P'(X_2=0)$，则 $P'(X_1=0) \leqslant P(X_1=0)$，$P'(X_2=0) \leqslant P(X_2=0)$。

当金融风险可在不同市场间传递时，P'（金融体系）$= P'(X_1=0 \cup X_2=0) = P'(X_1=0) + P'(X_2=0) - P'(X_1=0) \cdot P'(X_2=0)$。若两个市场的金融风险不相互独立，$P'$（金融体系）$= P'(X_1=0) + P'(X_2=0) - P'(X_1=0 \cap X_2=0)$，而 $P'(X_1=0 \cap X_2=0) + P'(X_1=0) \cdot P'(X_2=0/X_1=0)$，则 P'（金融体系）$= P'(X_1=0) + P'(X_2=0) - P'(X_1=0) \cdot P'(X_2=0/X_1=0)$。将金融市场 2 产生后金融市场 1 的风险变化量表示为 $\beta = P(X_1=0) - P'(X_1=0)$；而两个金融市场之间的风险传递关系表示为 $\alpha = P'(X_2=0/X_1=0)$，则金融体系风险可以表示为

$$P'（金融体系）= P(X_1=0) - \beta + P'(X_2=0) - [P(X_1=0)-\beta] \cdot \alpha$$

假定当金融市场 2 产生以后，整个金融体系的风险会减小，即

$$P'（金融体系）< P(X_1=0)$$

则有

$$P'(X_2=0) < \alpha P(X_1=0) + \beta(1-\alpha)$$

若 $\alpha=0$，即各个金融市场之间的风险相互独立，则 $P'(X_2=0) < \beta$，说明当金融市场 2 的风险变化量小于金融市场 1 时，整个金融体系的风险才会降低。

若 $\alpha=1$，即两个金融市场的风险可以完全进行传递，则 P'（金融体系）$= P'(X_2=0) < P(X_1=0)$ 时，金融市场 2 的产生可以降低整个金融体系的风险；而如果 $P'(X_2=0) > P(X_1=0)$，金融市场 2 的产生将会导致整个金融体系风险的扩大。

基于以上分析可以看出，金融自由化过程中新金融市场的风险大小会影响整个金融体系风险的变化，而新金融市场的产生并不一定会降低整个金融体系的风险水平。

不可否认，金融自由化必然会带来金融风险，因此合理确定金融自由化改革的时机具有重要的理论和实践意义。金融自由化有利于增强金融对实体经济的支持力度。按照新古典经济学，供求均衡是一种最优的经济状态。因此，在金融市场中，如果金融供给过剩，则会抵消金融自由化带来的好处，相反则会导致金融风险的增加。因此，金融自由化改革应该选择在金融供给受到制约时进行，这样有利于最大限度地发挥金融自由化的益处。

熊彼特指出，在经济发展过程中，"创新"的产生并不是连续的，有时"集聚"，有时"稀疏"。创新对经济发展具有巨大的推动作用，如果创新不能连续进行，就需要在创新间断时，以资本投资进行弥补，否则会影响经济的持续发展。同样，在复杂的经济系统中，经济发展对投资需求的增加，会导致金融需求也随之增加。当经济发展的创新低迷时，对金融的需求也会随之下降，有可能引发金融供给过剩的问题。因此，当出现创新高潮时，开展金融自由化改革，有利于实现金融供给与金融需求的平衡，从而最大限度地释放金融自由化改革对经济发展的好处。

当前，我国正处于或正迈向创新"群聚"期，理论上说是我国金融自由化的最佳时期。审视我国的自贸试验区金融改革创新战略，即为一种金融自由化的政策推动。本书认为，当前，在自贸试验区发展离岸金融市场，推进离岸金融市场的金融自由化改革，收益将大于风险损失，并且我国对实施自贸试验区战略提出风险可控的前提要求，即为应对伴随金融自由化而来的金融风险作出了战略预警。本书认为，推进离岸金融市场的金融自由化改革，能够在相当大的程度上获取金融自由化收益。

第二篇　经验借鉴

　　中国自由贸易港的建设探索应参考中国香港、新加坡等的先进经验模式，要致力于打造开放层次更高、营商环境更优、辐射作用更强的开放新高地，尝试成为中国开放型经济创新发展的先行区。因此，本篇从培育离岸金融市场的视角出发，全面梳理国际自由贸易港及离岸金融市场建设发展的成熟经验，以期为我国自由贸易港的建设探索提供参考。

　　本篇主要包括三个章节：一是对具有离岸金融功能的世界自由贸易港进行案例分析，包括内外渗透型的新加坡、内外混合型的香港、避税港型的开曼群岛；二是对"境内关外"的离岸金融市场及其风险防范的案例进行分析，包括美国 IBF、日本 JOM、泰国 BIBF；三是基于对世界主要自由贸易港和离岸金融市场的分析，得出区位优势、制度要素、风险监管三个方面的经验总结，并以此为我国自由贸易港离岸金融市场建设及风险防范提供启示。

第六章 世界自由贸易港离岸金融市场
的案例分析

联合国认为，自由贸易港（也称"自由港"）是某一离岸场所（An Offshore Location）[1]，在自由港进行的金融结算及交易则具有离岸金融的色彩。为使商品、资金等进出自由，充分发挥自由港的功能优势，许多自由港进一步发展成为自由金融区，这种自由金融区实质上就是本书研究的离岸金融市场。

第一节　新加坡离岸金融市场

新加坡是全球著名的贸易自由港，同时也是重要的离岸金融市场，其贸易及金融均高度开放。新加坡离岸金融市场的建设开始于 20 世纪 60 年代，在欧洲货币市场对美元的需求量快速增长的背景下，新加坡政府开始加快建设亚洲美元市场，为亚太地区的国际银行机构提供美元存贷款等离岸金融业务。这些金融服务创新成为新加坡建立国际金融中心的重要一步，也为新加坡设立自由贸易区做了准备。1969 年 9 月，新加坡通过了自由贸易园区法案以后，相继在裕廊码头、机场等地区设立了 7 个自由贸易区，负责空运货物、海运货物等业务。从具体的建设和管理模式上看，新加坡所有的自由贸易区均通过设立围墙的方式实现与外界的物理隔离，而且货物进出自由贸易区均需要接受海关的查验。作为仅次于中国香港的自由港，新加坡先后建立了金融管理局等机构，出台了各种优惠政策，不断开放市场，吸引外资金融机构进入新加坡开展业务，使新加坡成为重要的区域离岸金融中心。

从区位优势来看，新加坡在地理位置上恰好处于伦敦与东京之间，使其成为沟通亚洲与欧洲美元市场的天然桥梁；而从所处的时区看，新加坡

---

① UN, Free Trade Zone and Port Hinterland Development, 2005: 6.

离岸金融市场的金融交易活动可以利用时区优势在旧金山、新加坡以及苏黎世市场之间相互转移，实现了国际金融市场的全天候连续运转。此外，新加坡政府专门制定了税收和监管优惠政策，并加强离岸金融市场基础设施的建设和完善，这也是新加坡离岸金融市场取得成功的重要原因。

从整体发展历程来看，新加坡离岸金融市场的发展主要经历了三个阶段：1968—1975 年为初始阶段；1975—1997 年为发展阶段，新加坡政府在这一时期加快了金融自由化改革步伐；1997 年至今为转型阶段，新加坡离岸金融市场所采用的账户体系严格与境内相隔离，进而有效避免了 1997 年亚洲金融危机的冲击和影响。随着新加坡离岸金融市场建设的不断完善，到 2000 年，新加坡已经发展成为全球重要的离岸金融中心，其模式也由内外分离型逐渐向内外混合型转变（见表 6.1）。

表 6.1　　　　　新加坡建设离岸金融市场的重要政策举措

时间	建设离岸金融市场的政策措施
1968 年	新加坡创建亚洲美元（Asian Currency Unit，ACU，简称亚元）市场，允许美洲银行新加坡分行在其内部设立特殊的亚洲货币单位，打破新加坡以往对外资银行业务范围的限制，允许美洲银行在新加坡以与欧洲货币市场同样的方式接受非本地居民的外国货币存款；取消非居民持有外汇存款的利息预扣税
1972 年	废除大额可转让存单、亚洲美元 ACU 贷款合同及有关文件的印花税；废除经营 ACU 需保持 18% 流动准备金和无息存放负债总额 6% 的规定
1973 年	允许本地居民开设 ACU 账户，法人存款上限为 300 万新加坡元，个人存款上限为 10 万新加坡元
1975 年	废除存款利率的限制
1976 年 6 月	放宽外汇管制；提高居民亚洲美元单位 ACU 存款上限；允许东盟各国在境内发行本国证券，免除非居民持有亚洲美元债券利息税；设定离岸贷款合同印花税上限（500 新加坡元），免除相关证书和票据印花税
1977 年	将亚洲美元 ACU 的交易利得税率由原先的 40% 下调至 10%；准许发行大额美元存单
1978 年 6 月	全面开放外汇市场，取消外汇管制，吸引外资银行从事离岸金融业务
1981 年	允许亚洲美元 ACU 通过货币互换安排获得新加坡元
1983 年 4 月	自当年 4 月 1 日起 5 年内对金融机构的国际银团和亚洲美元债券的发行实施免税，之后将该措施的有效期多次延长

续表

时间	建设离岸金融市场的政策措施
1984 年	成立亚洲首家金融期货交易所：新加坡国际金融交易所（SIMEX），成为亚洲首家进行欧洲美元存款利率期货和欧洲日元期权交易的机构
1990 年 6 月	将非居民持有新加坡本国银行股权的比例上限由 20% 提高到 40%
1992 年 8 月	将离岸金融贷款的额度上限由 5000 万新加坡元提高到 7000 万新加坡元
1999 年 5 月	取消非居民持有新加坡本国银行股权 40% 的比例上限；废除银行股双轨制；将符合资格的离岸金融贷款额度上限提高到 10 亿新加坡元
2000 年	外资机构对居民提供的交易额下限调至 50 万新加坡元；各证券经营机构可自行决定佣金水平；鼓励吸引外国公司到新加坡发行股票、债券及其他证券，并在新加坡证券交易所上市
2001 年	通过《证券与期货法》，将证券法、期货交易法、交易所法和公司法部分条文合并，明确新加坡金融管理局在离岸金融业务中的监管地位
2005 年	取消外资机构对居民提供的交易额下限；通过《证券与期货法 2005 年修改案》，进一步减少金融管理局对离岸交易的处罚
2006 年	通过《支付体系监督法》，确立金融管理局对离岸支付体系与境外储值类支付工具的监管

资料来源：作者根据相关资料整理。

从业务体系的构成来看，新加坡离岸金融市场主要由亚洲美元市场、亚元债券市场、股权市场、外汇市场、财富管理和保险以及包括商业银行、资本市场中介机构、保险公司、金融咨询服务机构、财务公司、信托公司在内的市场参与机构组成（见图 6.1）。其中，新加坡发起设立的亚元债券市场是全球最发达的债券市场之一，保险市场也为投资者的财富管理提供了稳妥的环境。此外，在新加坡离岸金融市场进行交易的货币还包括德国马克、英镑以及瑞士法郎等。

从税收优惠措施来看，新加坡政府对离岸金融采取了税收减免等优惠政策，例如取消非居民外汇存款利息扣除税、影响交易成本的印花税、影响投资者收入的所得税等。2010 年之前，新加坡的企业所得税为 18%，之后下调了 1 个点为 17%，总部在新加坡的国际机构则根据机构属性适用10%、15% 的优惠税率。税收优惠政策降低了投资者资金交易的成本，提高了投资收益率，进而吸引越来越多的投资者和资金进入新加坡离岸金融市场开展交易活动，促使新加坡成为亚洲重要的金融交易中心。

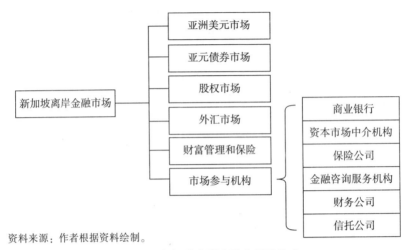

资料来源：作者根据资料绘制。

图 6.1　新加坡离岸金融市场的构成

从管理体制角度来看，新加坡金融管理机构由单一的货币局逐步转变为由货币局与央行共同管理模式。当前，新加坡对金融市场的监管由货币委员会、金融管理局和新加坡投资公司共同负责。其中，新加坡金融管理局发挥核心作用，同时承担金融调控与监管职能。2008 年美国次贷危机引发国际金融危机之后，新加坡金融管理局的职责进一步扩大，对不同金融市场和金融机构实施统一的监管，提升了监管效率，有效控制了风险。

第二节　香港离岸金融市场

香港是全球公认的最自由的经济体，也是全球最大的自由港。得益于其自身地理位置优越、交通便捷、经商自由、政治稳定、税负低等条件，香港的金融市场早期主要基于国际金融市场的竞争而自然形成，并从 20 世纪 70 年代开始快速发展。此后，香港不但提升了金融开放度，放松了对外汇、银行经营的管制，还通过积极建立商品期货市场不断完善金融市场体系，从而吸引了越来越多的金融机构和投资者在香港金融市场上进行经营、投资等活动，与亚洲其他国家乃至全球金融市场的联系越来越密切，逐步成为亚太地区最主要的离岸金融市场。

香港一直采取较为宽松的外汇管制，1973 年香港取消了外汇管制，实现了货币的自由兑换。1978 年，香港政府进一步放松了金融管制，允许外资银行等进入香港自由经营，允许资金自由流动。1982 年，香港取消外币存款利息税，国际资金又重新回流香港。香港的金融国际化取得了显著成效，成为一个以国际金融业务和资本为核心的国际金融中心，为全球提供存贷款、外汇、证券、黄金、期货、共同基金与保险等全方位的金融产品和服务。

香港金融管理局先后完善了与国际金融中心相配套的基础系统，包括债务工具中央结算系统、本地金融基础建设、国际金融基础建设以及内地金融基础建设等系统工程，不断为来自全球的金融机构和投资者提供便捷、高效和安全的金融服务。金融基础设施的逐步完善，加强了香港与外部市场的密切联系，为香港市场投资者在全球市场进行 24 小时的投资提供了可能，同时也促使香港成为全球银行机构密度最高的城市之一。

随着中国经济规模的不断扩大和综合国力的逐步提升，人民币国际化也在稳步推进。在此背景下，香港从 2003 年底开始发展人民币业务，此后业务范围不断扩大，包括贸易融资、人民币存款证、人民币债券等业务。近年来，香港跨境人民币结算等人民币业务快速发展，香港已经成为全球重要的人民币离岸中心，并逐渐完善了人民币回流机制，包括取消企业人民币兑换上限、允许香港的银行为金融机构开设人民币账户、人民币存款可在银行间往来转账。

在业务体系构成方面，香港的外汇市场非常成熟且较为活跃，股票市场居亚洲第二，成为境内企业在海外进行股票融资的主要市场。此外，香港还是亚洲第二大私募基金中心。

在金融监管制度方面，尽管香港采取的是自由经济政策，但为了加快香港金融中心的建设进程，香港政府也采取了一定的推动措施，促进了香港金融中心的发展。

第三节　开曼群岛离岸金融市场

开曼群岛是英国在西印度群岛的一块海外属地，是全球规模最大的金融中心之一，采用的是避税港型离岸金融市场模式。开曼群岛位于发达的北美与最大的发展经济体拉美之间，并与纽约、迈阿密位于同一时区。乔治敦自由贸易港位于开曼群岛西部的大开曼岛西南沿海霍格斯特尔湾内，濒临加勒比海的西北侧，是开曼群岛的最大港口，距机场仅 6 千米。

开曼群岛离岸金融市场能够取得成功的重要原因，是当地政府通过不断调整和完善法律制度，充分保障金融、商业等行业的发展，使得金融服务业成为开曼群岛的支柱产业和主要收入来源。开曼群岛拥有稳定的社会环境，对外汇的管制措施很少，税收少，而且严守金融保密法，从而吸引了大量的外国公司纷纷来岛上从事金融业务，加之开曼群岛金融高度自由化，对金融的管制很少，存款利率较高，更进一步吸引了大量的跨境资本。开曼群岛已经集聚了 590 家世界著名金融机构的分支机构，为全球提供金融服务，存款规模也超过了 4.15 亿美元。

开曼群岛无所得税、资本收益税及遗产税，只通过为数不多的几种税种来发挥调节作用。岛上的公司形态主要有三类：一般当地营业公司、一般非当地营业公司及离岸公司。其中，离岸公司不能在当地营业，且其投资业务只能发生于开曼群岛境外；离岸公司允许拥有人于公司注册成立后20 年内豁免缴纳当地税款，且公司账户里的款项如汇给个人，在汇出时无须代扣个人所得税。因此，离岸公司主要被各国企业及个人用来做金融规划。开曼群岛通过国家法律法规来督促金融机构对客户信息进行保密，并开设"国际私人银行"吸引跨国银行客户。

从监管方面看，开曼群岛政府对金融业发展的监管恰到好处。成立于1997 年的金融管理局是开曼群岛主要负责金融监管的部门，主要负责处理银行开立申请、发放银行信托公司执照、管理保险公司及经纪人、监管共同基金及其管理者。开曼群岛针对公司和个人的洗钱行为，还制定了专门的反洗钱法。

第七章 离岸金融市场及其风险防范的案例分析

传统离岸金融市场的最大特征在于能够使货币脱离其发行国后进行交易流通，但"境内关外"的离岸金融市场的创立改变了这一特征。这里的"境"即一国国境，"关"即一国国内金融的循环体系的边界范围。因此，"境内关外"的离岸金融市场，是指该离岸金融市场居于一国国境之内，但独立于该国国内金融的循环体系。一般来说，境内关外的离岸市场的金融活动不受该国对国内一般金融活动所施行规定、制度的限制和制约，国内进出该市场的资金相当于资金的跨境流动。因此，通过在境外设立分支机构的方式开展非本币业务不再是离岸金融的必要条件，也可以是在岸经营本币的一种特殊账户，但其必须仍然只是针对非居民客户，而且所涉及的资产和负债均在境外。也就是说，境内关外的离岸金融模式需要依托合理的账户体系。美国的国际金融业务单位、日本的 JOM 都是典型的境内关外型离岸金融市场，也可称为在岸的离岸金融市场。

第一节 美国国际金融业务单位和纽约离岸金融市场

20 世纪 70 年代后期，大量对外贸易区在美国相继成立，而且为了支持贸易区离岸金融业务的发展，增强美国金融机构的海外竞争力，美联储于 1981 年在一些州设立了国际金融业务单位（International Banking Facilities，IBF），也称国际银行业务设施，来经营境外美元业务，吸收离岸存款，再放贷给境外客户。IBF 实质上是一种特殊的资产负债账户，主要记载金融机构在美国本土开展的与国际金融相关的业务和收支情况等。IBF 采取的是内外分离型模式，在本国货币作为主要交易货币的离岸业务与境内金融市场之间采取严格的隔离措施，非居民的金融交易账户也要与境内账户相隔离，非居民不能经营任何在岸业务。也就是说，IBF 账户体系中涉及的美元均当作境外美元，要与境内的金融账户相隔离。为了避免国内外美元

资金借助 IBF 渠道在境内外流动，美联储针对 IBF 出台了专门的限制措施
（见表 7.1）。

表 7.1 美国 IBFs 的制度设计

限制项目		限制内容
设立	准入资格	设立 IBF 与设立海外分支机构的条件基本相同，具有设立 IBF 资格的机构包括在美依法注册的存款机构、外国银行在美分支机构等
	通知义务	金融机构可自行设立 IBF，但在 IBF 成立后的第一个存款准备金计算期，该机构必须提前两周告知美联储 IBF 的设立情况
存款业务	存款形式	IBF 可以发行本票、承兑汇票等多种形式存款，但不能以发行 CDs 的方式接受存款
	存款客服	可以在 IBF 存款的客户包括美国存款机构、外国银行在美以外地区的机构、IBF 的设立机构和其他 IBF
	存取规模	非银行客户在 IBF 的存款额度和取款规模不能低于 10 万美元，并且取款前需提前至少两天通知存款银行
	存款期限	IBF 只接受定期存款，并向非银行外国客户提供不少于两个工作日的存款
贷款业务	贷款形式	IBF 可以发行本票、担保、贷款协议、回购协议等多种形式发放贷款
	贷款客户	IBF 只能向 IBF 存款客户、外国人、外国企业以及美国公司的在外机构贷款
资金用途		美联储要求 IBF 的资金只能用于国际业务，而不能与国内业务相关联，即 IBF 相关资金的用途被限制于国外；IBF 在与非银行客户开展首次业务时，必须提前书面告知美联储
报告义务		IBF 账户与其设立机构相关账户隔离，并定期依照美联储要求递交相关报告

资料来源：马骏，徐剑刚（2012）。

　　由于 IBF 本质上属于离岸金融市场，所以其不受境内各项金融法律法规和监管措施的限制，不受存款准备金、存款保险制度、利率定价等方面的限制，而且还可以享受联邦税免除等优惠政策。此外，不同的州也出台了各自的税收优惠措施。所有具备吸收存款经营权的国内外商业银行机构都可以申请成为 IBF 的会员，在美国境内为非居民提供美元以及外币的存款业务等金融服务，同时可以享受各种针对离岸金融市场的优惠政策。但同时，美联储也对 IBF 采取了一定的管制措施，进行风险防范：第一，境内美元如果想进入境内金融市场，必须按照境内存款准备金率缴纳存款准

备金；第二，IBF 会员银行只能开展期限在两天以上的存款业务，而且不能够发行 CDS 等可交换金融工具；第三，IBF 账户上的资金只能开展国际业务，国际业务与国外业务须隔离。

之所以探讨 IBF 与纽约离岸市场，是因为 IBF 所覆盖的范围包含了纽约州等多个地区，形成了"一个中心，多个外围区域"的特征分布，其中纽约州占据着绝对的主导地位。作为世界上著名的离岸金融中心，纽约离岸金融市场的 IBF 制度设计，决定了纽约离岸市场形成过程中政府发挥巨大的推动作用，也是典型的内外分离型离岸金融市场。纽约 IBF 离岸金融市场的资产规模从成立起就保持了持续增长的趋势。特别是在 20 世纪 80 年代，在政策的刺激下，IBF 资产规模高速增长。但是从 90 年代开始，金融自由化改革使得美国逐步放松金融管制，削弱了 IBF 在金融监管方面的相对优势，导致 IBF 的资产规模不断下降（见图 7.1）；而且，在金融创新的作用下，新型金融产品和金融工具使得美元在岸与离岸市场之间的联系不断深化，IBF 所具备的优势也随之淡化。

资料来源：《国际清算银行季报》（*BIS Quarterly Reviews*）。

图 7.1　IBF 的资产规模

总的来看，IBF 在美国金融自由化和金融市场发展过程中具有过渡、缓冲的作用，近年来 IBF 的萎缩并趋于稳定，标志着其过渡的功能基本实现。此外，严格的隔离措施和适度的管制使得 IBF 对美国境内金融稳定的负面影响甚微，而且由于 IBF 设在美国境内，也降低了离岸金融活动的主权风险。

第二节　日本离岸金融市场与东京离岸金融市场

与纽约离岸金融市场类似，东京离岸金融市场也是在政府的政策支持下形成的，在发展模式上属于内外分离型。不同之处在于，东京离岸金融市场是伴随着日本金融自由化改革以及日元国际化进程的推进而建立并发展起来的。东京离岸金融市场（JOM）成立于 1986 年 12 月 1 日，同时也成为金融自由化改革和日元国际化的重要目标。JOM 成立以后，吸引了大量的欧洲日元重新流回日本，进一步促进了东京离岸金融市场规模的扩大，日本一度成为仅次于伦敦的世界第二大离岸金融市场。

JOM 是仿照美国 IBF 设计的，因此很多监管条例与美国 IBF 类似（见表 7.2），例如不受存款准备金制度、存款保险制度、利率管制等的制约，而且交易的产品不局限于日元，还可以是其他货币。为了有效进行风险防范，日本政府针对 JOM 出台了相应的监管政策措施。第一，JOM 所涉及的所有离岸金融业务都必须通过专门的离岸账户——"特别国际金融账户"开展，而离岸市场的资金只有借助"资金划拨账户"才能进入境内金融市场。第二，对于"资金划拨账户"中的资金要征收存款准备金，从而能够根据国内经济状况调节离岸资金渗透到在岸市场的规模。第三，日本外汇省对离岸金融市场的资产、负债业务都设定了一定的限额，该限额为使日本离岸市场避免外来资金冲击的额度。

表 7.2　美国和日本对本币离岸金融市场主要的优惠制度安排和限制性监管措施

	优惠制度安排	限制性监管措施
美国的 IBF	法定存款准备金率：1990 年由 3% 降为 0	离岸业务严格限于会员机构与非居民之间
	存款利率上限不受限制，利率自由浮动	离岸账户与国内账户严格分开，禁止非居民经营在岸业务，不得经营银行承兑业务和其他可转让的票据业务
	不参加存款保险制度	纽约的 IBF 规定对单一客户贷款额不得超过其资本的 10%
	豁免利息预扣税和地方税	接受非居民存款最低限额不得少于 10 万美元，最短期限存款为两日通知存款

续表

	优惠制度安排	限制性监管措施
日本的 JOM	法定准备金率为零,但从离岸账户向母银行普通账户划拨资金要缴纳存款准备金	提供信用的对象不包括具有非居民身份的个人以及本国企业的海外分支机构,不允许经营证券业务和期货交易
	存款利率上限不受限制,利率自由浮动	除营业税外还征收政府税、地方税和印花税
	不参加存款保险制度	设定存款最低限额、最低期限,取息不受限制,对于未确定期限的存款,须经解约手续,在通知解约的第二天方可支付
	免征 20% 的利息预扣税	离岸账户不能保持结算性存款,不具有独立的对外清算职能,交易清算须通过母银行(离岸账户持有行)的国内普通账户进行

资料来源:作者根据相关材料整理。

JOM 设立初期不能开展债券业务和期货交易,而且为了预防风险的发生,日本政府在业务操作、资金运作等方面都出台了相应的管制措施。随着离岸金融市场规模的不断扩大,日本开始放松 JOM 在证券投资方面的限制,随后取消了对外汇兑换的管制,银行等金融机构可以自由进行外币与日元的兑换,同时还可以吸收欧洲日元在境内金融市场上进行交易。由于进入境内市场前"资金划拨账户"的资金必须缴纳准备金,从事离岸金融业务的银行等机构为了避开这一监管,将离岸市场上筹集的资金不直接流回境内,而是通过先贷给境外分支机构,再由境外机构贷给境内机构或企业的方式,实现了资金由离岸市场向在岸市场的转移。这些资金绕开政府对离岸资金进入在岸市场的监管通道,以较低的融资成本流入国内资本市场,出现了严重渗透。1996 年以后,日本东京离岸市场资本流入大于流出,此后离岸市场资金交易量持续下跌,日元的流入量持续萎缩;相反,其他货币流入日本离岸市场的规模持续扩大,2013 年日本离岸金融市场的日元交易量已经跌至历史低点,而 JOM 也演变成非居民开展外币交易的重要场所。

从 JOM 建立与发展的过程看,一方面,离岸金融市场的培育需要相应的金融改革措施作为支撑,二者协调推进。JOM 的建立,采用的是内外分离型离岸金融市场模式,但在发展过程中也出现严重的资金向境内市场渗透的现象。日本在国内金融市场发展不成熟的情况下，贸然进行金融自由化改革、加快推进本国金融的对外开放，导致了东京离岸金融市场以及日元国际化的失败。另一方面，东京离岸金融市场主要是开展存贷款业务，功能过于单一，离岸金融市场上金融产品的种类较少，限制了离岸金融市场资金规模的扩大，同时也加大了离岸金融市场给境内市场带来的流动性压力。

第三节　泰国曼谷国际银行业务设施与曼谷离岸金融市场

20 世纪 80 年代以前，泰国一直对外汇进行严格的管制。但随着金融自由化改革的兴起，泰国政府对国内外资本流动、外资金融机构进入本国市场经营等方面的限制逐渐减少。其中，在外汇管制放松方面，泰国采取的是一种相当激进的方式，特别是泰国政府于 1992 年开始大力建设离岸金融市场——曼谷国际银行业务设施（BIBF），并有意将其打造为亚太地区的离岸金融中心，在此影响之下，泰国国际信贷规模快速增长，而且资金的成本也大幅降低。

与其他离岸金融市场相同，泰国 BIBF 也只是为非居民客户提供服务，既包括泰国本土金融机构和企业在海外设立的分支机构，也含有国外机构的境外实体。泰国离岸金融市场存在两个不同的账户：非居民外汇账户和非居民泰铢账户，前者主要用于接受非居民的外汇存款，而后者则主要用于直接投资、股权投资等。从具体的离岸金融业务方面看，BIBF 主要为非居民提供泰铢以及外币的存贷款业务，此外还将吸收的部分外币存款贷给境内的公司和企业。与美国 IBF 和日本 JOM 不同的是，泰国 BIBF 采用的是渗透型发展模式，不仅允许本土机构在海外设立的分支机构开展离岸金融业务，还允许将离岸市场的外币存款用于境内企业的贷款。为扶持曼谷离岸金融中心建设，泰国政府为 BIBF 机构提供了包括税收减免在内的大量政策优惠，促使 BIBF 在建立之初就达成了其创立初衷，由国外向国内进行贷款等外部资金的流入迅速增长。但同时，渗透型发展模式也使得东南亚金融危机爆发以后，大量国际资本借助 BIBF 进行跨境流动。在危机爆发前，国际资本通过 BIBF 的非居民泰铢账户将资金转移到泰国境内市场上开展远期利率交易，但危机爆发后又开始大规模撤出。BIBF 为国际资本提供了重要的流动渠道，而资金的大规模跨境流动也引发了泰国国内金融市场的大幅波动。

总结泰国 BIBF 市场发展的经验，我们可以得到如下启示：第一，泰国政府过分关注 BIBF 市场的外资流入量，忽视了外资流入的结构及流向；第二，BIBF 使离岸金融与国内金融之间互相贯通，而有效的金融监管防范措施却没有同步建立起来。

第八章 世界自由贸易港及离岸金融市场建设的经验启示

通过对世界著名自由贸易港及离岸金融市场的经验梳理，可以看出优越的地理位置环境、稳定的经济社会发展为离岸金融市场的建设创造了良好的基础条件，而特殊的制度安排是保障离岸金融市场持续、健康、稳定发展的重要举措，这也为我国建立自由贸易港离岸金融市场提供了宝贵的经验。

第一节 区位优势

传统的区位理论认为，区位是集位置、交通与信息三大要素于一体的综合性概念，是区域经济发展的关键要素。因此，总结上述案例的区位优势时，可以从地理位置与港口优势、政治与经济环境、通信设施与清算系统三个方面梳理。

一、地理位置与港口优势

对于离岸金融市场而言，区位的优越性首先体现在时区方面，因为作为一个高度开放的金融市场，需要能够与国际金融市场进行不间断的实时交易，例如新加坡离岸金融市场；其次，区位的优越性体现在地理位置方面，要与经济发达的国家与地区保持合理的空间距离。一般来看，大多数离岸金融市场具有交通优势，处于重要的交通要道，或者是尽量靠近区域经济中心，具有广阔的辐射区域，例如东京离岸金融市场能够辐射整个东亚地区，而纽约离岸金融市场则将北美地区作为主要的阵地。

由自由贸易港发展形成的离岸金融市场，一般都位于港口城市或要塞城市，拥有天然良港或发达交通。自由贸易港在发展之初多为自由港的形式，其优势主要体现在以下几个方面：第一，拥有港口海洋运输为基础的交通优势，有利于发展水陆空相结合的立体式、综合化物流体系；第二，拥有强大的市场连通能力，加强国内外市场之间的联系，实现"外通大洋、内连腹地"。从区域经济发展情况看，沿海地区经济发展水平要明显高于内陆地区，独有的地理位置优势有利于发展国际贸易，因此沿海地区通常是一国开展国际贸易、提升对外开放水平的主要阵地。这些优势也为沿海国家或地区建立自由贸易港提供了良好的基础条件，例如中国香港、新加坡等全球重要的自由港和离岸金融市场的建立与发展都充分利用了其四面环海的地理优势。

二、政治与经济环境

离岸金融中心所在国的政治与经济的长期稳定，是吸引外国资金的首要条件。Donate Masciandaro（2006）基于跨国数据的实证研究表明，经济金融发展水平以及稳定的政治环境是离岸金融市场能够顺利发展的关键要素。避税型离岸金融市场一般位于规模较小的国家或地区，这些国家和地区稳定的经济和政治环境为来自全世界的投资者营造了良好的投资环境。以开曼群岛、巴哈马群岛等位于加勒比海地区的离岸金融市场为例，独特的地理优势使其远离外界政局动荡以及战争的影响，稳定的环境使其吸引了来自世界各地的投资者，成为全世界规模最大的避税港型离岸金融中心。

经济的持续增长，更是推动离岸金融市场形成的巨大动力。这里的增长不应只局限于金融市场所在地，其所在国的经济实力都要持续增长。此外，周边国家或地区的经济发展也要具备一定的可持续增长能力。例如，新加坡、中国香港等都是在全球经济格局变化、亚洲经济快速发展的情况下形成了离岸金融市场。此外，社会环境的良好声誉增加了金融企业的迁徙成本，提高了离岸金融市场的持续性。

三、通信设施与清算系统

在信息技术时代，良好的国际信息通信设施是离岸金融市场的必备条件。在现代金融市场体系中，金融市场之间的资金与业务往来都需要借助发达的通信技术才能实现，而且所有的金融市场参与者也需要通过通信技术及时了解全球情况。例如，新加坡离岸金融市场在建设过程中，同时加强通信、交通等基础设施的建设，提升了其基础设施条件。

发达的离岸金融市场还必须具备发达的金融支付清算系统，来支撑大规模的资金和业务往来。国际上主要的电子资金清算系统包括美国的银行同业清算系统（Clearing House Interbank Payment System，CHIPS）、联邦储备通信系统（Federal Reserves Wire Transfer System，FEDWIRE）、英国的自动支付清算系统（The Clearing House Automated Payment System，CHAPS）、中国香港的自动清算系统（Clearing House Automated Transfer System，CHATS）以及我国内地的人民币跨境支付系统（Cross－border Interbank Payment System，CIPS）。香港金融基础设施的逐步完善，为其投资者在全球市场进行 24 小时持续交易提供了可能。

第二节　制度要素

离岸金融市场形成的关键是制度要素，规范完善的制度体系在保障离岸金融市场有序运转、维护离岸市场健康运行等方面起着重要作用。

一、特殊账户安排

银行账户体系是金融交易活动中进行资金支付结算的重要载体。境内关外的离岸金融市场都有一套独立的离岸账户体系，就其效果而言，美国的 IBF 相对最为完备，在纽约离岸金融市场中发挥了积极作用。IBF 作为一项成功的制度创新，对我国具有以下启示：第一，IBF 的产生改写了离岸金融市场的定义，并通过特殊的账户设置建立了境内关外型离岸金融市场。第二，IBF 主要是用于记录国际银行业务收支状态的资产负债账户体系，并与其设立机构之间进行严格的隔离，并不意味着大量投入。第三，IBF 通过为非居民提供更优惠的监管和税收条件，吸引了更多外资金融机构进入美国在岸市场，完善了纽约作为全球金融中心的建设。第四，由于采用了严格的内外隔离措施，能够有效减少离岸金融市场对本国经济金融稳定造成的负面冲击。IBF 在美国金融自由化改革中也起到了一定的缓冲作用。

此外，我们也应吸取日本 JOM 的教训，在发展建设离岸金融市场的同时要加强国内金融市场的改革，实现二者的协调统一。同时，吸取泰国 BIBF 市场发展的失败经验，在关注外资流入量的同时，更要实时监控外资流入的结构及流向，强化金融监管体系和监管力度，避免短期资本对金融市场的严重冲击。

二、放松金融管制

纵览各国际离岸金融市场，放松金融管制、提高金融自由化是必要的举措，并通过适度宽松的金融监管环境来吸引国际投资者和资金。第一，放松外汇管制。离岸金融市场在建设发展中都在一定程度上放松了对外汇的管制，甚至是完全取消。第二，减免存款准备金和存款保险。在法定准备金率方面，美国、日本均是对特定的离岸账户豁免了存款准备金限制，中国香港的居民存款权利自由，无法定准备金率要求。实行存款保险制的国家也不对离岸金融市场做强制要求，如开曼群岛免除了对外币存款准备金的要求，新加坡取消了亚元提缴20%存款准备金比率的规定。在存款保险制度方面，中国香港无存款保险制度要求，日本、新加坡对离岸账户无存款保险制度要求，美国对离岸账户也免除存款保险限制和审查制度。第三，利率市场化改革。离岸金融市场是高度自由化的市场，利率市场化水平较高，存款的利率高而贷款利率低，而且资金的跨境自由流动使得不同离岸金融市场之间的利率水平趋于一致。第四，信用管制放松。离岸金融市场是一个大型的金融批发市场，业务和资金规模都比较大，必须适度放宽贷款的信用额度限制。主要离岸金融市场采用的放松金融管制措施见表8.1。

表8.1　　　　　　　　主要离岸金融市场放松金融管制的措施

	法定准备金率	存款保险制度	外汇与利息
美国	离岸账户豁免法定准备金	对离岸账户免除存款保险限制和审查制度	无外汇和利率管制
中国香港	无法定准备金率	无存款保险制度	无利率管制 无利息预扣 海外利润派息自由 居民存款权利自由
日本	离岸账户豁免法定准备金	离岸账户无存款保险制度	无利率管制
新加坡	取消了亚元提缴20%的存款准备金率	离岸账户无存款保险制度	无外汇和利率管制

续表

	法定准备金率	存款保险制度	外汇与利息
开曼群岛	免除对外币存款准备金的要求	无存款保险制度	无外汇管制 允许黄金、外汇自由买卖 存款利率较高 吸引跨境资本

资料来源：作者整理。

三、税收制度宽松

税收优惠是离岸金融市场制度优势的集中体现，是金融机构云集的重要原因，也是离岸市场最显著的特征之一。离岸金融市场一般实行低税率甚至零税率，以优惠的税收来吸引国际金融机构、投资者和资金。离岸金融市场的金融机构、跨国集团以及投资者在所得税、营业税、增值税以及利息税、遗产税等方面都可以享受到较低的税率，甚至是免税政策（见表8.2）。

表8.2 主要离岸金融市场的税负比较

国家（地区）	个人所得税	企业所得税	资本利得税	利息预扣税	股息预扣税	印花税
新加坡	0～20%	17%	0	0	0	0
中国香港	15%	16.5%	0	0	0	1%～2%
伦敦		30%	0	0	0	不予减税
百慕大	0	0	0	0	0	0～15%
维尔京群岛	10%、14%	15%	0	0	0	4%～12%
加勒比地区	0	0	0	0	0	4%～10%

资料来源：IMF。

各离岸金融市场的税率差异较大，避税港型离岸金融市场的低税率和较少的政府干预是其最大优势。避税港型离岸金融市场对于外国主体所获得的各项收入或财产进行税收减免，而且还与一些经济大国签署避免双重征税条约，这为一些高收入纳税人通过将收入或者资产转移进行避税创造了良好的条件。避税港型的离岸金融市场，如开曼群岛、百慕大群岛、巴哈马群岛等，不开征个人和公司所得税、财产税、遗产税和赠与税；而中国香港、巴拿马、巴林、瑞士等离岸市场一般只征收较低的所得税、财产税、遗产税和赠与税等税种；伦敦免征境外流入资金的利息税，东京对离岸账户资金也免征利息税，而纽约则同时免除了利息预扣税和地方税。虽然离岸金融市场的核心功能并不在于为企业避税提供条件，但这种有利的避税条件无疑增加了离岸金融市场的吸引力。正因为如此，许多离岸金融市场都根据国际经济形势和本地的特点，制定既有吸引力又富有特色的税收优惠政策（见表8.3），以满足客户的不同需要。例如，在众多的离岸金融市场中，有的特别适合建立控股公司，有的则适合发展金融保险业，有的适合进行转口贸易和加工工业，还有的适合个人用来转移和积累所得与财产，满足了客商的不同需要。

表8.3　　　　　　　不同模式下各离岸金融市场的优惠政策比较

	内外混合型	内外分离型	内外渗透型	避税港型
代表国家（地区）	伦敦、中国香港	美国、东京	新加坡	开曼、巴哈马
法定准备率	无	豁免	豁免	豁免
利息预扣税	无	豁免	无	豁免
利率管制	豁免	豁免	无	豁免
居民借款权利	自由	禁止	须经金管局批准	禁止
存款保险制度	无	豁免	无	豁免
外汇管制	无	无	无	无
贷款利息及海外收入预扣税	非经海外机构接洽须缴利得税	缴联邦税、州税及地方税	10%	无
国际银团贷款所得税	无	缴联邦税、州税及地方税	无	无
海外利润派息	自由	自由	自由	自由

资料来源：作者根据有关资料整理。

四、法律法规体系完善

除了税收制度、金融管制、账户体系以外，完善的法律制度体系也是离岸金融市场健康发展的又一重要保障。除了基本的《金融服务法》，有些国家（地区）还专门针对银行、保险、信托等业务制定了具体的法律法规。在离岸金融市场发展的早期，大多数离岸金融市场都通过法律的形式来吸引国际金融机构和资本的进入，促进市场的快速发展壮大。因此，构建与国际相接轨的金融法律制度和市场规则是离岸金融市场建设的重要内容之一，并且要结合当地的实际发展情况，并与其他金融市场自然衔接，以利于金融机构和各类离岸公司聚集运作。

一些离岸金融市场为迎合投资者对自身资本和财产的安全性考虑的心理，制定了特别法律。如荷属安第列斯公司法规定，当有紧急情况发生时，公司可以变动法人的注册地点，或者通过在其他地方设立分支机构来进行资产转移，可以建立两套不同的运行机构和账务管理体系等，从而尽量降低外部冲击给离岸金融市场投资者带来的损失。有些离岸金融市场则以立法的形式作出对税收政策不予改变的保证，目前大多数离岸金融市场的税法中都有类似保证，如迪拜自由区的免税期长达 50 年，开曼群岛则将直接税和信托税免征期分别设置为 20 年和 50 年。

第三节　风险监管

近年来，国际离岸市场的金融监管①，基本上由传统的合规性监管为主转变为全面有效的风险监管。随着离岸金融市场的蓬勃发展和金融全球化趋势的日益增强，对市场准入和退出的监管、对经营主体运作过程的监管已成为重要的发展趋势。

一、监管主体安排

离岸金融市场采取的是高度自由化的运作模式，但并不是不受任何监管措施的限制，相反也会受到来自多方面的监管和约束，包括离岸市场所在国、离岸货币发行国、离岸金融市场主体的母国等，特别是要严格遵守一些国际性监管机构的监管制度和要求。

由于离岸金融市场的高度开放性、产品和业务的复杂性，而且与国际金融市场的紧密关联，离岸金融市场的稳定发展对全球金融稳定具有重大的影响，因此大型的国际金融机构十分重视对离岸金融市场及离岸业务的监管。根据具体的监管内容，可以分为离岸金融市场监管标准的制定者、监管体系的评估者、监管的协助者以及其他监管机构四类。此外，各离岸金融市场所在国均设立了针对离岸金融市场的政府监管部门。根据离岸金

---

① 金融监管是金融监督和金融管理的总称，金融监督是指金融主管当局对金融机构实施的全面、经常性的检查和督促，并以此促进金融机构依法稳健地经营和发展，金融管理是指金融主管当局依法对金融机构及其经营活动实施的领导、组织、协调和控制等一系列活动。

融市场的特征和业务需求单独设立监管机构，可以提高监管的专业性和有效性，但是由于与在岸金融监管机构相独立，不利于彼此之间的信息沟通交流，容易引发监管冲突，因此许多国家选择由现有的在岸金融监管机构对离岸市场进行监管。

二、市场准入和退出监管

市场准入制度是离岸金融市场进行金融监管的首要措施。在离岸金融市场的机构准入监管方面，部分离岸金融市场仅允许银行类金融机构进入，即离岸金融市场是一个以银行为主的金融市场，如东京、中国台湾离岸金融市场；伦敦、新加坡、中国香港、马来西亚等地的离岸金融市场准入也属于此类，但其采用执照颁发模式进行许可管理。

也有一些离岸金融市场对准入机构的限制较少，允许多种形式的金融机构进入，形成一个多元化的金融市场体系，如加勒比地区的离岸金融市场。此外，大多数离岸金融市场要求国外银行进入离岸金融市场只能通过设立分支机构的形式。例如，中国台湾明确规定离岸金融市场的运作主体仅限于分行的组织形式，而外国机构子公司或附属境内公司均不能进入离岸金融市场。

离岸金融市场的退出监管制度主要有危机预警机制、最后贷款人制度、存款保险制度三种。相比较而言，内外混合型离岸金融市场在退出监管制度方面发挥了比较充分的作用。例如，在香港离岸金融市场上，由于采用内外混合型模式，政府外汇基金可以作为最后贷款人，来保障整个离岸金融市场的金融稳定。

三、经营主体监管

避税港型离岸金融中心通常对经营主体监管较少，但也会采取一些必要的监管措施来确保市场的稳定运行。例如，巴哈马离岸金融市场将银行和信托公司注册资本的门槛设为 12 万美元，而且资本与风险资产的比率不能低于12%。

内外混合型离岸金融市场对经营主体的准入限制较少，但是对其经营行为要进行严格的监管。例如，中国香港离岸金融市场没有设置专门的离岸账户，而且不考虑是否是非居民、本币或外国货币，都可自由交易，中国香港凭借发达的金融体制及银行监督制度对经营主体的日常活动实施持续性监管。英国制定了大量关于离岸金融市场发展的法律，如《银行法》《通货与银行钞票法》《金融服务业法》等，其对离岸金融市场的监管侧重于强调市场主体对规则的遵守。

内外分离型离岸金融市场的政策管制较为严格，并制定了专门的法律法规，特别是在对经营主体的监管方面。例如，日本政府对离岸金融市场 JOM 所有经营主体都设置了一定的资产、负债业务限额，每个工作日和每个月度资金的净流入都不得超过限额，以避免外来资金对离岸金融市场的冲击。

内外渗透型离岸金融市场的政策管制相对宽松，但要求采取较为严格的金融监管，首先体现在机构准入上，要对经营主体的资质进行严格审查，从源头上做好金融风险防范。例如，新加坡离岸金融市场采取的是差异化准入政策，对于本国银行机构在离岸金融市场开展业务，要求其资本不少于 15 亿美元，而对外国银行的要求则提高至 20 亿美元，且资本充足率不得低于 12%。

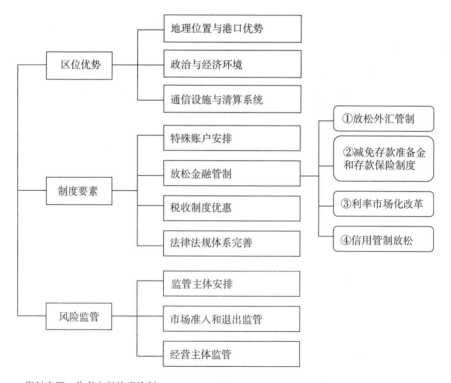

资料来源：作者自行梳理绘制。

图 8.1　世界自由贸易港及离岸金融市场建设的经验启示

综上所述，从国际自由贸易港及离岸金融市场的发展进程来看，区位优势是基础，不同类型离岸金融市场区位选择倚重要素不同，自然要素直接影响避税港型离岸市场的形成，而国际型离岸市场的形成则更需要优良的金融经济环境；制度要素是关键，无论是独立的账户设施、放松的金融管制、优惠的税收制度，还是完善的法律法规，都是规范和活跃离岸金融市场的必备要素；而风险监管体系则是重要保障，需要通过完善的金融监管制度来保证离岸金融市场的稳定运行（见图8.1）。随着金融全球化的逐步深化，复杂的市场环境与政治、经济因素加大了离岸金融市场发展的难度。

第四篇 现实考察

　　本书认为，发展离岸金融市场是自由贸易港建设探索的重点之一。在金融领域实现自由贸易港最高层级的开放，可有效利用其"虚拟境外"的区位优势，按照离岸金融市场规则管理，打通区内离岸市场与境内区外在岸市场的资金流动渠道，降低企业经营成本，提高自由贸易港对各类企业的吸引力，突破自贸试验区建设发展的瓶颈，在更广领域、更大空间、更深层次上探索以制度创新推动全面深化金融改革的新路径，形成全面开放的新格局。

　　本篇主要是对我国自由贸易试验区金融改革创新实践、自由贸易港离岸金融市场建设的现实考察，主要包括三个章节：一是对我国自由贸易港及其前身自由贸易试验区金融开放创新实践的战略分析；二是对我国自由贸易港离岸金融市场建设的论证分析，包括可行性分析、必要性分析和有效性分析；三是对我国具有离岸金融市场培育潜力的目标区域的基础条件、发展优势及金融创新实践进行的对比分析。

第九章　自由贸易港金融开放的战略分析

我国现已发展成为全球第二大贸易国和第二大经济体，但是金融发展水平明显落后于发达经济体，成为影响我国经济发展的制约因素。我国从2013年开始实施的自由贸易试验区战略的一个重大使命就是通过先行先试，探索与政府主导型经济向市场化开放经济转型相适应的新制度。2017年党的十九大报告进一步明确，要"赋予自由贸易试验区更大改革自主权，探索建设自由贸易港"，为中国自贸试验区进一步深化发展指明了方向。基于我国当前的外汇和资本项目管制，在自由贸易港建设离岸金融市场，既是尝试在我国内地开展离岸业务的试验地，也是我国金融自由化改革的试验田，为我国金融业发展创造了一个吸收国际经验、增强自身金融服务能力的缓和期。

第一节　我国自由贸易试验区的金融改革创新

2013年9月，中国（上海）自由贸易试验区正式挂牌成立，其作用、定位和具体实施办法都受到了广泛关注，特别是在自贸试验区内实施何种程度的金融改革创新成为关注和争论的焦点。具体来看，上海自贸试验区的金融开放主要是在资本项目可兑换、人民币跨境结算、投融资便利化等方面，而金融创新则集中在金融制度的创新、自由贸易账户体系的建立、贸易便利化措施的创新、负面清单管理模式的创新等方面，并在此基础上，以自贸试验区金融改革创新试点为突破口，加快我国金融改革发展的整体进程。中国人民银行《关于金融支持中国（上海）自由贸易试验区建设的意见》（以下简称上海方案）明确提出，要创新有利于风险管理的账户体系，设置分账核算管理下的自由贸易账户①（Free Trade Accounting，FTA），

---

① 中国人民银行《关于金融支持中国（上海）自由贸易试验区建设的意见》对于"创新有利于风险管理的账户体系"规定如下：区内居民可通过设立本外币自由贸易账户实现分账核算管理，开展投融资创新业务；非居民可在区内银行开立本外币非居民自由贸易账户，按准入前国民待遇原则享受相关金融服务。

作为一项制度创新，实际上属于类离岸账户，即具有境外账户性质①。作为上海自贸试验区金融改革的核心内容，自由贸易账户体系的设置，实质上是在区内构建了一个与境内其他市场有限隔离、与国际市场高度接轨的金融环境，以服务涉外经济活动，其从多个维度落实了上述金融改革创新内容和金融服务实体经济的要求。

2013 年底，人民银行发布《关于金融支持中国（上海）自由贸易试验区建设的意见》（简称金融 30 条），提出了"创新有利于风险管理的账户体系""探索投融资汇兑便利""扩大人民币跨境使用""稳步推进利率市场化""深化外汇管理改革"和"监测与管理"等 30 条支持上海自贸试验区金融发展的政策措施，并明确提出要通过加快利率市场化、监管改革和外汇管理制度改革等措施，来为资本项目开放和人民币国际化提供条件。人民银行上海总部于 2015 年 4 月 22 日发布《关于启动自由贸易账户外币服务功能的通知》②，正式启动了自由贸易账户外币服务功能。支持中国（上海）自由贸易试验区的相关政策文件汇总情况详见表 9.1。

表 9.1　支持中国（上海）自由贸易试验区的相关政策文件汇总

序号	发文单位	文件（措施）名称	颁布时间
1	国务院	《中国（上海）自由贸易试验区总体方案》（国发〔2013〕38 号）（简称"上海方案"）	2013 年 9 月 18 日
2	上海市人民政府	《中国（上海）自由贸易试验区管理办法》（上海市人民政府令第 7 号）	2013 年 9 月 29 日
3	银监会	《中国银监会关于中国（上海）自由贸易试验区银行业监管有关问题的通知》（银监发〔2013〕40 号）（简称"银监会 8 条"）	2013 年 9 月 28 日
4	证监会	《中国证监会关于中国（上海）自由贸易试验区若干政策措施》（简称"证监会 5 条"）	2013 年 9 月 29 日

---

① 上海自贸区自由贸易账户并非真正意义上的离岸账户，不同于"日本离岸账户严格限定于非居民，所有离岸账户结算只能通过国内账户完成"的规定。参见司或钰：《从离岸账户监管看离岸金融市场的监管看问题》。

② 2015 年 4 月 22 日，中国人民银行上海总部发布《关于启动自由贸易账户外币服务功能的通知》，宣布上海市开展自贸试验区分账核算业务的金融机构可按相关要求向区内及境外主体提供本外币一体化的自由贸易账户金融服务。

续表

序号	发文单位	文件（措施）名称	颁布时间
5	保监会	中国保监会关于中国（上海）自由贸易试验区建设的主要举措（简称"保监会8条"）	2013 年 9 月 29 日
6	上海市人民政府	《中国（上海）自由贸易试验区外商投资项目备案管理办法》（沪府发〔2013〕71 号）	2013 年 9 月 29 日
7	上海市人民政府	《中国（上海）自由贸易试验区境外投资项目备案管理办法》（沪府发〔2013〕72 号）	2013 年 9 月 29 日
8	上海市人民政府	《中国（上海）自由贸易试验区外商投资企业备案管理办法》（沪府发〔2013〕73 号	2013 年 9 月 29 日
9	上海市人民政府	《中国（上海）自由贸易试验区境外投资开办企业备案管理办法》（沪府发〔2013〕74 号）	2013 年 9 月 29 日
10	上海市人民政府	《中国（上海）自由贸易试验区外商投资准入特别管理措施（负面清单）》（沪府发〔2013〕75 号）	2013 年 9 月 29 日（2014 年 6 月 30 日修订）
11	财政部、海关总署、国家税务总局	《关于中国（上海）自由贸易试验区有关进口税收政策的通知》（财关税〔2013〕75 号）	2013 年 10 月 15 日
12	财政部、国家税务总局	《关于中国（上海）自由贸易试验区内企业以非货币性资产对外投资等资产重组行为有关企业所得税政策问题的通知》（财税〔2013〕91 号）	2013 年 11 月 15 日
13	中国人民银行	《关于金融支持中国（上海）自由贸易试验区建设的意见》（简称上海"金改30条"）	2013 年 12 月 2 日
14	中国人民银行上海总部	《关于上海市支付机构开展跨境人民币支付业务的实施意见》	2014 年 2 月 18 日
15	中国人民银行上海总部	《关于支持中国（上海）自由贸易试验区扩大人民币跨境使用的通知》（银总部发〔2014〕22 号）	2014 年 2 月 20 日
16	中国人民银行上海总部	《关于在中国（上海）自由贸易试验区放开小额外币存款利率上限的实施意见》（银总部发〔2014〕23 号）	2014 年 2 月 26 日

续表

序号	发文单位	文件（措施）名称	颁布时间
17	中国人民银行上海总部	《关于切实做好中国（上海）自由贸易试验区反洗钱和反恐怖融资工作的通知》（银总部发〔2014〕24号）	2014年2月27日
18	国家外管局上海市分局	《关于印发支持中国（上海）自由贸易试验区建设外汇管理实施细则的通知》（上海汇发〔2014〕26号）	2014年2月28日
19	上海银监局	《关于试行中国（上海）自由贸易试验区银行业监管相关制度安排的通知》（沪银监通〔2014〕16号）	2014年5月12日
20	保监会	《关于进一步简化行政审批、支持中国上海自由贸易试验区发展的通知》（保监厅发〔2014〕36号）	2014年5月15日
21	中国人民银行上海总部	《中国（上海）自由贸易试验区分账核算业务实施细则（试行）》《中国（上海）自由贸易试验区分账核算业务风险审慎管理细则（试行)》（银总部发〔2014〕46号）	2014年5月21日
22	中国人民银行上海总部	《中国（上海）自由贸易试验区分账核算业务境外融资与跨境资金流动宏观审慎管理实施细则（试行)》（银总部发〔2015〕8号）	2015年2月12日
23	国务院	《进一步深化中国（上海）自由贸易试验区改革开放方案》（国发〔2015〕21号）（简称"上海深改方案"）	2015年4月8日
24	中国人民银行、商务部、银监会、证监会、保监会、外汇局、上海市人民政府	《进一步推进中国（上海）自由贸易试验区金融开放创新试点，加快上海国际金融中心建设方案》（银发〔2015〕339号）（简称上海"金改40条"）	2015年10月29日
25	国家外管局上海市分局	《进一步推进中国（上海）自由贸易试验区外汇管理改革试点实施细则》	2015年12月17日

续表

序号	发文单位	文件（措施）名称	颁布时间
26	上海保监局	《上海市保险机构和高级管理人员备案管理办法》和《上海市保险机构和高级管理人员备案管理办法实施细则》	2016 年 3 月 4 日
27	上海银监局	《关于进一步完善自贸区中外资银行业金融机构市场准入相关报告事项的通知》（沪银监办通〔2016〕21 号）	2016 年 3 月 30 日
28	中国银行上海市分行等 9 家上海地区银行	《跨境金融服务展业三原则同业规范实施机制》	2016 年 4 月
29	中国人民银行上海总部	《关于进一步拓展自贸区跨境金融服务功能支持科技创新和实体经济的通知》（银总部发〔2016〕122 号）	2016 年 11 月 23 日
30	国务院	《全面深化中国（上海）自由贸易试验区改革开放方案》（国发〔2017〕23 号）（简称"上海全面深改方案"）	2017 年 3 月 30 日

资料来源：作者自行整理。

上海自贸试验区成立一年多以后，自贸试验区范围进一步扩大，天津、广东、福建三地自由贸易试验区在 2015 年 4 月 21 日正式成立。人民银行分别对天津、广东、福建三大自贸试验区颁布了关于金融支持中国自由贸易试验区建设的实施意见。从四地自贸试验区金融创新的比较来看，"货币兑换自由"是上海自贸试验区相比广东、天津、福建三地自贸试验区，在发展目标中最为明确的内容。天津、广东、福建三地自由贸易试验区发展规划提出要进行资本项目限额内可兑换试点，允许自贸试验区内符合条件的机构在一定的额度控制范围之内进行直接投资、并购、债务工具、金融类投资等交易。

2017 年 4 月 1 日，中国第三批 7 个自由贸易试验区正式挂牌。7 个自贸试验区分别为辽宁、浙江、河南、湖北、重庆、四川、陕西自由贸易试验区，与此前的上海、天津、福建、广东 4 个自贸试验区，共同形成了东中西协调、陆海统筹的全方位、高水平对外开放新格局。至此，我国自由贸易试验区战略也形成了"1 + 3 + 7"的格局。

作为我国对外开放的一项重大战略举措，我国的自由贸易试验区战略与发达国家相比存在明显差异，发达国家基本上都是在完成利率市场化和资本项目开放等金融改革之后才开始建立自由贸易试验区的。发达国家普遍采用的是一种渐进式金融改革模式，即先进行境内金融市场的改革，如利率市场化、完善资本市场等，在此基础上进行汇率制度改革、逐步取消资本项目管制，这种模式也被认为是更加有效的金融发展模式，也是理论上的金融改革开放的"顺序论"。我国的金融改革开放模式跟传统模式不太一样，我国自贸试验区本身是"试错论"，这就决定了现阶段我国金融改革开放是"顺序论"与"试错论"齐头并进。因此，在推行我国金融自由化的进程中，为了防范不确定性和风险，我国更多地是将金融改革开放创新在自贸试验区中先行先试，成功以后再推广至全国，因此自贸试验区正是承载这一试验功能的最佳区域。

第二节　我国自由贸易试验区与自由贸易港的对比分析

2017 年 3 月，《全面深化中国（上海）自由贸易试验区改革开放方案》明确提到要在洋山保税港区和上海浦东机场综合保税区等海关特殊监管区域内，设立自由贸易港区。2017 年 10 月，党的十九大报告中提出要"探索建设自由贸易港"。2018 年 3 月，李克强总理在《政府工作报告》中指出："全面复制推广自贸试验区经验，探索建设自由贸易港，打造改革开放新高地。"建设自由贸易试验区，是党中央为推进新形势下改革开放提出的一项重大举措；自由贸易港是在中国自由贸易试验区概念基础上的提升，探索建设自由贸易港，不只作为自由贸易试验区的升级版，而应在制度创新上有所突破，尝试成为促进中国开放型经济创新发展的先行区。中国探索建设自由贸易港与自由贸易试验区在顶层设计上存在一定的相似性和相关性，在功能定位上也存在较为显著的差异。

一、相同点

从定义属性来看，无论是自贸试验区还是自由贸易港，都属于世界海关组织所界定的一国境内海关特殊监管区域。按照世界海关组织的定义，自主开放是一国根据自身发展战略需要，自主决定对某一产业（领域）实行比先前更加开放的政策，同时也可自主决定划出一定区域（园区）实行贸易投资优惠政策，或实行境内关外（海关特殊监管区）的自由贸易政策。海关特殊监管区域包括自由港、自由区、对外贸易区、自由贸易区、自由经济区等形式（见表9.2）。这些自主开放园区的名称、面积、政策措施等都不尽相同，但都是一国根据自身战略需要，自主决定开放的区域，其政策的"适用性"是其核心内涵。自贸试验区作为我国自主开放的最前沿的平台和载体，尽管取得了巨大成绩，但在试验主体、选址布局、试验范围、试验方式等方面的有关规定仍需在科学论证后进行完善。因此，自贸试验区需要结合我国新时代推动形成全面开放新格局的有关要求，借鉴国际先进经验做法，破解现有限制，建设更高水平的自由贸易港。从这个层面来说，建设自由贸易港是我国自贸试验区建设的应有之义。

表9.2 海关特殊监管区的多种称谓

称 谓	最早使用国
自由港（Free port）	19世纪以前的传统称谓
自由贸易区（Free trade zone）	传统称谓和多边机构的惯用称谓
对外贸易区（Foreign trade zone）	美国（1935）、印度（1983）
工业自由区（Industrial free zone）	爱尔兰（1970年以前）
自由区（free zone）	阿联酋（1983）
边境客户工业区（Maquiladores）	墨西哥（20世纪70年代初）
免关税出口加工区（Duty free export processing zone）	爱尔兰（1975）
出口加工区（Export processing zone）	韩国（1975）
经济特区（Special economic zone）	菲律宾（1977）
投资促进区（Investment promotion zone）	斯里兰卡（1977）
自由出口区（Free export zone）	韩国
自由经济区（Free economic zone）	

资料来源：作者根据相关资料整理。

从目标规划来看，自由贸易港建设的目标是对自贸试验区建设的继承与深化。根据上海自贸试验区建设的总体规划，自贸试验区希望实现简政放权、促进贸易便利化、市场准入等方面的改革，这与自由贸易港建设中所强调的"一线放开"本质上是一致的。另外，自由贸易港建设的总体规划指出，建设自由贸易港的重要目标之一是探索新的制度，以此勾勒出了自由贸易港的试点性质，这与自由贸易试验区的使命是一致的。

二、异同点

从"一线放开"来看，理论上，自由贸易港的海关一线要实现真正的放开，货物、人流和资金均可以自由流动，取消或最大限度地简化入港货物的贸易管制措施，简化一线申报手续；而我国的自由贸易试验区目前还没有实现真正意义上的"一线放开"，仍存在着许多管制措施。自贸试验区虽然也是"一线放开、区内自由""先进区、后报关"，但实际上货物到港还是要向海关申报，仍需要进境备案清单，人、货物、资金等要素即便在自贸试验区内，也不是最高程度的自由；而自由贸易港考虑的是，一线不申报，形成一种嵌入式的监管，利用大数据，根据信息流、物流等锁定风险疑点，监管部门退到二线。

从发展目标来看，自由贸易试验区与自由贸易港都是以制度创新为核心，以建立现代开放型营商环境为目标，面向对外开放，但是两者之间的侧重点不同。自由贸易试验区对标一流开放标准，而自由贸易港对标国际最高开放标准；自由贸易试验区强调可复制、可推广，着重于"二线渗透"，为全国性政策探索铺路，而自由贸易港强调"一线放开"，争夺全球资本服务、货物和人才的会聚地；自由贸易试验区着重"在岸"业务的开放，自由贸易港则争取"离岸"业务的突破，特别是离岸金融业务、离岸贸易的突破。

从区域位置来看，自由贸易港属于现有自由贸易试验区的一部分，自由贸易港被认为是"自贸试验区的 2.0 升级版"。自由贸易试验区是"区中有港"，自由贸易港是"港旁有区"。作为复合型经济环境，自由贸易试验区意在强调与腹地市场之间的紧密关系，重在经验的复制和推广；自由贸易港旨在强调与国际市场之间的紧密关系，重在参与国际竞争。自由贸易港和自由贸易试验区应当分工规划，错位发展，在两条路上同时进行探索。

从监管上来看，自由贸易港主要依托信息化的监管手段，才能够真正形成"一线放开、区内自由、二线管住"的监管体系[①]。与自由贸易试验区相比，自由贸易港在功能上不但能实现绝大部分贸易不通关、不设卡的自由流通，而且金融资本和人员的出入境也更加便利化，实现了真正意义上

---

① 商务部国际贸易经济合作研究院课题组．中国（上海）自由贸易试验区与中国香港、新加坡自由港政策比较及借鉴研究 [J]．科学发展，2014（9）：6－18．

的全流通自由贸易，对中国实现人民币国际化、资本自由化等一系列金融创新起到了重大的推动作用。

与自由贸易试验区相比，自由贸易港拥有更大的自主改革权，开放程度更高、力度更大，是把开放和创新融为一体的综合改革试验区，能够进一步提升地区功能定位，带动周边区域经济发展，为其他地区的开放起到示范作用。从相关文件所谋划的蓝图看，它们本质区别在于，自由贸易港建设时将尝试完全取消贸易管制措施和最大限度地提高清关效率，并在金融等配套领域寻求突破，这使其较之上海自贸试验区建设有着更强的目标导向性，是我国自贸试验区改革中一次迈向国际最高水平的尝试。

因此，从自由贸易试验区到自由贸易港，并非简单地从"区"向"港"的一种文字转换，而是表明了一种开放理念上的与时俱进，是中国高举全球化大旗、推动国际贸易在多边贸易体制框架下发展的重要举措，是为实现贸易更加自由化、进一步消除市场壁垒作出的坚持不懈的努力，是以"中国方案"、中国智慧为全球化注入新的生机与活力的主动作为，也是向我国改革开放40周年最好的致敬。结合自由贸易港总体建设方案以及党的十九大报告，不难预见在自由贸易港建设中，必然会呈现更多的政策和资源的倾斜，以助力自由贸易港建设取得最大的成效，而自由贸易港的试验成果对于未来的港口建设甚至中央的顶层设计都将是重要的参考。

第三节　我国自由贸易港的金融改革开放期许

从党的十九大精神和中央对自由贸易港的定位来看，我国自由贸易港建设的基础是开放型实体经济，核心是打造制度空间，要点是突出中国特色。我国的自由贸易港应是在前期自由贸易试验区基础上更高层级的开放，甚至是最高层级的开放。尽管有"探索建设"的职责，但自由贸易港不再是"试验区"的概念，而是具体的开放实践。金融开放只是自由贸易港建设中开放实践的一部分，其发展则取决于自由贸易港建设的整体设计。从作为基础的实体经济的角度来看，自由贸易港框架下的金融开放具有双重效应。金融既可以作为开放型实体经济的一部分，存在于自由贸易港的产业建设中（金融服务业自身基于商业存在模式的开放以及基于离岸业务方式的开放），通过开放引入竞争来提高服务的供给效率和质量；也可以作为一项制度安排，存在于自由贸易港的竞争性制度建设中（服务开放型实体经济中的涉外金融制度建设），优化实体经济的营商环境，更好地管控金融对外开放的风险。

从前期上海自由贸易试验区金融改革开放推进情况以及上海自由贸易港建设调查情况看，目前，市场对自由贸易港建设中金融改革开放的期许主要有以下几个方面：

第一，金融领域的高水平开放是自由贸易港建设探索的基础和框架。人民币资本账户的逐步开放，外汇管理模式、金融监管制度与国际水平接轨，是自由贸易港建设的必然要求。上海方案、广东方案、天津方案均提出，要创新有利于风险管理的账户体系，设置分账核算管理下的自由贸易账户。自由贸易账户体系的设置，实则搭建了一个与境内金融市场相隔离、与国际金融市场紧密关联的"境内关外"的空间区域，其为自由贸易港的投融资汇兑便利、人民币跨境使用、利率市场化等金融创新政策搭建了实施渠道。

第二，与上海国际金融中心建设有关的金融改革开放举措保留在自由贸易港框架内，而不是泛化式的"可复制、可推广"，以做实上海国际金融中心的"国际"成分和"创新"成分。依托上海国际金融中心的建设，以金融服务为支撑，完善自由贸易账户制度，突破现有外汇管理体制的制约，调整税收优惠政策，升级现有的亚太运营中心功能，更好地服务国家战略。

第三，通过构建新型的跨境资金流动宏观审慎管理政策框架，来替换金融服务实体经济中监管部门出于宏观审慎考虑而过多干预微观跨境收付的风险管理举措，让实体经济处于一个稳定的跨境金融服务环境中，打通对外履约中跨境支付的瓶颈。改进并重塑对金融机构开展跨境及国际业务的微观审慎监管模式，营造有利于金融机构构建全球授信、资产及风控管理机制和促进模式创新的监管环境，在风险资本计算、风险权重赋权以及风险分散等方面留出适当的监管空间。

第四，进一步拓展自由贸易账户的服务空间和动能，推动网银技术、直通处理等便利化措施的使用，全面实现人民币资本项目可兑换，甚至是资本项目的自由流动、人民币的自由流动和外币的自由流动，提高企业跨境调度资金的便利性。打通金融服务跨境交付的整个链条，让金融机构可以依托自由贸易账户向全球机构和企业提供比肩境外发达国家水准的金融服务。

第五，不断拓展现有自由贸易港金融交易平台，探索大宗商品现货市场与期货市场联动发展，支持金融机构为大宗商品及衍生品交易提供更多的金融服务。金融机构可运用资产管理、跨境并购、财富管理、衍生品等金融创新工具，探索推出在资产负债管理、投融资工具、套期保值等多个方面的创新金融服务，为企业"走出去"和金融服务跨境交付打造有利于进行风险分散和对冲管理的国际金融资产交易平台，提升企业跨境资金使用的风险管理水平，解决金融服务走向国际的后顾之忧。

第六，吸引更多的产业基金投资到自由贸易港内。以资本为纽带，吸引"一带一路"沿线国家的央行、主权财富基金和投资者，培育互联网金融，推进跨境电商、物流贸易、智能制造、生物医药、信息及文化科技等主导产业的股权项目投资。利用境内外两个市场聚集大量产业基金，服务于港区内的金融创新和开放。

第七，提升上海金融市场配置境内外资源的能力，加快人民币全球支付清算体系和相应的全球金融市场基础设施的建设，开发和创新人民币产品和工具，不断扩大人民币市场定价权和国际影响力，探索人民币国际化和金融市场开放新路径。

第八，利用金融科技加快金融创新与监管，促进监管能力建设与金融创新相适应，利用信息科技创新推动金融监管科技创新。

2017 年，为落实党的十九大关于进一步扩大对外开放的相关部署，我国公布了证券业、基金业、银行业和保险业从放宽外资投资比例限制直至取消比例限制的金融领域开放时间表，这无疑将会有力配合自由贸易港建设，为实行高水平的贸易和投资自由化、便利化政策创造积极条件。

第四节　我国的自由贸易账户体系设置

中国人民银行发布《关于金融支持中国（上海）自由贸易试验区建设的意见》（银发〔2013〕11 号，以下简称意见），首次提出"创新有利于风险管理的账户体系"，自贸试验区内的居民可通过设立本外币自由贸易账户开展投融资创新业务和享受准入前国民待遇。上海地区的金融机构可根据人民银行的规定，通过设立自贸试验区分账核算单元的方式，为符合条件的区内主体开立自由贸易账户，并提供相关金融服务，体现了分账管理、离岸自由、双向互动、有限渗透的核心思想。通过构建自由贸易账户体系，实质上在自贸试验区内形成一个与境内市场有限隔离、与国际金融市场高度接轨的金融环境，以满足更加广泛的涉外经济活动需求。

自由贸易账户体系的设置有助于我国在全球产业链管理和金融服务中掌握主导权。目前，我国参与的大量贸易（尤其是大宗商品贸易）及对外直接投资活动，在结算、融资等金融服务中有相当的部分由境外金融机构主导，致使我国流失此部分金融收益和政府税收，在全球产业链管理中也丧失了主导权。上海自由贸易试验区自由贸易账户的健全和发展，有助于推动跨国公司集团结算、财务中心在上海自贸试验区内集聚，也将推动我国自贸试验区金融机构提供更为广泛的全球贸易、投资相关金融服务，不仅有利于我国获取此部分经济收益，也将推动我国掌握全球产业链的伸展和定价的主动权，提升上海国际金融、经济中心的地位。

自由贸易账户体系的设置为深化金融体制改革提供了新的模式。利率市场化、资本项目可兑换、扩大人民币跨境使用等金融体制改革具有较强的扩散效应，在机制不完善的情况下贸然推动，容易造成政策套利与进程不可控的严重后果，从而造成金融体制改革不稳步、不可控。自由贸易账户体系设计则为深化金融体制改革创造了新的路径，通过"二线管住"有关政策，构建与境内市场相对独立的金融试验田，及时有效切断境外和区内金融市场风险向境内传播。

自由贸易账户体系的设置能够满足实体经济贸易投资便利化的合理需求。在"一线"宏观审慎管理及"二线"有限渗透的管理原则下，自贸试验区的套利行为不会对境内区外市场产生冲击。分账核算管理为试验区提供了"电子围网式"的金融环境，金融机构将按照"标识分设、分账核算、自求平衡"这几项原则，将自由贸易账户的业务与现有业务区分对待。同时，分账核算单元的本外币风险头寸原则上只能在区内或境外平盘。这种相对隔离的运行模式，能够有效避免境外资金通过自贸试验区直接冲击境内市场。此外，意见中规定的几个渗透渠道都是可控的，如同一非金融机构主体因经常项目、偿还贷款、实业投资等跨境交易需要，需要办理资金划转的，开户金融机构需对上述资金划转进行相应的真实性审核。

自由贸易账户体系的设置是自贸试验区金融改革承上启下的重要环节。自2013年8月以来，人民银行及各金融监管机构大力支持上海自贸试验区建设，先后出台支持自贸试验区建设的指导意见，共计51条，其中人民银行出台了涉及资本账户可兑换、利率市场化、人民币跨境使用、反洗钱和反恐怖融资等五项细则，自贸试验区金融改革和业务取得长足发展，但由于自贸试验区内的账户和国内一般账户依然混同，难以建立其单独有效的风险监控和资金隔离体系，一些深层次改革难以推进，自贸试验区金融的优势难以发挥，自贸试验区实体经济的一些特殊需求难以得到充分满足。这一账户体系的建立并非是自贸试验区金融支持政策的终点，而是自贸试验区金融改革和发展的管理、核算、创新的载体。一方面，已经出台的各项政策措施可以得到更好的落实，如跨境人民币双向资金池业务员的本外币业务可以汇总到一个账户下，统一进行对外支付，资金的使用效率大大提高；另一方面，为推动许多新的改革措施，尤其是为投融资汇兑改革打下了必要的基础，同时也为证券、保险部门的改革提供了方便的载体和工具。上海自贸试验区自由贸易账户间资金划转规定见图9.1。

　　随着《中国（上海）自由贸易试验区分账核算业务实施细则（试行)》和《中国（上海）自由贸易试验区分账核算业务风险审慎管理细则（试行)》的公布，首批5家银行对外开立自由贸易账户，自贸试验区分账核算体系正式落地。两项细则的落地，标志着中国人民银行中创新有利于风险管理账户体系的政策框架基本成型，为在自贸试验区先行先试资本项目可兑换等金融领域改革提供了工具和载体。

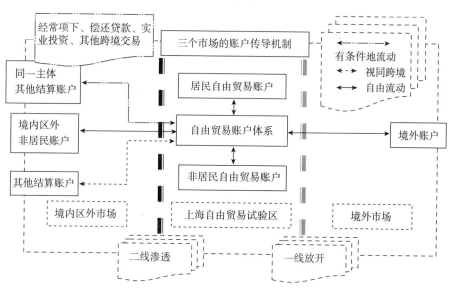

图9.1　上海自贸试验区自由贸易账户间资金划转规定

第十章　自由贸易港离岸金融市场建设
的论证分析

一般来说，国际通行的自由贸易港具有贸易、投资和金融自由化的基本特征，在自由贸易港内设立的金融市场和机构以及开展的各项金融业务具有离岸金融的特征。我国自由贸易港建设的基础是开放型实体经济，核心是打造制度空间，重点是围绕"一线放开"实现货物、人员、资金最前沿的开放。尽管有"探索建设"职责，但自由贸易港不再是"试验区"的概念，而是具体的开放实践。应该说，我国自贸试验区在过去五年的发展进程中，离岸金融业务总体发展缓慢，离岸金融市场尚未建立。因此，重新审视发展自由贸易港离岸金融市场的重要性，充分论证建设离岸金融市场的可行性、必要性、有效性，对于为自由贸易港创造良好的制度条件和市场环境、实现最高层级的开放具有重大的现实意义。

第一节　我国离岸金融业务及离岸金融市场的形成与发展

我国的离岸金融起步较晚。位于深圳的招商银行总行于 1989 年在全国率先获批开办离岸银行业务。随后，工行深圳市分行、农行深圳市分行、深圳发展银行（现为平安银行）、广发银行深圳分行等银行机构也开始积极开展离岸金融业务。离岸金融业务规模盲目扩张，同时受到亚洲金融危机的影响，引发了风险暴露。为了维护金融稳定，人民银行暂停了离岸金融业务。经过一段时间的整顿，人民银行于 2002 年重新启动离岸金融业务，同时还进一步扩大了试点范围，允许交通银行、浦发银行等位于上海的金融机构开展离岸金融业务。2006 年 6 月，国务院颁布文件①，支持在天津滨海新区开发开放的过程中大力开展金融改革创新，而且在国家外汇管理

---

① 《国务院关于推进天津滨海新区开发开放有关问题的意见》（国发〔2006〕20 号）。

局的政策①允许下开展离岸金融业务试点。2009年3月，国务院出台文件②，提出把重庆建设成为长江上游的金融中心，重庆也率先在国内建立了加工贸易离岸结算中心以及我国境内开设的第一个境内法人的离岸金融账户。此外，福州、厦门、大连等地也在积极发展离岸金融业务。

随着我国离岸金融业务的不断发展，离岸金融业务的相关法律法规还有待完善。中国人民银行早在1997年就出台了《离岸银行业务管理办法》，明确提出离岸金融是针对非居民提供的金融服务。紧接着，国家外汇管理局于1998年发布《离岸银行业务管理办法实施细则》，对离岸银行业务的开展进行了详细规定。2009年7月，国家外汇管理局又发布了《关于境外机构境内外汇账户管理有关问题的通知》（以下简称《通知》），放宽了境外金融机构在境内开立账户的限制，允许在境内中外资银行开立NRA（Non - Resident Account），并规定NRA与境外往来自由，与境内在岸账户按跨境交易管理。同时，《通知》中还允许未获得开展离岸银行业务资格的中资银行开展部分非居民业务，并针对外资银行的非居民账户制定了管理措施，防止资金在非居民账户与在岸账户间随意流动。中资银行可以提供的非居民业务主要包括外汇存贷款、国际结算、大额可转让存款证、外汇担保等。

在内地政府的政策支持下，香港开始发展离岸人民币业务，建设人民币离岸金融中心。香港的人民币业务始于2004年。中国人民银行和香港金管局签署合作备忘录，决定于2004年1月1日开始在香港试办个人人民币存款、汇兑、汇款和信用卡业务，中银香港为清算银行。2007年，境内机构允许在香港市场上发行以人民币计价的金融债券。始于2009年的跨境人民币结算业务，使香港离岸人民币存款迅速增加。在市场需求推动下，人民银行于2010年8月发布《关于境外人民币清算行等三类机构运用人民币投资银行间债券市场试点有关事宜的通知》③，开始建设香港人民币离岸资金回流机制，香港人民币离岸市场的政策框架初步形成。随后，人民币离岸可交割远期汇率和人民币离岸即期汇率定盘价先后发布，香港人民币汇

---

① 《国家外汇管理局关于天津滨海新区外汇管理政策的批复》（汇复〔2006〕242号）。
② 《国务院关于推进重庆市统筹城乡改革和发展的若干意见的批复》（国发〔2009〕3号）。
③ 2010年8月16日，人民银行发布《关于境外人民币清算行等三类机构运用人民币投资银行间债券市场试点有关事宜的通知》，规定境外央行、港澳人民币业务清算行、跨境贸易人民币结算境外参加行三类机构，可通过专门账户在一定额度内投资银行间债券市场。

率价格体系开始逐渐形成。同时，香港人民币离岸市场的银行间市场同业拆借利率定价机制也建立起来了。香港人民币离岸市场规模的不断扩大，对人民币国际化起到了重要的推动作用。

如今，香港人民币离岸市场已成为境外最大的人民币交易中心。Wind数据显示，2014 年底，香港离岸人民币存款突破万亿元（见图 10.1），达到历史高点。但此后不断下降，特别是"8·11"汇改①后，香港离岸人民币较在岸出现了更大的贬值趋势，人民币资金从离岸回流在岸，市场套利机制反转。由于香港市场的长期流动性依赖跨境贸易结算通道，因此容易受人民币汇率波动影响。2016 年底香港人民币存款仅为 6529 亿元，较2015 年底下跌 23%，离岸人民币规模继续缩小。从流动性角度看，香港离岸人民币短期流动性供应虽然来自官方和市场融资两个层面，但除了官方的货币互换渠道以外，短期资金，尤其是期限在一周以内的高流动性短期资金，还缺少有效的跨境流动渠道。因此，无论基于长期流动性还是短期流动性的考虑，香港都应加强与内地金融中心的合作，而内地也要逐步放开双向跨境资本流动渠道，推动金融自由化发展。

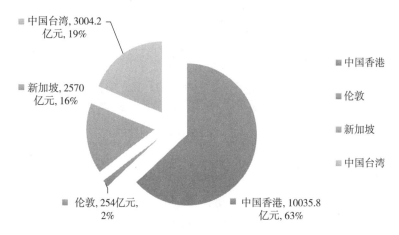

资料来源：Wind 统计数据。

图 10.1　排名前四的离岸人民币市场国家（地区）离岸人民币份额（截至 2014 年 12 月）

---

① 2015 年 8 月 11 日，中国央行宣布调整人民币兑美元汇率中间价报价机制，做市商参考上日银行间外汇市场收盘汇率，向中国外汇交易中心提供中间价报价。这一调整使得人民币兑美元汇率中间价机制进一步市场化，更加真实地反映了当期外汇市场的供求关系。

第二节　自由贸易港离岸金融市场建设的可行性分析

自由贸易港作为在前期自由贸易试验区基础上更高层级的开放，探讨自由贸易港的金融功能，我们可以以自贸试验区已开展的金融创新举措和具体实践为基础，研究自由贸易港的金融开放与离岸金融市场建设的关联性，并据此论证在自由贸易港建设离岸金融市场的可行性。

通过分析上海方案、上海深改方案、上海全面深改方案、天津方案、广东方案和福建方案，不难看出，这四个比较具有自由贸易港发展基础的自贸试验区在深化金融领域开放创新方面，都将金融管理体制创新、资本项目（限额内）可兑换、利率市场化、人民币跨境使用、外汇管理、自由贸易账户体系、金融主体发展以及风险防范等作为重点内容。基于此，我们探讨自由贸易港的金融开放创新与离岸金融市场建设的关联性，可由图10.2进行解释。

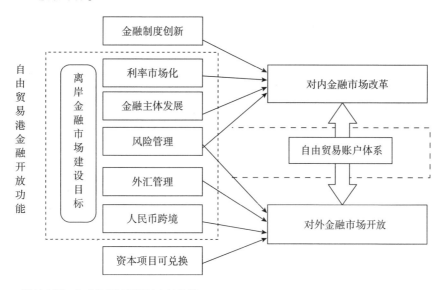

资料来源：作者根据相关资料自行绘制。

图10.2　自由贸易港金融开放与离岸金融市场建设的关联机制

第一，从自由贸易港金融开放的具体领域看，利率市场化、金融制度创新和金融主体发展侧重于国内金融市场，资本项目可兑换、人民币跨境使用、外汇管理则主要是为了促进金融开放，而自由贸易账户体系则作为连接国内外金融市场的重要载体。可以说，自由贸易港为国内外金融市场和金融机构提供了相互交流和竞争的平台，从而进一步推动国内金融体制改革，提升我国金融的开放度。

第二，从离岸金融市场建设的功能来看，离岸金融市场是实现利率、汇率市场化的重要载体，是实践探索自由贸易港资本账户放开的最优战略选择，是丰富人民币回流渠道、加速人民币国际循环的必要步骤。离岸金融市场建设有利于促进我国金融体制改革，缩小我国金融市场与国际金融市场之间的差距，并在一定程度上帮助自由贸易港实现金融开放目标，为国内金融体制改革和国内外金融市场关联提供有效渠道。

第三，综合以上两个方面看，在自由贸易港建设的过程中，无论是进行全方面金融改革创新，还是建立离岸金融市场，其主要目的都是要促进我国金融业的对外开放，加强国内外金融市场的联系，但相比较而言，金融改革涉及的范围要更广泛一些，不仅要强化国内外金融市场之间的相互联系和作用，还要关注金融改革与宏观经济改革问题，包括金融机构的内控机制、宏观审慎监管以及资本项目开放等。因此，切不可将自由贸易港的金融改革视为建立中国的 IBF 或金融洼地，更不能将发展自由贸易港与构建离岸金融市场画等号。

第四，从自由贸易账户体系设置来看，作为一项制度创新，自由贸易账户实际上属于类离岸账户，即具有境外账户性质[①]。作为上海自贸试验区金融改革的核心内容，自由贸易账户体系的设置，实质上是在区内构建了一个与境内其他市场有限隔离、与国际市场高度接轨的金融环境，以服务涉外经济活动，从多个维度上支撑并实现自由贸易港金融开放的内容和金融服务实体经济的要求，同时为自由贸易港离岸金融业务的开展提供平台和渠道。

第五，从上述四个比较具有自由贸易港发展基础的自贸试验区来看，区域结合已经成为沿海城市发展的重要模式之一，无论是长三角、珠三角，还是京津冀地区，都是我国区域经济发展的排头兵，而上海、深圳、天津在离岸市场建设方面也有着得天独厚的经济、地理及环境优势。区域经济的积累为建设与发展离岸金融市场奠定了基础，而离岸金融市场的设立能

---

① 上海自贸区自由贸易账户并非真正意义上的离岸账户，不同于"日本离岸账户严格限定于非居民，所有离岸账户结算只能通过国内账户完成"的规定。参见司或钰《从离岸账户监管看离岸金融市场的监管问题》。

够丰富和完善城市区域的多层次金融服务体系，产生区域辐射效应，为离岸金融市场所在区域提供更为有利的投融资环境，从而推动该区域经济贸易的发展。

第六，从"一线放开"的角度来看，与自由贸易试验区相比，自由贸易港在功能上不但能实现绝大部分贸易的自由流通，而且金融资本和人员的出入境也更加便利化，货物、人流和资金均可以自由流动，能实现真正意义上的全流通自由贸易，对争取"离岸"业务的突破，实现人民币国际化、资本自由化起到重大的推动作用。依托信息化的监管手段，自由贸易港完全能够实现"一线放开、区内自由、二线管住"的监管体系，从而在港区内形成天然的离岸金融区。

由此可见，自由贸易港为离岸金融市场的建立与发展提供了良好的基础条件，而建立离岸金融市场、推动离岸业务的发展能够从微观上推动金融体制改革，加快自由贸易港金融功能的建设探索，促进区域经济发展和高水平的对外开放。因此，在自由贸易港的战略框架下发展离岸金融市场，不仅是我国金融发展的客观现实需求，更是从主观意愿上加快自由贸易港金融开放的有效手段。

第三节　自由贸易港离岸金融市场建设的必要性分析

国际通行的自由贸易港一般具有贸易、投资和金融自由化的基本特征。我国自由贸易港建设的基础是开放型实体经济，核心是打造制度空间，重点是围绕"一线放开"实现货物、人员、资金最前沿的开放。利用实现自由贸易港最高层次开放的契机，将自由贸易港的金融开放实践按照离岸金融市场规则进行管理，拓宽具有风险分散优势的多元化离岸金融业态，创造良好的制度条件和市场环境，以自由贸易港的金融开放和离岸市场的发展带动全国范围内汇率、利率和金融体系改革提速，加快人民币国际化进程，有着重大的现实意义。

一、离岸金融是自由贸易港的应有之义

联合国认为，自由贸易港是某一离岸所在地[①]，所以在自由贸易港内设

---

① UN, Free Trade Zone and Port Hinterland Development, 2005: 6.

立的金融市场和机构以及开展的各项金融业务也自然会具有离岸金融的特征。自由港作为典型的自由贸易港，其优势不仅是货物贸易的便利化，还体现为资金流动以及货币兑换等方面的高度自由化，是自由化的金融区，即离岸金融区。如荷兰的阿姆斯特丹，亚洲的新加坡、中国香港、巴林，加勒比海的巴哈马群岛、巴拿马和开曼群岛，其自由港也是离岸金融市场或离岸金融中心。20 世纪 70 年代后期，美国国内各州普设对外贸易区，为发展离岸金融业务，美国在一些州设立了 IBF，经营境外美元业务，吸收离岸存款，再放贷给境外客户，使美国的离岸金融与对外贸易区业务并驾齐驱。

我国的自由贸易港（如上海洋山保税港区和浦东机场综合保税区）大多由保税区、海关特殊监管区发展而来。保税区是自由贸易港在我国的具体实践探索，其主要特点是采用海关特殊监管方式，具有"境内关外"及"离岸金融"的功能和性质。但是，基础配套服务和管理制度的不足，使得在保税区内开展离岸金融业务面临许多的障碍。设立在保税区内的大量跨国公司仍然需要借助香港等离岸金融市场进行资金结算等金融活动，成为限制我国保税区发展壮大、提高国际竞争力的重要因素。

究其原因，根本在于我国对保税区"境内关外"及"离岸金融"的认识不足，区内较低的贸易自由度制约了离岸金融业务的拓展，而且外汇管理制度的不完善也影响了我国离岸金融市场的建设。第一，从法律层面看，我国的保税区在定性上没有明确支持"离岸"存在的合规性。例如，《保税区海关监管办法》对保税区的属性和地位进行了明确界定，指出保税区是海关监管的特定区域，但不具有"境内关外"的地位。在保税区实际运行过程中，采用的是完全封闭的管理模式，而且对进出保税区的货物都进行海关检查，即视同"境内关内"。第二，保税区管理制度和监管方式不协调，导致企业在保税区内开展活动的自主性很低，并没有实现"一线放开，二线管住，区内自由"。第三，在外汇管理方面，国家外汇管理局对保税区采用的是与境内基本一致的外汇管理方式，没有采取差异化管理。

建设自由贸易港不仅是我国推动形成全面开放新格局的重大举措，也是我国主动顺应全球化经济治理新格局、对接国际贸易投资新规则的重要方法。党的十九大报告对我国改革开放试验田的建设提出了更高要求，指明了新的方向，也寄予了厚望。党中央对探索建设自由贸易港战略的高度重视，也为离岸金融市场的形成与建立带来了不可多得的良好契机。自由贸易港战略以开放倒逼改革的时间紧、任务重，离岸金融市场建设和支持作用的发挥显得尤为迫切。

二、离岸金融市场是加快实现自由贸易港金融开放目标的有效手段

由上一节的分析可知，自由贸易港为离岸金融市场的发展提供了政策框架和实施载体，但不能将自由贸易港的金融改革创新视为建立中国的IBF，更不能将发展自由贸易港与构建离岸金融市场画等号。本书认为，在自由贸易港框架下建设离岸金融市场是自由贸易港的一种金融创新形式，是从主观意愿上加快实现自由贸易港金融功能的有效手段，它能够从微观上推动金融体制改革，促进区域经济发展和高水平的对外开放。

探索建设自由贸易港，必须以高水平的金融领域开放度与之配套。人民币项目可兑换、利率市场化、人民币外汇管理、金融监管等必须逐步与国际水平对接，才能用国内外资金的便捷流动推动自由贸易港建设。而自由贸易账户体系的设置，更为自由贸易港的投融资汇兑便利、人民币跨境使用、利率市场化等金融创新政策，搭建了实施基石。上海方案、广东方案、天津方案均提出，要创新有利于风险管理的账户体系，设置分账核算管理下的自由贸易账户。自由贸易账户实际上属于类离岸账户，即具有境外账户性质，"一线完全放开，二线有限管住"的原则，其本质是一个与境内金融市场相隔离、但与国际市场紧密关联的"境内关外"区域。以上海为例，目前，对于"一线"，自由贸易试验区实际上还没有完全开放跨境资本流动的通道。这虽然有助于控制境外资金的流入规模，通过"二线管住"的方式在自由贸易港内吸收消化，但也因此需要在港区内具备一个多层次、功能齐全的金融市场和产品体系。一方面，需要增加自由贸易港金融产品的供给，特别是人民币股票、债券等，为国际投资者提供多样化的投资产品；另一方面，积极引导区内的非居民客户利用自由贸易账户的离岸账户功能在自由贸易港和国际金融市场上进行投资，并在条件成熟时允许境内投资者通过一定的渠道和方式在自由贸易港内进行投资。如此，才能够更充分地配合自由贸易港和自由贸易账户逐渐放开的"一线"资金出入和"二线"资金进出的有限管住。

三、离岸金融是推进自由贸易港发展离岸贸易的有效支撑

贸易和投资是我国自由贸易港主要的经济活动，但这里的贸易和投资

显然有别于非自由贸易港，二者所需的跨境金融服务也会存在差异。许多专家认为，自由贸易港的建设要努力拓展离岸业务空间，包括离岸生产、离岸贸易和离岸物流、离岸金融等，自由贸易港在开展离岸贸易的基础上，需进一步开放高端服务业，发展离岸金融业务[①]。

从新加坡、我国香港等离岸金融中心的贸易与金融同步发展的实践看，离岸贸易的发展与离岸金融的发展之间确实存在共荣共促的关系。在我国自由贸易港建设中，服务好离岸贸易和海外投资，有必要优先发展离岸金融，通过离岸金融的跨境交付来实现对新时代中国特色自由贸易港建设的支持。从世界贸易组织对服务贸易方式的定义看，离岸金融服务的跨境交付是指金融服务提供者自一国（地区）境内向他国（地区）提供金融服务的方式。这意味着自由贸易港离岸金融市场上的金融机构既可以向境内主体提供金融服务，也可以向境外主体提供金融服务。自由贸易港建设中既会有国内生产总值概念下的经济活动，也会有国民生产总值概念下的经济活动，还会有纯粹的离岸性质的经济活动。离岸金融市场上的金融机构，可以直接向自由贸易港的境内及境外主体提供金融服务。如境内外企业可利用我国设置的海外仓以及远洋物流信息开展离岸贸易，同时依托离岸市场金融机构的服务，从境内外两个市场获取与贸易相关的融资，吸引全球主体参与贸易风险分担；金融机构提供贸易融资服务后形成的资产等，可以依托境内的交易平台向全球投资者出售。此外，自由贸易港经济活动中的境内外企业均可开展全球产业股权投资等业务，而与投资相关的融资及服务，则可依托离岸金融市场的金融机构和市场平台向全球募资并开展全球风险分担业务。在广义投资范畴、准入前国民待遇、公平竞争、资金自由转移、业绩要求禁止以及金融审慎例外等高阶投资规则下，离岸金融服务既可以全面支持自由贸易港的建设，支持离岸贸易和投资活动的开展，又可以支持金融服务贸易的出口，扩大我国金融机构在国际市场的份额，还能有效推动人民币国际化进程。因此，应提高自由贸易港金融自由化程度，加速推动自由贸易港的在岸金融向离岸金融转变，积极推进自由贸易港离岸金融服务的建设探索。

---

① 张释文，程健. 我国自由贸易港建设的思考 [J]. 中国流通经济, 2018 (2): 91-97.

四、离岸金融市场是人民币国际化的重要步骤

按照国际货币的职能，人民币国际化就是在国际金融市场和交易活动中充分发挥人民币所具有的价值尺度、交换媒介和价值储藏等重要职能，促进人民币的国际使用。从当前的实际情况看，人民币虽然已经加入特别提款权篮子，成为国际储备货币，但是人民币主要用于国际贸易计价结算，在金融产品计价、结算和投资等方面的使用还十分有限，官方盯住汇率、外汇市场干预和外汇储备的链条上呈现依次衰减①。人民币在金融产品计价、结算和投资方面的职能发挥，主要取决于投资者对以人民币计价资产的偏好，以及人民币资产的流动性。但是，由于资本管制，离岸与在岸市场之间存在一定的隔离限制，所以离岸市场人民币资产的流动性主要由离岸市场人民币资产池规模所决定，而不能获得来自境内金融市场的流动性支持，这极大地降低了境外投资者进行人民币投资的意愿。因此，资本项目不完全可兑换以及离岸人民币可投资产品的不足，是影响人民币在投资中的使用及制约人民币国际化的重要因素。

当前我国推进人民币国际化的阻碍一方面来自资本项目管制，另一方面来自境内金融市场的不完善。也就是说，要想加快人民币国际化的进程，需要重点在以上两个方面进行尝试和突破。在自由贸易港框架下建立"在岸"的离岸金融市场，能够天然地克服包括香港在内的境外离岸人民币回流的障碍，打通离岸市场与国内市场的人民币流通渠道，使其成为境内外投资者进行人民币资产配置的重要市场，并进一步带动国内金融市场的发展，促进人民币定价中心的形成，助推人民币国际化战略的进程。

第四节　自由贸易港离岸金融市场建设的有效性模型

与保税区等传统的海关特殊监管区相比，自由贸易港在制度政策方面拥有更明显的优势，特别是在金融监管、税收优惠等方面。同时，自由贸易港在通关手续简化、物流效率等方面也具备更加显著的规模效应。正因为具备这样的优点，在我国自由贸易港发展离岸金融市场，进行金融自由

---

① 韩龙. 规制与监管：美国金融改革方案对金融法品性的再证明——解读美国金融改革方案之法学理念与基础 [J]. 河北法学，2009（11）.

化改革创新，将有利于国内金融深化和整体经济发展。

现有的关于离岸金融中心的有效性模型①，主要考虑的是地理位置、空间距离等自然条件要素对离岸金融中心发展的影响及其对周边地区所产生的溢出效应。但是，在现代信息技术快速发展的背景下，发达先进的通信技术逐渐削弱了自然条件等有形因素对离岸金融市场发展的影响，而优惠政策安排以及金融自由化发展程度等无形因素对离岸金融市场发展的影响正在逐步增强。鉴于我国依然存在资本管制，在自由贸易港建设离岸金融市场必然会对国内金融体系产生一定影响，而这种影响是积极的还是消极的，需要进一步从理论层面探讨，为我国自由贸易港离岸金融市场建设的可行性提供理论依据。基于这种考虑，本书借鉴现有的一些理论模型，从受离岸金融中心影响的周边地区角度考察，并利用资本管制因素取代地理位置、空间距离等自然因素，建立新的离岸金融中心效应模型，来考察在自由贸易港建立离岸金融市场对本国金融市场发展产生的影响。

本书构建的理论模型首先做如下假设：

1. I 表示国内金融市场的投资者，$I = 1, 2, \cdots, m$；

2. 投资者掌握的初始财富数量设定为 $w(i)$，并按照大小对投资者进行排序，即 $w(i) \leqslant w(i+1)$；

3. 投资者会按照收入最大化的基本原则进行投资组合，同时假定投资者仅投资无风险产品，即储蓄，但可以选择在在岸市场或离岸市场进行；

4. r^* 和 r_0 分别表示境内利率和离岸市场利率水平；

5. 受到资本管制等因素的影响，投资者在离岸金融市场投资时必须支付一定的交易费用，而且资本管制程度越大，交易费用越高，具体将交易费用表示为 αx（α 为常数，x 表示资本管制强度）；

6. τ 表示名义税率，θ 表示在离岸金融市场所能获得的税收优惠程度，其中 $1 \leqslant \theta \leqslant 1/(1-\tau)$。对于投资者而言，既可以投资国内金融市场，也可以投资离岸金融市场。如果投资者 i 投资于国内金融市场，那么他获得的税后净收益是 $(1-\tau) r^* w(i)$。如果投资者 i 投资于离岸金融市场，他获得的税后净收益是 $(1-\tau) \theta w(i) r_0 - \alpha x$，投资者会根据税后投资净收益的大小确定投资方式，即在国内金融市场投资还是在离岸金融市场投

① ANDREW K ROSE, MARK M SPIEGEL. Offshore Financial Center, Parasites or Symbionts?[R]. NBER Working Paper, No. 12044, 2006－02.

资，当

$$(1-\tau) \theta w (i) r_0 - \alpha x \geq (1-\tau) r^* w (i) \qquad (10.1)$$

则投资者 i 会投资离岸金融市场。进一步推导可得

$$r_0 \geq \frac{r^* w (i) + \alpha x}{\theta w (i)} \qquad (10.2)$$

因此，当离岸金融市场利率 r_0 满足 $r_0 > \frac{r^* w (i) + \alpha x}{\theta w (i)}$ 时，投资者会选择离岸金融市场；否则，投资者会选择在国内金融市场进行投资。如果存在投资者 i^* 使得 $r_0 = \frac{r^* w (i) + \alpha x}{\theta w (i)}$ 成立，表明投资者 i^* 无论选择在哪个市场投资都会获得相同的税后净收益，而且对于投资者 $i > i^*$，由于其所获得的初始财富要大于投资者 i^*，那么在离岸金融市场投资所获得的税后净收益也更大；而如果 $i < i^*$，投资者 i 在国内金融市场获得的税后净收益更大。

此时，离岸金融市场的储蓄总额可以表示为

$$L_0 = \int_{i^*}^{m} w(i) di \qquad (10.3)$$

假设商业银行为借款者提供贷款都严格按标准合约进行，借款人向不同的银行贷款时不存在显著的差别。商业银行向借款人提供每单位的贷款能够获得的收益为 $R = (1+\alpha)$，α 表示贷款合约利率。假设 R 是总贷款额 L 的减函数，L 表示离岸与在岸银行贷款规模的总和，即 $L = L_H + L_0$；且 $R' < 0$，$R'' < 0$。离岸金融市场上的商业银行为了能够快速发展，会将吸收的储蓄最大限度地转化为贷款，实现利润最大化，则

$$R (L_H + L_0) = r_0 (L_0) \qquad (10.4)$$

随着离岸金融市场利率 i^* 的提高，$R (L_H + L_0)$ 会增加，$r_0 (L_0)$ 也会增加，但是 i^* 提高会使得在岸市场贷款规模 L_0 减少，即 r_0 与 L_0 呈反向变动关系。

基于式（10.2）和式（10.3），对式（10.4）全微分可得

$$\frac{\partial L_0}{\partial L_H} = \frac{\theta w (i^*)^2 R'}{(\theta R - r^*) w' - \theta w (i^*) R'} < 0 \qquad (10.5)$$

且有

$$\left| \frac{\partial L_0}{\partial L_H} \right| < 1 \qquad (10.6)$$

即国内市场贷款规模的增加会替代离岸市场的贷款，但是由式（10.6）

可以看出，在岸贷款规模 L_0 的变化要小于离岸贷款规模 L_H 的变化，所以，虽然离岸贷款规模 L_H 的增加会减小在岸贷款规模 L_0，但是离岸与在岸贷款总规模 L 会增加；反之则相反。

基于上文所构建的模型分析，可以得出以下结论：第一，提高离岸金融市场的税收优惠程度将导致离岸贷款规模扩张，而国内市场商业银行的贷款规模相应减少，前者扩张的幅度要小于后者减少的程度，进而使得贷款的总规模减少。第二，当境内放松资本管制，即 x 变小时，离岸金融市场商业银行贷款增加，国内商业银行贷款减少。同样，由于前者增加的幅度小于后者减少的幅度，信贷总规模也减少，本国的福利增加。第三，放松资本管制会使得越来越多的境内资金流到离岸金融市场，导致国内市场金融机构的优质客户资源减少。

所以，在离岸金融市场的建立与发展过程中，随着资本管制的放松，国内商业银行贷款规模也会逐渐减少，导致离岸金融市场逐渐影响国内在岸金融市场的发展，加剧了离岸与国内金融机构之间的竞争。面对离岸金融市场发展带来的竞争压力，为了保持收益的稳定，国内金融机构会加快改革与创新，带动国内金融业的发展，促进金融结构的优化。同时，国内的金融监管机构也会进行监管制度的改革，放松对境内金融市场的管制，促进金融资源在市场上的优化配置，提高金融资源的利用效率。因此，从长远角度看，自由贸易港离岸金融市场的金融发展有利于国内金融体系的深化，并改善国内金融机构对经济发展的服务功能。

第十一章　自由贸易港离岸金融市场培育潜力对比分析

　　离岸金融市场是一种集聚与竞争并存的现象，其格局设置既要考虑到离岸金融市场对周边地区的影响，又要考虑到不同市场之间良性竞争的互动效果。我国离岸金融市场起步较晚，自 1989 年以来，深圳、上海、天津先后获批进行离岸金融试点工作，以上海为中心，深圳、天津分居南北，其辐射效应与先导作用带动了长三角、珠三角、环渤海乃至整个国家经济的加速发展。我国自由贸易试验区战略实施以来，以开放倒逼改革日渐提速，沪粤津三地自贸试验区在"深化金融领域开放创新"方面的一系列举措加快了贸易自由化和金融自由化发展，为上海、深圳、天津三地离岸金融市场的进一步发展创造了日渐成熟的条件。

　　党的十九大提出"探索建设自由贸易港"后，各地自贸试验区表现出极高的热情，纷纷谋划设立自由贸易港。上海自贸试验区提出升级自贸试验区，在上海的洋山保税港区和上海浦东机场综合保税区等海关特殊监管区域内，设立自由贸易港；天津、广东、福建、浙江、辽宁等已经设立自贸试验区的沿海省份均提出在自由贸易试验区的基础上探索建设自由贸易港；海南、江苏、山东提出利用保税区等海关特殊监管区的条件，建设自由贸易港；中西部的河南、湖北、重庆、四川和陕西五省均已经设立自由贸易试验区，进一步建设自由贸易港将为内陆地区开发开放带来新机遇。全国各地，无论沿海还是内地，各省均对申报建设自由贸易港抱有极大兴趣，有的已初具规模，有的还在蓝图规划中。我们所探讨的是要将自由贸易港的金融开放实践按照离岸金融市场规则进行管理，拓宽具有风险分散优势的多元化离岸金融业态，创造良好的制度条件和市场环境，加速我国与国际经济贸易新标准、新规则体系的接轨，进而实现自由贸易港最高层次的开放。

　　因此，本章将重点对上文提到的对建设自由贸易港抱有极大兴趣，且具有离岸金融业务试点经验的上海自贸试验区、广东自贸试验区（深圳前海蛇口片区)、天津自贸试验区培育离岸金融市场的条件进行综合评价，并将三个自贸试验区的金融开放创新实践进行对比分析。

第一节　上海自贸试验区培育离岸金融市场的基础和优势

上海早在 1930 年就是远东国际金融中心，也是现今中国经济最发达的市场。2017 年上海地区生产总值总量达到 3 万亿元，居中国城市第一位、亚洲第二位。上海开放型经济规模大，内外经济联系面广，国际化企业集聚度高，承受风险的能力较强，对整个长江流域乃至全国的经济发展都有辐射和带动作用。2013 年上海自贸试验区挂牌成立当年，外商在上海的直接投资项目达 3740 个，大量外资企业在上海建立了中国或亚太区总部或财务中心，对于离岸金融业务有着巨大的需求。

一、区位条件好，基础配套全

上海是中国重要的经济、金融、交通、科技、工业、会展和航运中心，拥有得天独厚的地理条件。从覆盖的区域范围角度看，上海自由贸易试验区包含了外高桥、浦东机场综合保税区以及洋山深水港片区，不仅有上海港、浦东国际机场等重要的海港、空港地区，还涵盖了高桥、洋山、机场等传统的保税区。此外，上海自贸试验区处于我国长三角地带，地理位置优越，水运交通发达，以上海为核心的经济发展区域已经成为我国最具发展活力、发展水平最高的地区。

在基础设施配套方面，上海证券交易所已经与路透社终端成功实现联通，并且已经加入了环球银行间金融通信协会（SWIFT），上海自贸试验区还进行了信息服务领域的开放试点，放开了对网络数据服务、在线数据交易处理等业务的限制，并允许外国投资者在区内投资在线数据处理与交易处理业务（经营类电子商务）的外资持股比例由 50% 提高到 100%。

二、金融政策力度强，业务集中度高

上海自贸试验区自成立以来，围绕金融改革创新，按照金融监管部门发布的 51 条①政策要求，在资本项目可兑换、人民币跨境使用、金融服务业开放等方面进行了一系列的改革探索，并在宏观审慎的原则下建立了跨境资本流动监管体系。2015 年 10 月人民银行等六部委和上海市政府又联合发布了上海"金改 40 条"，这些制度构成了完整的自贸试验区金融改革创新框架体系，为自贸试验区深入改革创新提供了制度支撑。截至 2017 年 1 月，"金改 40 条"开放创新措施中已有 19 项政策通过出台细则或创新实例取得突破，5 项政策拟定细则开始推进。2017 年，上海自贸试验区又优化了 31 项创新制度，全年进出口实现 1.35 万亿元，创造了上海滩 42% 的外贸总值。

作为提高对外开放水平的重要举措，我国的第一份负面清单来自上海自贸试验区，设立之初为 190 项。2014 年，调整减少至 139 项。2015 年，该清单又减至 122 项，90% 左右的国民经济行业对外资实现了准入前国民待遇，同时扩展到广东、天津、福建等自贸试验区。如今，2017 年版负面清单将覆盖现有的 11 个自贸试验区，并且将限制性措施缩减至 95 项。和 2015 年版本相比，缩减了 27 项，其中涉及金融业对外开放的有 4 项②。

在利率市场化方面，上海自贸试验区率先实现了外币存款利率完全市场化；兴业银行通过自贸试验区交易系统达成了首笔利率互换交易；首批 8 家试点银行③推出了跨境同业存单发行、交易与信息服务，实现了区内机构与境外机构的双向发行，并在自贸试验区内实现了对金融产品的市场化定价，促进了区内各市场主体之间的自由、公平竞争，推动形成了自由贸易账户体系的利率定价机制。

在跨境投融资方面，在便利及优惠政策的推动下，许多境内企业到自

---

① 中国人民银行于 2013 年 12 月出台《关于金融支持中国（上海）自由贸易试验区建设的意见》，全文共 30 条金融意见和措施；原银监会、证监会、原保监会此前出台 21 条措施，共 51 条内容。

② 取消了"外国银行分行不可从事《中华人民共和国商业银行法》允许经营的'代理发行、代理兑付、承销政府债券'"的特别管理措施，取消了"外资银行获准经营人民币业务须满足最低开业时间要求"以及"境外投资者投资金融资产管理公司须符合一定数额的总资产要求"；在保险业务领域，取消了"非经中国保险监管部门批准，外资保险公司不得与其关联企业从事再保险的分出或者分入业务"的特别管理措施。

③ 2015 年 10 月 12 日，首批 8 家银行试点成功发行上海自贸试验区跨境同业存单，总发行量 29 亿元全部获得认购，8 家发行主体分别是浦发银行上海自贸区分行、上海华瑞银行、中行上海市分行、光大银行上海市分行、农行上海市分行、建行上海市分行、工行上海市分行和招行上海市分行。

贸试验区进行跨境投融资。海通证券在上海自贸试验区内从境外以较低的成本借入了资金，并进一步借助 FTE 账户购买境内企业在香港市场上发行的债券，拓宽了中资企业境外融资渠道。截至 2016 年 7 月底，区内跨境人民币经常项下结算额 1904.82 亿元，直接投资项下结算额 1918.71 亿元，跨境人民币结算总额 6135.54 亿元，占全市的 48%。

在金融制度和产品创新方面，2014 年正式开通的"沪港通"，在 2017 年底的总成交金额超过 6 万亿元；2014 年 9 月，黄金国际板在上海黄金交易所上线，2015 年"黄金沪港通"正式建立；2016 年 4 月上海黄金交易所推出以人民币作为基准定价货币的"上海金"，提升了人民币作为黄金计价结算货币的地位；2016 年 7 月金砖国家新开发银行成功发行 30 亿元绿色金融债券，推动了海外金融机构开展人民币融资，促进了中国债券市场的开放。同时，上海清算所为了配合债券市场的开放推出了债券柜台业务平台；上海保险资产登记交易平台投产试运行，首批 2 只保险资产管理产品已顺利发行；上海票据交易所、中国信托登记公司也分别于 2016 年 12 月在上海自贸试验区挂牌成立，并开展业务。

截至 2016 年 7 月，共有 790 家持牌金融机构和约 7700 家各类金融服务企业入驻上海自贸试验区；区内银行业金融机构共 464 家，比上海自贸试验区扩区当月增加 34 家，其中分行及以上机构达 164 家；区内银行机构中法人和分行级机构占比分别为 69%、63%，区内机构存款、贷款在全辖占比分别为 77%、76%。2016 年上半年，区内 4 家具有离岸业务经营资格的中资商业银行的离岸业务账户数、总资产、本年累计国际结算量分别为 5606 个、28.54 亿美元和 120.32 亿美元，离岸金融业务初具规模。

三、设立自由贸易账户，开展分账核算业务

目前，上海自贸试验区内居民可设立分账核算单元，采用"FT"标识进行单独核算。区内所有的非居民企业机构都可以开立人民币自由贸易账户，用于开展经常项目和直接投资项下的自由兑换业务。同时，依据统一规则，已建立自由贸易账户的中外资企业或金融机构可自主选择从境外借用人民币资金或是外币资金。按照自由贸易账户的分账核算细则（具体如表 11.1 所示），上海地区的各类金融机构均能够在自贸试验区设立分账核算单元。申能财务公司和电气财务公司率先在上海自贸试验区形成了财务公司分账核算单元的建设模式。分账核算业务模式有利于金融机构开展国

际金融业务，进一步优化了上海自贸试验区发展离岸金融中心的功能。

表 11.1　　　　上海自贸试验区自由贸易账户体系

账户名称	适用对象	账户前缀标识	开户银行
区内机构自由贸易账户	区内依法成立的企业	FTE	上海地区金融机构
	境外机构驻试验区内机构		
	区内注册个体商户		
境外机构自由贸易账户	境外机构	FTN	区内金融机构
同业机构自由贸易账户	境外金融机构分账核算单元	FTU	上海地区金融机构
	境外金融机构		
区内个人自由贸易账户	区内个人	FTI	上海地区金融机构
区内境外个人自由贸易账户	区内境外个人	FTF	区内金融机构

资料来源：作者自行整理。

2014 年 5 月，上海自贸试验区自由贸易账户在助力境内企业"走出去"的同时，为境外机构在区内开展经常项目、投融资汇兑提供了便利，为上海自贸试验区吸引全球离岸资金创造了有利条件。截至 2017 年底，上海自贸试验区已经累计开立自由贸易账户 70181 个，业务涉及 110 个国家和地区、2.7 万家境内外企业，共有 56 家金融机构通过分账核算系统验收，账户内资金余额达到 2176 亿元；累计办理的跨境人民币经常项下结算额、直接投资项下结算额分别为 3699 亿元、3647 亿元；区内跨境人民币结算额达到 13877 亿元，占全市的 47.5%；累计有 769 家企业发生跨境双向人民币资金池业务，资金池收支总额 9761.5 亿元；95 家企业取得外汇资金集中运营试点资格，52 家已经开展试点。

第二节　深圳前海蛇口片区培育离岸金融市场的基础和优势

深圳前海蛇口片区与珠海横琴新区、广州南沙新区共同组成了广东自由贸易试验区。国家对该片区的定位为重点发展金融、现代物流、信息服务等现代服务业，建设我国金融业对外开放试验示范窗口、世界服务贸易重要基地和国际性枢纽港。多年来，前海地区一直在离岸金融、跨境贷、深港合作等方面进行试点和探索，积累了丰富经验。

一、区位条件好，政策基础优

从地理位置看，深圳前海蛇口片区位于深圳西部、珠江口东岸，紧邻香港、澳门，是整个珠三角地区的核心，而且同时享有深圳和香港两地的交通、港口以及产业优势，具有深港融合圈、空港辐射圈、海港服务圈"三圈叠加"效应，也是我国现代服务业最发达的地区。2015年深圳机场货运吞吐量为116万吨，位列全国第四，已经开通200条国内航线和16条国际航线；香港机场货运吞吐量突破50万吨，是全球最大的货运机场。2017年深圳港集装箱吞吐量达2520.87万标箱，创历史新高。

深圳前海蛇口片区分为前海区块和蛇口区块。前海深港合作区是国家唯一的深港现代服务业合作平台，是"一带一路"的重要战略支点，也是广东自贸试验区的重要板块，集港深合作、"一带一路"、自贸试验区三大国家战略于一身，具有独特的政策优势和改革开放战略优势。截至2017年底，共有来自"一带一路"沿线国家中的29个国家在前海蛇口自贸片区投资设立271家企业，注册资本151.83亿元；前海企业累计在"一带一路"沿线15个国家设立企业（机构）39家，中方协议投资额12.21亿美元。蛇口是中国改革开放的发源地、体制机制创新的试验场、产业转型升级的先行区。前海与蛇口携手共建、融合发展，是国内开放度最高、比较优势最突出的区域之一。前海区块重点发展金融、现代物流、信息服务、科技服务及专业服务业。蛇口区块重点发展港口服务、航运服务和其他战略性新兴服务业。2017年，前海蛇口片区注册企业实际利用外资44.48亿美元，约占深圳全市的60.09%。

经过多年的改革开放，深圳打下了良好的经济基础、市场基础、政府基础，已基本形成全方位、多层次、宽领域的开放格局。特别是从2010年8月国务院正式批准前海进行开发开放以来，前海已经成为深圳发展的新亮点。2012年7月国务院进一步提出要加快前海金融改革创新，建立我国金融业对外开放的试验田。在国务院批复的22条先行先试政策中，有8条指向金融创新领域，包括支持前海构建跨境人民币业务创新试验区、支持前海企业赴港发行人民币债券等内容（见表11.2），是前海所有先行先试任务的重点。2015年3月，国家外汇管理局批复深圳前海深港现代服务业合作区为国家首批外债宏观审慎管理试点（见表11.3），前海开始试行外债比例自律政策，该项试点是资本项下的重大创新。作为对外开放试验的示范窗口，前海经验对广东自贸试验区进一步推行离岸金融市场的建设发展有着积极的作用。

表 11.2　　深圳前海深港现代服务业合作区金融改革创新领域先行先试

	深圳前海深港现代服务业合作区
金融领域创新	（1）允许前海探索拓宽境外人民币资金回流渠道，配合支持香港人民币离岸业务发展，构建跨境人民币业务创新试验区；
	（2）支持设立在前海的银行机构发放境外项目人民币贷款，在 CEPA 框架下积极研究香港银行机构对设立在前海的企业或项目发放人民币贷款；
	（3）支持前海符合条件的企业和金融机构在国务院批准的额度范围内在香港发行人民币债券，用于支持前海开发建设；
	（4）支持设立前海股权投资母基金；
	（5）支持包括香港在内的外资股权投资基金在前海创新发展，积极探索外资股权投资企业在资本金结汇、投资、基金管理等方面的新模式；
	（6）扩大前海金融市场对香港开放，支持在 CEPA 框架下适当降低香港金融企业在前海设立机构和开展金融业务的准入条件；
	（7）支持前海试点设立各类有利于增强市场功能的创新型金融机构，支持前海开展以服务实体经济为重点的金融体制机制改革和业务模式创新；
	（8）支持香港金融机构和其他境内外金融机构在前海设立国际性或全国性管理总部、业务运营总部。

资料来源：作者自行整理。

表 11.3　　　　　　　深圳前海地区金融创新及相关政策汇总

序号	发文单位	文件	颁布时间
1	国务院	《关于前海深港现代服务业合作区总体发展规划的批复》（国函〔2010〕86 号）	2010 年 8 月 26 日
2	国家发改委	《深圳前海深港现代服务业合作区产业准入目录》（发改产业〔2013〕468 号）	2012 年 3 月 6 日
3	国务院	《关于支持深圳前海深港现代服务业合作区开发开放有关政策的批复》（国函〔2012〕58 号）	2012 年 6 月 27 日
4	深圳市人民政府	《深圳前海深港现代服务业合作区境外高端人才和紧缺人才个人所得税财政补贴暂行办法》（深府〔2012〕143 号）	2012 年 12 月 24 日
5	中国人民银行深圳市中心支行	《前海跨境人民币贷款管理暂行办法》（深人银发〔2012〕173 号）	2012 年 12 月 27 日
6	中国人民银行深圳市中心支行	《前海跨境人民币贷款管理暂行办法实施细则》	2013 年 1 月 14 日

序号	发文单位	文件	颁布时间
7	深圳市人民政府	《关于充分发挥市场决定性作用、全面深化金融改革创新的若干意见》（深府〔2014〕1号）	2014年1月6日
8	财政部、国家税务总局	《关于广东横琴新区、福建平潭综合实验区、深圳前海深港现代服务业合作区企业所得税优惠政策及优惠目录的通知》（财税〔2014〕26号）	2014年3月27日
9	国家外管局	《关于在部分地区进行外债宏观审慎管理试点的批复》（汇复〔2015〕57号）	2015年2月13日
10	国家外管局深圳市分局	《深圳前海深港现代服务业合作区外债宏观审慎管理试点实施细则》（深外管〔2015〕4号）	2015年3月6日
11	深圳市人民政府金融发展服务办公室	《关于本市开展外商投资股权投资企业试点工作的暂行办法》及《深圳市外商投资股权投资企业试点工作操作规程》	2015年4月13日
12	国务院	《关于印发中国（广东）自由贸易试验区总体方案的通知》（国发〔2015〕18号）	2015年4月8日
13	中国人民银行	《关于金融支持中国（广东）自由贸易试验区建设的指导意见》（银发〔2015〕374号）	2015年12月9日
14	国家外汇管理局	《关于在前海深港现代服务业合作区开展资本项目收入支付审核便利化试点的批复》（汇复〔2018〕3号）	2018年2月27日
15	国家外管局深圳市分局	《前海深港现代服务业合作区开展资本项目收入支付审核便利化试点实施细则》（深汇管〔2018〕20号）	2018年3月6日
16	国务院	《进一步深化中国（广东）自由贸易试验区改革开放方案》（国发〔2018〕13号）	2018年5月4日

资料来源：作者自行整理。

二、制度创新成果显著，金融聚集效应凸显

制度创新是前海蛇口片区的核心任务，也是自贸试验区肩负的最重要的使命。挂牌3年来，前海蛇口片区对照国际最高标准、最好水平，累计推出制度创新成果358项、全国首创或领先133项，面向全国复制推广9项，占全国总量的17.3%；在广东全省复制推广62项，占全省总量的

60.8%；在深圳全市复制推广 79 项，现已成为我国重要的制度创新策源地。2018 年 2 月 27 日，国家外汇管理局批复同意在深圳前海开展资本项目收入的支付审核便利化试点，前海再次率先为国家实施更高程度的资本项目可兑换探路。

利用毗邻香港的有利条件，深圳前海的金融创新突出地表现在跨境人民币业务方面，跨境双向人民币贷款业务树立全国标杆，跨境双向发行人民币债券成为业界典范。早在 2012 年 12 月前海地区就已经开始试点跨境人民币贷款业务，前海地区具备资质的企业可以从香港获得人民币融资后再转回前海用于自身的经营发展。前海跨境贷呈现总量大、复制广、双向打通的特点，其相对于上海自贸试验区拥有领先三年的政策获批优势。上海自贸试验区、苏州工业园、天津自贸试验区等地都先后以前海的这种"跨境贷"创新模式为模板。同时，跨境银团贷、人民币境外筹资转贷款、跨境股权贷等产品的层出不穷，促成了前海地区颇为突出的跨境信贷产品体系。

境内股权投资方面，前海率先开展外商投资企业股权投资试点（QFLP）[①]，截至 2016 年底，前海 QFLP 试点企业达 106 家，基金 20 家，累计注册资本超过 267 亿元。境外股权投资方面，国家外汇管理局 2014 年批复同意深圳合格境内投资者境外投资试点（QDIE）[②]，截至 2016 年底，41 家前海企业获得试点资格，累计备案 35 家境外投资主体，获批额度 15 亿美元，实际使用超九成。QDIE 试点意味着深圳的双向跨境投资渠道进一步打通。2016 年 12 月"深港通"的开通，为前海发展港股的股票基金提供了新机遇。

此外，深圳银监局允许获得离岸银行业务资格的中资商业银行授权前海蛇口片区分行经营离岸业务，在此背景下，能够办理该项业务的银行机构积极进驻前海蛇口片区，抢占先机。2016 年 3 月，交通银行前海分行与深圳前海启航供应链管理有限公司合作，完成了深圳首家中资企业离岸账户（OSA 账户）的开立，并成功办理首笔 200 万美元出口收入境外留存业务。截至 2016 年 10 月，片区注册金融企业 48504 家，其中持牌机构 185

---

① Qualified Foreign Limited Partner，合格境外有限合伙人，允许境外机构投资者经资格审核后，将境外资金投资到境内 PE 市场。

② Qualified Domestic Investment Enterprise，合格境内投资企业，即在国内人民币资本项目下尚未实现自由兑换情况下，符合条件的投资管理机构经中国境内有关部门批准，面向中国境内投资者募集资金对中国境外的投资标的进行投资的一项制度安排。

家、银行机构 67 家，要素交易平台 19 家，机构数量、种类和规模均居广东自贸试验区各片区之首，金融业聚集效应凸显。

第三节　天津自贸试验区培育离岸金融市场的基础和优势

天津自贸试验区由天津港片区（含东疆保税港区）、机场片区、滨海新区中心商务片区组成，其发展定位是面向东北亚，促进京津冀制造业升级。其中，天津港片区集中于发展现代服务业，具体包括航运物流、融资租赁等；滨海新区中心商务片区重点发展以金融创新为主的现代服务业。这两个片区作为滨海新区的部分区块，早在 2006 年就已成为离岸金融业务的试点。

一、区位条件好，政策基础优

作为目前我国北方唯一的自贸试验区，天津自贸试验区承担着服务京津冀协同发展的重要职责，同时也是"一带一路"倡议中连接我国与东北亚地区的主要海上支点，是我国北方地区对外开放的前沿阵地。作为国内亚欧大陆桥最佳的东部起点，天津自贸试验区拥有我国北方最大港口且远洋货物运输占垄断地位，与世界上 180 多个国家（地区）的 500 多个港口有贸易往来，2015 年集装箱吞吐量超过 1411 万标准箱，在北方所有港口中排名第一。

2006 年 5 月，国务院颁布文件（见表 11.4），鼓励天津滨海新区进行金融改革创新。同年 9 月，国家外汇管理局正式批准在滨海地区进行外汇管理改革等多项试点，并允许在滨海新区发展离岸金融业务。2011 年，经国务院批准，东疆保税港区进行航运金融试点，离岸金融业务的范围扩大到东疆保税港区，具备开展离岸金融业务资格的银行可以在保税港区内设立分支机构，为区内企业提供离岸金融业务，进一步推动了天津离岸金融的发展。经过多年的努力探索，天津离岸金融无论从业务需求还是服务供给上都实现了一定的增长。天津自贸试验区的建立，更为天津离岸金融业务的进一步发展带来了契机。

表 11.4　　　　天津滨海新区与自贸试验区金融创新相关政策汇总

序号	发文单位	文件	颁布时间
1	国务院	《关于推进天津滨海新区开发开放有关问题的意见》（国函〔2006〕20号）	2006年5月26日
2	国家外汇管理局	《关于天津滨海新区外汇管理政策的批复》（汇复〔2006〕242号）	2006年9月3日
3	国务院	《天津滨海新区综合配套改革试验总体方案》（国函〔2008〕26号）	2008年3月13日
4	国家发改委	《天津滨海新区综合配套改革试验金融创新专项方案》	2009年10月26日
5	国务院	《天津北方国际航运中心核心功能区建设方案》（国函〔2011〕51号）	2011年5月10日
7	国务院	《关于印发中国（天津）自由贸易试验区总体方案的通知》（国发〔2015〕19号）	2015年4月8日
8	中国人民银行	《关于金融支持中国（天津）自由贸易试验区建设的指导意见》（银发〔2015〕372号）（简称天津"金改30条"）	2015年12月9日
9	中国人民银行	《关于全口径跨境融资宏观审慎管理有关事宜的通知》（银发〔2017〕9号）	2017年1月11日
10	国务院	《进一步深化中国（天津）自由贸易试验区改革开放方案的通知》（国发〔2018〕14号）	2018年5月4日

资料来源：作者自行整理。

二、金融创新稳步推进

自挂牌以来，天津自贸试验区累计发布51个金融创新案例，人民银行支持天津自贸试验区的"金改30条"① 具有核心内容的21条54项政策措施中，已推动落实超过70%，在融资租赁、利率市场化、跨境双向人民币资金池、企业跨境融资、金融服务投融资便利化、外债宏观审慎管理、外汇资金集中运营管理、外汇衍生品应用等方面取得重要突破，其中23项措

----

① 2015年12月9日，中国人民银行颁布了《关于金融支持中国（天津）自由贸易试验区建设的指导意见》（银发〔2015〕372号），该文件包含30条金融改革内容，简称天津"金改30条"。

施成效显著。

在融资租赁业务方面，天津"金改30条"提出的允许区内符合条件的融资租赁收取外币租金深受企业欢迎，融资租赁收取外币租金帮助企业节约汇兑成本最高达6%，全口径跨境融资扩大了企业融资渠道。2015年底，经国家外汇管理局天津分局批准，招银租赁在东疆保税港区设立的4家项目公司（SPV）成功办理了全国首单使用外币支付租赁设备价款开展境内售后回租业务，金额共计2亿美元，为企业节约了大量财务成本，有利于调节交易双方负债结构，控制企业资产负债期限和币种错配风险。东疆保税港区已相继开发出保税租赁、出口租赁、进口租赁、离岸租赁、联合租赁等近40种租赁交易结构。2017年天津自贸试验区先后完成了多项租赁业创新突破，如超深水双钻塔半潜式钻井平台"蓝鲸一号"进口租赁业务取得历史性突破；积极探索开展无形资产租赁业务试点，促成了首单科技类无形资产租赁业务、文化类无形资产租赁业务落地。天津自贸试验区已成为国内最大的融资租赁聚集区，区内各类租赁企业达3256家，其中总部类超过1300家，租赁飞机、船舶、海工数量分别占全国的90%、80%和100%，融资租赁企业数量、业务规模全国最多，在政策创新、业务模式创新、经营范围创新等方面都引领全国，融资租赁集聚效应逐渐形成。

在金融服务投融资便利化和跨境金融服务方面，2017年11月，天津自贸试验区金融工作协调推进小组发布了天津自贸试验区第六批金融创新案例。其中，中信银行天津分行发布的境外金融机构境内发行人民币债券案例，是天津辖区内境外金融机构在境内发行的首只人民币债券，天津自贸试验区已成为落实"一带一路"倡议、推进人民币国际化的重要平台。平安银行天津自贸区分行发布的离岸跨境融资外债案例，从离岸业务、跨境结算、租赁保理、投行业务等方面，积极发挥综合金融服务平台优势，打出了一套支持自贸试验区企业发展的组合拳，拓展了金融服务实体经济的深度和广度。

在外汇资金集中运营管理方面，天津自贸试验区内企业集团集中管理境内外成员企业的人民币资金，办理资金集中收付汇、轧差净额结算，为企业打通了集团境内外成员企业之间的资金调剂和归集渠道，有助于企业强化资金管理，提升统筹配置境内外资金的能力。区内首家金融租赁公司——民生金融租赁股份有限公司于2016年11月顺利完成跨国公司外汇资金集中运营管理业务备案。中国银行天津市分行协助中飞租融资租赁有限公司，搭建了天津首个租赁公司项下外币现金管理平台，集中管理 46 家成员公司外汇资金集中运营管理业务。

在外汇衍生品应用方面，招商银行天津分行为具有境内账户（NRA 账户）的境外机构办理了外汇衍生品业务，交易金额达 8.2 亿美元，为境外企业规避汇率风险提供了支持，满足了市场主体开展套期保值的业务需求。对外汇衍生品的操作运用，还将进一步增加境内"走出去"企业的境外融资意愿，为其在境外融资境内购汇还本付息提供便利，锁定融资成本。

目前国务院批复的天津方案 90 项改革任务、175 项自主制度创新举措基本完成。截至 2016 年底，区内主体累计新开立本外币账户 3.1 万个，办理跨境收支 798.9 亿美元，分别占全市和滨海新区跨境收支的 24.6% 和 83.9%；结售汇 313.8 亿美元；跨境人民币结算 1884.8 亿元，分别占全市和滨海新区跨境收支的 37.3% 和 48.5%。区内投融资和贸易便利化水平不断提高，企业资金使用效率显著提升，金融机构服务的高效化不断显现。

第四节　三地自贸试验区培育离岸金融市场优势的比较分析

通过前文的分析，本书认为三地自贸试验区在离岸金融市场的培育建设方面具有各自的基础和优势。基于此，本书进一步对三地的地缘条件、账户条件、政策条件做对比分析。

一、地缘条件对比

从地缘视角看，我国在自由贸易试验区战略实施以前，已经在深圳、上海、天津等地区进行了离岸金融业务的先行先试并取得了一定的成效，深圳前海、上海、天津滨海新区都拥有广阔的经济腹地和便捷的海陆空交通，都具有开展离岸金融业务的试点经验和基础条件。三地自贸试验区域均是在原先海关特殊监管区、综合试验区、经济技术开发区等基础上发展而来的，总体经济基础条件优越。但是，各地区在地理位置条件、经济金融发展实力以及具体的政策方面都存在明显的差别，导致深圳前海蛇口片区、上海自贸试验区、天津自贸试验区发展离岸金融市场的地缘基础及发展定位也各不相同（见表 11.5）。

表 11.5 上海自贸试验区、深圳前海蛇口片区、天津自贸试验区的地缘优势和核心优势

	上海自贸试验区	深圳前海蛇口片区	天津自贸试验区
金融定位	面向全球，全方位改革开放试验田，推动上海成为国际金融中心	面向港澳，建设我国金融业对外开放试验示范窗口	面向东北亚，发展以金融创新为主的现代服务业
经济腹地（2016）	长三角经济群地区生产总值 147194.41 亿元，占全国 GDP 的 19.78%	珠三角经济群地区生产总值 73118.77 亿元，占全国 GDP 的 9.83%	京津冀经济圈地区生产总值 68857.15 亿元，占全国 GDP 的 9.25%
发展重点	贸易、航运、金融、人民币汇兑	金融、现代物流、信息服务产业、科技文化创意产业	金融创新、先进制造业、战略性新兴产业、海洋化工业
核心优势	国际金融中心基础，首例自贸试验区的先发优势	毗邻珠港澳，深港跨境金融合作	北方国际航运中心，融资租赁全国居首

资料来源：作者自行整理。

深圳前海是我国华南地区重要的开放窗口，更是连接我国内地和香港的关键支点。在具体的发展模式和策略上，前海开展离岸金融试点业务始终坚持"先易后难、先近后远"，优先将境内企业的海外机构和区内外资企业的海外总公司发展为离岸金融业务客户，再逐渐将客户的范围扩至港澳地区甚至海外。对于广东自贸试验区来说，深圳前海蛇口片区的发展定位是建设金融业对外开放试验示范窗口，而前海蛇口片区发展离岸金融的核心优势是与香港合作，打造深港跨境金融自由区，共建区域人民币离岸中心。广东自贸试验区挂牌以来，在港资金融机构准入放宽方面取得了重大突破，前海蛇口片区集聚了一批有利于增加市场功能的金融企业、创新型金融业态、创业投资和私募股权投资基金等实体，构建了期货交易所、国际黄金交易所、金融衍生品场外交易中心等若干要素市场平台，初步形成了金融集聚效应。另外，广东自贸试验区在金融环境建设中突出粤港澳合作发展的特色，积极推动粤港澳跨境人民币业务开展，推进粤港澳金融市场合作与对接，推动粤港澳金融基础设施互联互通，推动粤港澳金融机构跨境互动等。

一直以来，上海都是我国对外开放的最前沿。优越的自然条件和经济环境，吸引了国内外大量的金融机构在上海集聚，强化了上海丰富的金融机构体系，其金融业发展的深度和广度都处于世界前列，具有发展国际离岸金融中心的市场平台。2013 年上海自由贸易试验区战略的实施，对于上海既有的离岸业务起到了很好的补充作用。上海自贸试验区是我国自贸试验区中发展最为成熟的金融中心，几乎囊括了我国所有的金融市场要素，金融机构门类齐全，金融市场体系完善，已基本形成包括股票、债券、货币、外汇、期货、黄金、产权交易市场等在内的全国性金融市场体系。金融机构的国际接轨能力较强，上海证券交易所主要指数及上海大宗商品期货价格具有显著的国际影响力。2009 年，国务院常务会议正式通过了推动上海建设国际金融中心的意见，这是中央首次以国务院文件的形式将上海国际金融中心建设明确上升到国家战略高度。2016 年发布的《上海市国民经济和社会发展第十三个五年规划纲要》提出，到 2020 年基本建成与中国经济实力以及人民币国际地位相适应的国际金融中心。在此背景下，上海自贸试验区发展离岸金融市场，将进一步推动国际金融中心建设。

天津是我国北方对外开放的前沿阵地。依托国务院批复的北方国际航运中心核心功能区的优惠政策，从 2010 年开始，许多租赁机构在东疆保税港区探索开展离岸租赁船舶业务。发展至今，天津自贸试验区的融资租赁业务数量远超其他地区，特别是跨境租赁、大型设备融资租赁在全国占据绝对优势。天津自贸试验区在制度创新体系、金融机构体系建设、金融业务创新和金融生态环境建设等四个方面取得突破，逐渐形成了包括融资租赁、国际保理、航运金融等多种新型金融业态在内的多元化、多层次、开放型资本体系，金融运行环境不断优化。作为服务京津冀协同发展的关键区域，天津自贸试验区发展离岸金融市场，应充分利用融资租赁与航运金融的特色和优势，重点发展跨境租赁、离岸航运金融等业务。

综上所述，无论是区位优势，还是发展定位，上海自贸试验区发展国际离岸金融市场的地缘条件都最为明显。

二、账户条件对比

上海自贸试验区成立后，上海银行业建立了自由贸易专用财务核算体系，区内非居民机构和个人都可以通过开立自由贸易账户进行分账核算，严格隔离境内外业务，并在账户设置、业务范围、资金划拨和风险监测机制等方面逐步实践探索，为跨境投融资、资本项目开放提供了有力支撑。广东自贸试验区和天津自贸试验区的建设方案都明确表示将通过自由贸易账户开展业务创新。但截至目前，自由贸易账户在这两个区域均未启用。广东自贸试验区计划同时推进多币种的 NRA 账户和自由贸易账户，打通双向融资渠道。目前，深圳前海蛇口片区完成了深圳首家中资企业离岸账户（Offshore Account，OSA①）的开立，并成功办理了首笔出口收入境外留存业务。天津自贸试验区为区内具有境内离岸账户 NRA（Non‑Resident Account）② 的境外机构办理了人民币与外汇衍生产品交易，满足市场主体规避汇率风险和套期保值的需求。上海、广东、天津自贸试验区关于 FT 账户分账核算的实施进展见表 11.6。

表 11.6 上海、广东、天津自贸试验区关于 FT 账户分账核算的实施进展

		上海自贸试验区	广东自贸试验区	天津自贸试验区
分账核算	方案要求	试验区分账核算的金融机构可按相关要求向区内及境外主体提供本外币一体化的自由贸易账户金融服务；为科创企业引进海外人才提供自由贸易账户服务	探索通过设立自由贸易账户和其他风险可控的方式，开展跨境投融资创新业务	支持通过自由贸易账户或其他风险可控方式，促进跨境投融资便利化和资本项目可兑换的先行先试
	实施情况	截至 2016 年 7 月，接入央行监测管理系统的金融机构 45 家，区内 8 万多家机构共开立自由贸易账户 5.6 万个	FT 账户监管细则，拟借鉴上海经验复制推广截至当前尚未启动	FT 账户监管细则，拟借鉴上海经验复制推广截至当前尚未启动

资料来源：作者自行整理。

本书认为，上海自贸试验区的自由贸易账户（简称 FT 账户）属于类离岸账户，具有境外账户性质，属于广义的离岸账户。狭义的离岸账户仅指 OSA，而广义的离岸账户除包含 OSA 以外，既包括自由贸易账户 FT，也包括非居民境内外币账户 NRA。FT 账户、境外机构境内账户 NRA 和离岸账户 OSA 的开户主体均可为非居民，三类账户都在理论上承载着所谓"离岸金融业务"的部分功能，但三者又是不同历史经济条件下的产物。因此，三类账户既具有共同点，又在账户规则、法律依据等方面存在差别。

---

① OSA 是指在招商银行、交通银行、浦发银行、平安银行这四家取得了离岸银行业务经营资格的境内银行的离岸业务中心开设的境外公司外币账户。目前，OSA 的服务对象也已逐步扩展到经批准可开立离岸账户的国内企业。
② NRA 即非居民境内外币账户，是境外公司在境内其他银行开立的外汇账户。

（一）FT 账户、NRA 和 OSA 的相同点

在开户主体方面，三者均为境外机构在中国境内可以开立的账户。FT 账户开户主体不仅限于境外机构。境外机构是指在境外（含我国香港、澳门、台湾地区）合法注册成立的机构。在账户管理方面，三者的主体为非居民，因此账户内资金均属于外债范畴（包括本币外债和外币外债），账户内资金按照活期利率计算。三类账户内资金与境外资金往来自由，NRA、OSA 与境内账户之间发生的收支，以及 FT 账户发生的国际收支，均按跨境交易管理。三类账户均能办理外汇存款、外汇互换、国际结算等业务，未经所在地外汇管理局或人民银行批准，均不能存取外币或者本币现钞，不能直接或变相结汇。

（二）FT 账户、NRA 和 OSA 的异同点

首先，FT 账户的最大特点在于本外币合一，账户内资金可以自由兑换，但账户服务提供者局限于建成 FTU 的上海市级金融机构，账户承载较多金融改革特别是资本项目可兑换功能。其次，除了少数特别规定外，FT 账户服从国内关于银行账户管理的所有规章，如遵守利率管理、存款准备金管理的有关规定，符合宏观审慎管理的各项要求，自由贸易账户发生的国际收支应进行国际收支统计申报，相关信息要报送外汇管理信息系统等，而 OSA 账户间、NRA 账户间、OSA 账户与 NRA 账户之间的收付款业务无须办理国际收支统计申报。再次，OSA 离岸账户与在岸账户之间完全隔绝，两者之间的资金流通视同跨境；而 FT 账户与境内区外账户能够实现有限渗透，在规定条件下可以实现一定程度的互联互通。最后，本外币 NRA 在境内各中外资商业银行都可以开设，相对便利，对开户主体及开户银行而言，都是应用最为广泛的非居民账户，近年来替代 OSA 的发展势头较明显。OSA 为最早允许开立的离岸金融账户，功能与外币 NRA 基本类似，但开户银行仅限于获得银保监会离岸银行经营业务资格的境内四家中资银行（招商银行、交通银行、浦发银行、平安银行），开户行受限。三类账户的不同之处见表 11.7。

表 11.7   **FT 账户、NRA、OSA 的比较**

	FT 账户	NRA	OSA
开户金融机构	已建成 FTU 的上海市级金融机构，包括银行和非银行金融机构	境内中外资银行	取得离岸银行经营资格的境内银行，目前只有四家：招商银行、交通银行、浦发银行、平安银行
开户主体	区内企业、个人、境外机构、境外区内个人、开设 FTU 同业账户的境内外金融机构	只允许境外机构开设	境外机构、境外个人
币种	本外币合一账户，评估期结束后，账户内本外币可自由兑换	分为人民币 NRA 和外币 NRA	外币账户
账户基本管理原则	纳入 FTU 管理，与非 FTU 业务实行分账管理、分账核算	本外币 NRA 与境内机构的银行结算账户有效区分、单独管理	离岸业务与在岸业务分账管理
资金收支	（1）一线放开：FT 账户与境外账户、NRA、OSA 及 FT 账户之间资金自由划拨 （2）二线有限渗透：FT 账户与境内非同名账户交易视同跨境；非金融机构的 FT 账户与同名的一般人民币结算账户之间可以经常项目交易、归还人民币贷款、实业投资及按央行规定等四种渠道进行资金划拨	外币 NRA 与境内账户、OSA、其他外币 NRA 相通，与境内账户交易视同跨境；人民币 NRA 与境外账户、其他人民币 NRA 相通，与境内账户交易视同跨境	与境外账户、其他 OSA、外币 NRA 相通，与境内账户交易视同跨境
是否纳入账户信息系统	是	是	否

续表

	FT 账户	NRA	OSA
账户账号标识	FT* 系列标识	NRA	OSA
外债管理原则	不纳入银行短期外债指标，但纳入外债统计监测管理	纳入境内银行的短期外债指标	不纳入银行短期外债指标，但纳入外债统计监测管理
是否缴存存款准备金	需要	需要	不需要
法规依据	《中国（上海）自由贸易试验区分账核算业务实施细则（试行）》和《中国（上海）自由贸易试验区分账核算业务风险审慎管理细则（试行）》（银总部发〔2014〕46 号）	《国家外汇管理局关于境外机构境内外汇账户管理有关问题的通知》（汇综发〔2009〕29 号）	《离岸银行业务管理办法》（银发〔1997〕438 号）以及《离岸银行业务管理办法实施细则》（〔98〕汇管发字第 09 号）

资料来源：周振海，刘通午（2016）。

综上所述，FT 账户有助于区内机构和个人在海外资本市场进行投融资，在区内注册的非居民可按照准入前国民待遇，享受各种金融服务。FT 账户体系是在自贸试验区金融创新、建立各要素和金融产品国际交易平台的背景下，为有效隔离这些交易对境内市场的风险传递设立的最佳体系，FT 账户的监测和防御机制能够在离岸市场与国内在岸市场之间起到一定程度的防火墙作用，避免离岸市场对国内在岸市场的金融秩序稳定形成严重冲击。因此，自由贸易账户的设置不仅促进了自贸试验区内各项金融改革的先行先试，还有利于减缓改革所带来的风险冲击，能够有效监督银行的资金流，为自贸试验区设置了一个压力测试的试验田，有利于上海自贸试验区形成可复制、可推广的金融改革经验。因此，在账户设置条件方面，本书认为，上海自贸试验区具有明显优势。

三、政策条件对比

早在自由贸易试验区战略实施以前，国家就赋予上海地区、深圳前海地区、天津滨海新区许多金融创新改革的先行先试政策，且实施效果良好。自贸试验区战略实施以后，"一行三会"（现为"一行两会"）赋予三地自贸试验区更加优惠的金融创新政策和税收优惠政策，本书对三地自贸试验区的相关政策进行了梳理，见表11.8。

表11.8 上海自贸试验区、广东自由贸易试验区（深圳前海蛇口片区）、天津自贸试验区的相关政策汇总

政策类型		上海自由贸易试验区	广东自由贸易试验区（深圳前海蛇口片区）	天津自由贸易试验区
金融创新政策	企业跨境融资	1. 区内机构可按规定从境外融入本外币资金 2. 支持区内企业的境外母公司或子公司在境内发行人民币债券，募集资金根据需要在境内外使用	1. 推动自贸试验区与港澳地区开展双向人民币融资 2. 允许自贸试验区注册的机构在宏观审慎框架下从境外融入本外币资金和境外发行本外币债券 3. 支持区内港澳资企业的境外母公司按规定在境内资本市场发行人民币债券 4. 放宽区内企业境外发行本外币债券的审批和规模限制，所筹资金根据需要可调回区内使用	1. 支持区内企业按宏观审慎原则从境外借用人民币资金，用于符合国家宏观调控方向领域，不得用于投资有价证券、理财产品、衍生产品，不得用于委托贷款 2. 自贸试验区内企业的境外母公司可按规定在境内发行人民币债券 3. 支持租赁业境外融资，放宽区内企业境外发行本外币债券的许可和规模限制

续表

政策类型		上海自由贸易试验区	广东自由贸易试验区 （深圳前海蛇口片区）	天津自由贸易试验区
金融创新政策	金融机构海外融资	币种和期限系数调整，不占用区外法人银行现有外债额度： 非银行金融机构： 1. 建立 FT 账户体系的区内法人金融机构为其资本的 3 倍 2. 建立上海市级 FT 账户体系的分支机构为其境内法人机构资本的 8% 3. 未建 FTU 但在其他金融机构开立 FTA 的区内法人按其资本的 2 倍设定 4. 区内的直属分公司按境内法人资本的 5%（没有任何自由贸易账户） 银行： 1. 新设法人银行（如华瑞银行）为一级资本的 5 倍 2. 上海市级试验区 FTU 为其境内法人机构一级资本的 5%	1. 研究适时允许自贸试验区企业在一定范围内进行跨境人民币融资，允许自贸试验区银行机构与港澳同业机构开展跨境人民币借款等业务 2. 允许自贸试验区金融机构和企业从港澳及国外借用人民币资金	支持区内企业和金融机构按规定在境外发行人民币债券，募集资金可调回区内使用
	外债比例自律管理	全面放开区内企业本外币境外融资，允许各类企业自主从境外融入资金，融资上限为净资产的 2 倍，企业外债资金实行意愿结汇	逐步统一境内机构外债政策。区内机构借用外债采取比例自律管理，允许区内机构在净资产的一定倍数（新政为 2 倍，视宏观经济和国际收支状况调节）内借用外债，企业外债资金实行意愿结汇	同广东自由贸易试验区

续表

政策类型		上海自由贸易试验区	广东自由贸易试验区 （深圳前海蛇口片区）	天津自由贸易试验区
金融创新政策	限额内自主跨境投融资	创新外汇管理体制，探索在区内开展限额内可兑换试点	区内实行限额内资本项目可兑换。在区内注册的、负面清单外的境内机构，按照每个机构每自然年度跨境收入和跨境支出均不超过规定限额（暂定等值1000万美元，视宏观经济和国际收支状况调节），自主开展跨境投融资活动；限额内实行自由结售汇	同广东自由贸易试验区
	区内企业/个人跨境投资	1. 研究启动合格境内个人投资者境外投资试点，允许符合条件的个人开展境外实业投资、不动产投资和金融类投资 2. 允许或扩大符合条件的机构和个人在境内外证券期货市场投资 3. 在区内就业并符合条件的个人可按规定开展包括证券投资在内的各类境外投资 4. 区内企业可按规定进入上海地区的证券和期货交易场所进行投资和交易	1. 区内企业可以开展多种形式的境外投资 2. 研究区内个人以人民币开展直接投资、证券投资、集合投资等境外投资 3. 支持港澳地区个人在区内购买人民币理财产品	1. 支持企业及个人开展多种形式的境外投资合作 2. 研究在区内就业并符合条件的境内个人按规定开展各类人民币境外投资。在区内就业并符合条件的境外个人可按规定开展各类境内投资
	金融要素市场	允许金融市场在区内建立面向国际的交易平台，逐步允许境外企业参与商品期货交易；探索在区内开展国际金融资产交易；支持银行开展面向境内客户的大宗商品衍生品的柜台交易；继黄金国际板后，计划建立原油期货市场，推动黄金国际板继续推出铂金、白银等产品，上海证交所打造自贸试验区金融资产交易平台等	按照国家规定设立面向港澳和国际的新型要素交易平台，引入港澳投资者参股自贸试验区要素交易平台；研究设立以碳排放为首个品种的创新型期货交易所；允许自贸试验区在符合国家规定的前提下开展贵金属（黄金除外）跨境现货交易；允许区内期货交易所设立大宗商品期货保税交割仓库	支持在海关特殊监管区域内设立中国天津租赁平台；支持设立中国金融租赁登记流转平台，推进租赁资产登记、公示、流转等试点；建设中国北方国际航运融资中心，鼓励境内外航运保险公司和保险经纪公司等航运服务中介机构设立营业机构并开展业务

续表

政策类型		上海自由贸易试验区	广东自由贸易试验区 （深圳前海蛇口片区）	天津自由贸易试验区
税收优惠政策	共性优惠政策	1. 对注册在试验区内的企业或个人股东，因非货币性资产对外投资等资产重组行为而产生的资产评估增值部分，可在不超过 5 年期限内，分期缴纳所得税 2. 对区内企业以股份或出资比例等股权形式给予企业高端人才和紧缺人才的奖励，实行股权激励个人所得税分期纳税政策，最长不得超过 5 年 3. 对设在试验区内的企业生产、加工并经"二线"销往内地的货物照章征收进口环节增值税、消费税。根据企业申请，试行对该内销货物按其对应进口料件或按实际报验状态征收关税的政策 4. 对试验区内注册的国内租赁公司或其设立的项目子公司，经国家有关部门批准从境外购买空载重量在 25 吨以上并租赁给国内航空公司使用的飞机，享受规定的增值税优惠政策 5. 在现行政策框架下，对试验区内生产企业和生产性服务业企业进口所需的机器、设备等货物予以免税，但生活性服务业等企业进口的货物以及法律、行政法规和相关规定明确不予免税的货物除外 6. 对融资租赁企业、金融租赁公司及其设立的项目子公司，以融资租赁方式租赁给境外承租人且租赁期限在 5 年（含）以上，并向海关报关后实际离境的货物，试行增值税、消费税出口退税政策 7. 对融资租赁出租方购买的、以融资租赁方式租赁给境内列名海上石油天然气开采企业且租赁期限在 5 年（含）以上的国内生产企业生产的海洋工程结构物，视同出口，试行增值税、消费税出口退税政策 8. 符合条件的地区可按政策规定申请实施境外旅客购物离境退税政策		
	个性优惠政策	对上海自贸试验区内符合条件的、以离岸业务为主的企业，减按 15% 的税率征收企业所得税（待批复）	1. 设在前海深港现代服务业合作区的鼓励类产业企业可享受减按 15% 的税率征收企业所得税，物流企业享受按差额征收营业税的政策 2. 对在前海工作、符合前海规划产业发展需要的境外高端紧缺人才，在前海缴纳的工资薪金所得个人所得税已纳税额超过应纳税所得额 15% 的部分，由政府补贴	

资料来源：作者根据相关材料整理。

第一，以企业跨境融资的金融创新政策为例。比较三地自贸试验区跨境融资方案可以发现，广东方案更强调利用港澳市场，推动区内机构从港澳借入人民币资金；上海方案的区域性特征不明显，针对所有离岸人民币市场；广东方案提出双向人民币融资概念，上海方案则侧重从境外借入本外币资金；广东方案提出区内港澳资企业的境外母公司，"按规定"在境内资本市场发行人民币债券，天津方案虽未突出强调区内港澳资企业的境外母公司，但也写明"按规定"在境内发行人民币债券，而上海方案没有上述强调和限定条件；此外，天津方案还特别强调了支持租赁业境外融资，放宽区内企业在境外发行本外币债券的许可和规模限制。

第二，以金融机构跨境融资的金融创新政策为例。广东方案考虑到与港澳同业的人民币业务合作，包括双向的跨境人民币借款及单向的借用人民币资金；上海方案则明确了银行借款必须进入分账核算单元的要求。实际上，上海自贸试验区的跨境融资业务创新主要是通过分账核算单元进行境外融资。较之于人民币账户境外融资业务，上海自贸试验区自由贸易账户分账核算境外融资的适用对象、融资规模、资金币种、借款期限等方面都更有优势。因此，区内机构会优先选择自由贸易账户开展跨境融资业务。

第三，以支持个人跨境投资的金融创新政策为例。虽然三地自贸试验区均有提及，但个人投资范围明确程度存在差异。天津方案的规定较为框架化，允许区内外个人按规定开展各类人民币境外、境内投资。广东方案明确了区内个人以人民币开展直接投资、证券投资、集合投资等境外投资，并对资产转移业务予以明确。除此之外，广东方案支持区内个人从港澳地区借入人民币资金，支持港澳地区个人在区内购买人民币理财产品。

第四，以跨境电子商务人民币结算政策为例。该项政策仅在上海方案和广东方案有所提及。上海方案提及推动区内金融机构与符合条件的互联网支付机构合作，办理跨境电子商务人民币结算业务，但广东方案政策放宽至全部经常项下及部分经批准的资本项下，上海方案只限于经常项目的货物贸易和服务贸易。天津方案则未涉及跨境电商的政策。

第五，以 QDLP、QFLP 双向跨境投融资政策为例。广东方案支持港澳地区机构投资者在自贸试验区内开展 QDLP、QFLP 业务，允许前者募集区内人民币资金投资香港资本市场，允许后者参与境内私募股权投资基金和创业投资基金的投资。天津分别在 2012 年和 2014 年获得国家外汇管理局 QFLP 和 QDLP 试点资格，适用范围为天津市，涵盖天津自贸试验区。上海虽然作为 QDLP、QFLP 的试点地区，但并未与自贸试验区挂钩。因此可以说，QDLP、QFLP 双向跨境投融资政策仅在广东自贸试验区适用。

第六，以税收优惠政策为例。由表 11.8 可知，三地自贸试验区的共性税收优惠政策较多，说明上海自贸试验区的税收政策实施效果良好，可复制、可推广。在各区域的个性税收政策方面，前海按照 15% 对设在深港现代服务业合作区的鼓励类产业企业①，征收企业所得税税率；上海自贸试验区拟对区内符合条件的、以离岸业务为主的企业同样实行 15% 的企业所得税②。对比国际成熟的自由贸易港区，香港的理论所得税税率是 16.5%，新加坡理论所得税是 17%，如果符合特定条件，就相关离岸业务收入，香港可以免税，新加坡也可以免税或者享受低税率。离岸业务包含的具体内容十分广泛，如离岸贸易、离岸金融、离岸投资和离岸服务等。各类离岸业务涉及的现行中国流转税处理不尽相同，但企业所得税处理有相似之处，即自贸试验区企业均需就离岸业务产生的利润缴纳 25% 的企业所得税。如果上海自贸试验区能够对区内从事离岸业务的企业给予 15% 的税收优惠，这将对上海自贸试验区发展离岸金融业务、建设离岸金融市场起到很强的促进作用。

通过对比三地自贸试验区的金融创新、税收优惠等系列政策，研究认为上海自贸试验区的政策条件对于发展离岸金融市场、培育离岸金融制度环境具有更突出的优势。

综上所述，上海自贸试验区在地缘条件、账户条件、政策条件，以及金融业务体量、营商环境、基础配套等方面，都具有更突出的培育离岸金融市场的基础和优势，特别是自由贸易账户体系的设置，为自贸试验区框架下离岸金融市场建设提供了平台和载体，助力我国"在岸"的离岸金融市场机制的创新探索。

---

①　指《深圳前海深港现代服务业合作区产业准入目录》内符合条件的企业。
②　对此项税收政策优惠，上海市已经形成了建议方案，上报财政部和国家税务总局，等待批复。

第五篇　指标测算

　　上一篇对具有离岸金融业务试点经验的上海自贸试验区、广东自贸试验区（深圳前海蛇口片区）、天津自贸试验区的金融开放创新实践进行了对比分析，并对三个地区培育离岸金融市场的基础条件和综合优势进行了定性评价。探索建设自由贸易港，发展离岸金融市场，需要综合考虑各种影响因素，审慎评估离岸金融市场的建设成本和难度，根据由易到难的顺序，适时适地设立。通过本书第三篇对国际自由贸易港及离岸金融市场发展经验的梳理，我们发现各国离岸市场的形成与发展均会受到一些共同因素的影响，这些因素同样会影响我国离岸金融市场的发展，当然也受制于我国国情所决定的个性因素。因此，除了上一章的定性分析以外，还需要结合国内外情况制定一套指标体系，对我国自由贸易港离岸金融市场的培育潜力进行定量评估。这对于探索有中国特色的自由贸易港离岸金融市场的形成培育机制具有现实意义。

　　本篇主要探讨构建我国自由贸易港离岸金融市场的评价指标体系，并运用因子分析法对离岸金融市场的目标区域进行指标测度的实证分析，共包含两个章节：一是具体构建我国自由贸易港离岸金融市场培育潜力的评价指标体系，二是运用因子分析法对离岸金融市场的目标区域进行实证考察，最终得出当前最适合建设离岸金融市场与不适合构建离岸金融市场的目标区域排序。

第十二章　自由贸易港离岸金融市场培育潜力的评价指标体系

从世界著名的自由贸易港和离岸金融市场的发展经验来看，这些自由贸易港之所以有所成就，主要是因为它们能够根据自身的区位、基础设施、经济水平、科技水平等条件进行了准确定位，并有着清晰的经济发展目标。我国幅员辽阔，各地之间在资源禀赋、社会发展条件等方面存在较大差异。目前，我国港口业长足发展，全球集装箱吞吐量前五大港口中中国独占其四，即上海、深圳、宁波—舟山、香港，它们的规模均可以跟新加坡媲美，同时许多保税港区也都在积极探索向自由贸易港转型的新路。但是，我国港口同国际上成功的自由贸易港之间还存在着较大的差距，自由贸易港建设任重道远。鉴于此，我国自由贸易港建设应该在充分学习、借鉴、引进、消化国际经验基础上，综合考虑我国国情和自身条件，可尝试构建我国自由贸易港离岸金融市场培育潜力评价指标体系，发展有特色的中国模式，进而形成相对完整的研究框架布局。

第一节　评价体系的指标选取与设置

目前关于金融中心评价指标体系构建的文献较为丰富，对于国际离岸金融中心也形成了比较成熟的评价指标体系，但是到目前为止并没有专门针对自由贸易港离岸金融市场的评价指标体系。通过对各类相关文献的梳理，综合较为完善的离岸金融中心评价指标体系的框架，以及前文关于国际自由贸易港离岸金融市场形成与发展的特点和经验总结，本书认为，研究我国自由贸易港离岸金融市场建设发展的影响因素，可以通过构建自由贸易港离岸金融市场培育潜力评价指标体系进行分析。概括起来，该指标体系可从四个方面进行解释：政策制度环境、宏观经济环境、金融开放程度、基础配套设施，将其作为二级指标。自由贸易港离岸金融市场培育潜力评价指标体系的结构具体如图 12.1 所示。

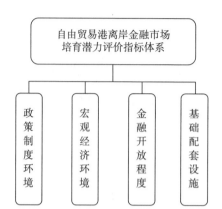

资料来源：作者自行绘制。

图 12.1　自由贸易港离岸金融市场培育潜力评价指标体系的基本框架

一、政策制度环境指标

一个国家或地区的政策制度环境对于当地的经济运行和金融发展尤为重要，因此在自由贸易港培育离岸市场，必须考虑到国家及地区政府的政策制度环境。离岸金融市场的主要优势在于借贷成本低，而税收优惠以及监管宽松都会影响其运行，而且在离岸金融市场高度开放的环境下，还需要完善的风控体系和健全的金融监管法律法规体系，来保障离岸金融市场的稳定。所以，从政策制度环境角度看，需要考虑的因素，除反映地区政局稳定性的因素以外，还包括政府对金融创新的政策支持程度、对风险控制的能力、对离岸市场运行监管的力度、对离岸市场提供的税收优惠政策以及相关法律法规。

二、宏观经济环境指标

成功的自由贸易港及离岸金融市场必须能够吸引全球的企业进行贸易投资活动，其所在城市或区域的经贸发展水平具有直接作用。基于传统的金融发展理论分析，经济的发展会导致资金需求的增加，而在开放经济条件下，经济高速增长带来的高回报率会导致国际资本的大规模流入。也就是说，经济的发展有助于促进国际金融业务的发展，进而推动离岸金融市场的形成与发展。所以，反映地区经贸发展水平的指标是影响自由贸易港离岸金融市场培育潜力的关键因素。在进行评价指标体系设计时，需要首先考虑反映地区经济发展情况的指标，如 GDP 增长率、第三产业对 GDP 增长的贡献率、人均 GDP、对外贸易依存度、出口比率、通货膨胀率等宏观经济指标。

三、金融开放程度指标

离岸金融市场的本质是一个高度自由化的国际金融市场，一般具有多层次的金融市场体系和多元化的金融产品体系。借助自由贸易港的新一轮对外开放政策和跨境金融支持，在我国自由贸易港建设离岸金融市场，将重点考察自由贸易港金融行业的发展基础、金融市场的开放程度以及离岸金融业务和产品的发展情况。所以，需要将金融市场开放度、机构集聚程度等因素也纳入指标体系。综上所述，金融业增加值占 GDP 的比重、外资金融机构的比重、外币存款占本币存款的比重、外币贷款占本币贷款的比重、跨境贸易人民币结算金额、离岸银行业务结算量等要素应列入影响自由贸易港离岸金融市场建设的金融开放程度要素指标中。

四、基础配套设施指标

离岸金融市场一般具备便利的支付结算系统，来提高资金流动的便利度，降低资金交易成本，这就要求离岸金融市场具备先进的通信信息技术等现代科技手段。同时，自由贸易港还应该具有完善的交通基础设施，为跨国贸易往来提供条件。离岸金融市场不仅是一个开展离岸金融业务的金融中心，同时也应该是一个经济、贸易以及科技都高度发达的市场。因此，基础配套设施指标对于衡量自由贸易港离岸金融市场的迅捷便利特性形成重要支撑。基础系统设施（主要指自由贸易账户体系及人民币跨境支付系统）、金融机构总数、金融从业人员占全部就业人员比重、港口区位优势即港口集装箱吞吐量等要素是影响自由贸易港离岸金融市场建设的配套设施指标的重要因素。

第二节　评价指标体系的构成

利用上文选取的指标，可以构建自由贸易港离岸金融市场培育潜力的评价指标体系，进而对拟培育离岸金融市场的目标区域进行综合打分和评价。整个指标体系共分三个层次：一级指标为自由贸易港离岸金融市场的培育潜力，二级指标为政策制度环境指标、宏观经济环境指标、金融开放程度指标、基础配套设施指标四个方面，三级指标为金融创新政策、GDP 年增长率、金融业增加值占 GDP 比重、基础系统设施〔自由贸易账户（FT）和人民币跨境支付系统（CIPS）〕等 20 个具体指标。该体系内容见图 12.2。

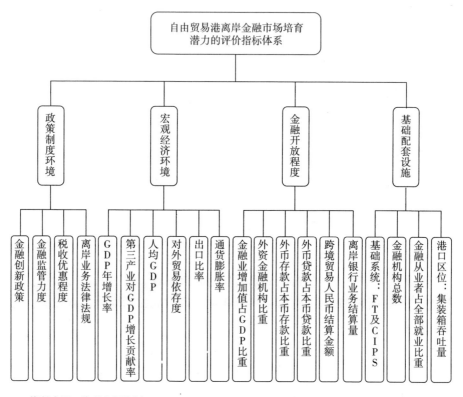

资料来源：作者自行绘制。

图 12.2 自由贸易港离岸金融市场培育潜力评价指标体系的整体框架

本书在图 12.2 总体框架基础上，将无法衡量的指标（金融监管力度、离岸银行业务结算量）进行合理删减，将高度相关或观测值无差异的指标（税收优惠政策、离岸业务法律法规）进行剔除，将内容重复的指标进行了筛选（第三产业对 GDP 增长贡献和金融业增加值占 GDP 比重，只保留了后者；对外贸易依存度和出口比率，只保留了前者；外资金融机构比重和金融机构总数，只保留了前者），最终确定了简化后仍可以进行具体量化操作的自由贸易港离岸金融市场培育潜力评价指标体系。该评价指标体系为一个三级指标体系，共涉及13个分指标，其中包括11个定量指标和2个定性指标，具体指标内容如表12.1所示。

表12.1 简化后的自由贸易港离岸金融市场培育潜力评价指标体系

一级指标	二级指标	序号	三级指标	单位
自由贸易港离岸金融市场的培育潜力	政策制度环境（1个）	1	金融创新政策	虚拟值（0~5）
	宏观经济环境（4个）	2	GDP年增长率	%
		3	人均GDP	元/人
		4	对外贸易依存度	%
		5	通货膨胀率（CPI）	%
	金融开放程度（5个）	6	金融业增加值占GDP比重	%
		7	外资金融机构比重	%
		8	外币存款占本币存款比重	%
		9	外币贷款占本币贷款比重	%
		10	跨境贸易人民币结算金额	亿元
	基础配套设施（3个）	11	基础系统设施（自由贸易账户体系、人民币跨境支付系统等）	虚拟值（0~1）
		12	金融从业人员占全部就业人员的比重	%
		13	港口区位优势（港口集装箱吞吐量）	万TEU

资料来源：作者自行设计整理。

第三节 评价指标体系数据的选取

党的十九大提出"探索建设自由贸易港"后，各地自贸试验区表现出极高的热情，纷纷谋划设立自由贸易港。上海自贸试验区提出升级自贸试验区，在上海的洋山保税港区和上海浦东机场综合保税区等海关特殊监管区域内设立自由贸易港；天津、广东、福建、浙江、辽宁等沿海已经设立自贸试验区的省份均提出在自由贸易试验区的基础上探索建设自由贸易港；中西部的河南、湖北、重庆、四川和陕西五省均认为已经设立了自由贸易试验区，进一步建设自由贸易港将为内陆地区开发开放带来新机遇。全国各地，无论沿海还是内地，"1+3+7"格局下的11个自贸试验区均对申报建设自由贸易港抱有极大兴趣。我们所探讨的是要将自由贸易港的金融开放实践按照离岸金融市场规则进行管理，拓宽具有风险分散优势的多元化离岸金融业态，创造良好的制度条件和市场环境，加速我国与国际经济贸易新标准、新规则体系的接轨，进而实现自由贸易港最高层次的开放。基于此，考虑到"1+3+7"格局下 11 个自贸试验区的地缘优势和金融开放创新实力，本书实证分析的样本空间为我国第一、第二批获批建立自贸试验区的 4 个区域（上海、广东、天津、福建）所在的 7 个城市和部分第三批获批建立自贸试验区且具有较强金融开放创新竞争力的 6 个城市，以及我国离岸金融市场发展较为成熟的香港，共 14 个城市，分别是香港、上海、深圳、广州、珠海、天津、福州、厦门、重庆、宁波、大连、武汉、西安、郑州。本书将按照上述简化后的自由贸易港离岸金融市场培育潜力评价指标体系中的 13 个指标来考察目标城市的发展潜力，从而为自由贸易港离岸金融市场的区位选择提供依据。

为了方便后文进行实证分析，本书用 X_i 表示评价指标体系中的第 i 个指标，具体的数据来源为：X_1、X_{11} 来自关于自由贸易试验区的政策文件及实际调研，X_2、X_3、X_4、X_5、X_6、X_7、X_8、X_9、X_{10}、X_{12}、X_{13} 来自经济数据库（EDB）中国宏观经济 Wind 资讯金融终端。受到数据获取可得性的限制，本书所选取的 13 个指标的样本区间有所不同，变量 X_1、X_{11} 的时间区间为 2013—2016 年，变量 X_2、X_3、X_4、X_5、X_8、X_9 为 2003—2015 年，变量 X_{10} 为 2009—2015 年，变量 X_{12} 为 2002—2014 年，变量 X_{13} 为 2001—2014 年。此外，由于本书将 14 个地区作为研究样本，13 个变量数据获取存在一定难度，所以各地区对应同一个变量的区间略有差异，但基本保持一致。

第十三章　离岸金融市场区位选择的实证分析

基于第十二章所构建的评价指标体系，我们将已获批建立自贸试验区的 4 个区域所在的 7 个城市（上海、深圳、广州、珠海、天津、福州、厦门①），以及部分第三批获批建立自贸试验区且具有较强金融开放创新竞争力的 6 个城市（重庆、宁波、大连、武汉、西安、郑州），作为我们培育离岸金融市场的潜在目标区域，对其培育离岸金融市场的潜力进行打分。同时，对我国离岸金融发展得较为成熟的香港，也参照此体系予以量化评价。最后，将这 13 个目标区域的得分与已发展成熟的香港地区的得分进行比较，进而确定当前哪些目标区域可以培育离岸金融市场，且发展潜力更大，以及在这些地区发展离岸金融市场的优先顺序；同时，也可以由此得出哪些目标区域暂时不具备培育离岸金融市场的潜力及其反映在具体指标上的差异，进而从适合培育离岸金融市场的视角为我国自由贸易港的区位选择和建设探索提供参考。接下来，本书将建立计量分析模型，运用因子分析法，对 14 个区域城市予以评价。

第一节　因子分析法在区位选择中的应用

因子分析法是一种测度指标之间相互联系的统计学方法，通过降维处理方法在尽可能减少原始数据信息损失的基础上将复杂的指标体系简化为少数几个因子，以便于更好地进行解释。运用因子分析法对指标体系进行处理后，变量的数量大幅减少，但这并不是直接进行简单的变量删除，而是将指标进行重新组合，而且重组后产生的新因子变量之间不存在线性关系，但是具有一定的命名解释性，能够准确地反映出各指标的相互关系。

---

① 之所以选择上海、深圳、广州、珠海、天津、福州、厦门这 7 个城市，是因为上海方案、天津方案、广东方案、福建方案在金融业的发展建设方面，对上述 7 个城市获批建立自贸试验区的片区均有重要规划，唯有福建自贸试验区的平潭片区没有关于金融建设发展的具体规划，因而暂不将平潭作为被考察的目标区域。

本节所要研究的自由贸易港离岸金融市场的区位选择问题，主要是基于前文所构建的评价指标体系来测度各地区建立离岸金融市场所具备的潜力，作为选择离岸金融市场区位的重要依据。本书简化后的自由贸易港离岸金融市场培育潜力评价指标体系包含了 13 个变量，为了便于分析和解释，本书运用因子分析法对其进行简化处理，处理后降为 3 个主因子，再进一步确定各因子的权重，最后利用计算加权得分，分数越高，说明该区域发展离岸金融市场的潜力越大，反之则相反。

第二节　因子分析的具体过程

1. 处理数据

由于本书所选取的 14 个地区的 13 个变量数据的时间跨度不同，首先对每个地区的变量数据进行取平均数处理，同时各指标的量纲和数量级都存在显著差别，需要通过标准化处理消除其影响。本书采用 Z - score 法对所有原始数据进行了标准化处理后，均值为 0，方差为 1。然后，再利用 SPSS 16.0 进行因子分析。

2. 可行性分析

采用因子分析法的前提条件是原始各变量间存在较高的相关性，所以在进行因子分析之前，需要先对原始变量之间的相关性进行检验，以确定因子分析是否可行。KMO 检验和巴特利特（Bartlett）球形检验是因子分析法中检验相关性的两种主要方法。前者考察的是变量间的简单相关系数和偏相关系数的差距，KMO 值越接近于 1，表示所选取的原始变量数据越适合运用因子分析法；而后者主要检验的是由变量组成的相关系数矩阵是否是一个单位矩阵，进而确定变量之间的相关性。运用以上两种方法对本书选取的 13 个指标之间的相关性进行检验，结果如表 13.1 所示。

表 13.1　　　　　　　　　　KMO 和 Bartlett 球形检验

KMO 统计量		. 607
Bartlett 球形检验	近似卡方值	336. 560
	自由度	78
	显著性概率	. 000

表 13.1 的检验结果显示，KMO 值为 0.607，处于 0.5 ~ 1 之间；而

Bartlett 球形检验显著拒绝了相关系数矩阵为单位矩阵的原假设。综合两种检验结果，可以利用因子分析法对本书所构建的指标体系进行分析。

3. 总方差分解

根据变量的相关系数矩阵可以确定特征值、方差贡献率和累计贡献率，具体结果如表13.2所示。根据经旋转提取因子的载荷平方和，因子1、因子2和因子3的方差贡献率分别为44.473%、37.134%和11.323%。通常来说，在社会研究中，当因子的方差贡献度超过75%时，就可以对所研究的经济现象进行解释，而本书前3个因子已经解释了92.93%，可以将其作为主因子来评价各地区培育离岸金融市场的潜力。

表 13.2　　　　　　　　　　　总方差分解

因子	初始特征值			未经旋转提取因子的载荷平方和			旋转提取因子的载荷平方和		
	合计	方差贡献率（%）	累计贡献率（%）	合计	方差贡献率（%）	累计贡献率（%）	合计	方差贡献率（%）	累计贡献率（%）
1	10.131	77.934	77.934	10.131	77.934	77.934	5.781	44.473	44.473
2	1.172	9.012	86.946	1.172	9.012	86.946	4.827	37.134	81.606
3	.778	5.983	92.929	.778	5.983	92.929	1.472	11.323	92.929
4	.413	3.175	96.104						
5	.221	1.703	97.807						
6	.161	1.238	99.045						
7	.060	.462	99.508						
8	.043	.331	99.839						
9	.011	.088	99.927						
10	.006	.046	99.973						
11	.003	.026	99.999						
12	.000	.001	100.000						
13	2.609 E-05	.000	100.000						

4. 初始因子载荷矩阵

初始因子载荷矩阵将原指标体系中的13个变量进行降维处理后产生了3个新的公因子，如表13.3所示。因子载荷量反映了新的公因子与原始的变量之间的相关性，由绝对值大小可以观察到主成分和原始变量之间的亲疏关系。

表 13.3 初始因子荷载矩阵

	因子		
	1	2	3
Zscore（金融创新政策）	.881	.378	.075
Zscore（GDP 年增长率）	−.570	.307	.736
Zscore（人均 GDP）	.877	−.193	.046
Zscore（对外贸易依存度）	.954	−.011	.106
Zscore（通货膨胀率 CPI）	.965	−.036	.124
Zscore（金融业增加值占 GDP 比重）	.889	.385	.021
Zscore（外资金融机构比重）	.958	−.214	.143
Zscore（外币存款占本币存款比重）	.886	−.430	.126
Zscore（外币贷款占本币贷款比重）	.932	−.322	.098
Zscore（跨境贸易人民币结算金额）	.967	−.200	.065
Zscore（基础系统设施：FT 账户 & CIPS）	.849	.097	−.195
Zscore（金融从业者占全部就业者比重）	.878	.412	.103
Zscore（港口集装箱吞吐量）	.794	.440	−.321

表 13.3 的结果显示，3 个主成分公因子中各因子对某些原始变量的系数值十分接近。以 GDP 年增长率为例，3 个主因子的载荷值分别为 0.570、0.307 和 0.736，不存在显著的差别。这种情况下，不便于对 3 个主因子进行命名，给后续的分析带来困难。因此，需要对初始因子荷载矩阵进行旋转处理。

5. 旋转后的因子荷载矩阵

本书采用方差最大化（Viramax）对初始因子荷载矩阵进行旋转，旋转后的结果如表 13.4 所示。

表 13.4 旋转后的因子荷载矩阵

	因子		
	1	2	3
Zscore（金融创新政策）	.444	**.850**	.064
Zscore（GDP 年增长率）	−.313	−.156	−.915
Zscore（人均 GDP）	.763	.410	.243
Zscore（对外贸易依存度）	.734	.597	.159
Zscore（通货膨胀率 CPI）	.764	.584	.152

续表

	因子		
	1	2	3
Zscore（金融业增加值占 GDP 比重）	.425	.862	.115
Zscore（外资金融机构比重）	.869	.442	.181
Zscore（外币存款占本币存款比重）	.937	.231	.235
Zscore（外币贷款占本币贷款比重）	.897	.344	.244
Zscore（跨境贸易人民币结算金额）	.839	.462	.251
Zscore（基础系统设施：FT 账户 & CIPS）	.483	.624	.380
Zscore（金融从业者占全部就业者比重）	.433	.874	.029
Zscore（港口集装箱吞吐量）	.196	.858	.391

通过表 13.4 我们发现，旋转后的因子荷载矩阵的公因子对应于原始变量的系数产生了明显的变化，各因子大小出现了显著差异。如各因子对 GDP 年增长率旋转后的因子载荷值分别为 0.313、0.156 和 0.915，因子 3 的载荷值最大，表示 GDP 年增长率对公因子 3 的影响程度最大。同时，为了便于后续对因子命名和分析，本书依据旋转后载荷值的大小对表 13.4 进行整理，整理后为表 13.5。

表 13.5 经过整理的旋转后的因子荷载矩阵

	因子		
	1	2	3
Zscore（外币存款占本币存款比重）	.937	.231	.235
Zscore（外币贷款占本币贷款比重）	.897	.344	.244
Zscore（外资金融机构比重）	.869	.442	.181
Zscore（跨境贸易人民币结算金额）	.839	.462	.251
Zscore（通货膨胀率 CPI）	.764	.584	.152
Zscore（人均 GDP）	.763	.410	.243
Zscore（对外贸易依存度）	.734	.597	.159
Zscore（金融从业人员占全部就业人员比重）	.433	.874	.029
Zscore（金融业增加值占 GDP 比重）	.425	.862	.115
Zscore（港口集装箱吞吐量）	.196	.858	.391
Zscore（金融创新政策）	.444	.850	.064
Zscore（基础系统设施：FT 账户 & CIPS）	.483	.624	.380
Zscore（GDP 年增长率）	−.313	−.156	−.915

通过表13.5我们发现，公因子1主要体现了外币存款占本币存款比重、外币贷款占本币贷款比重、外资金融机构比重、跨境贸易人民币结算金额、通货膨胀率CPI、人均GDP和对外贸易依存度。上述这些指标都是与对外经济贸易发展相关的宏观环境因素，具体包括目标区域的金融开放程度、经济稳定程度、对外贸易发展情况和宏观经济环境，所以我们将公因子1定义为对外经贸因子。公因子2在金融从业人员占全部就业人员比重、金融业增加值占GDP比重、港口集装箱吞吐量、金融创新政策以及基础系统设施这几个方面有较大的荷载系数，这些指标主要反映了目标区域的金融业整体运营情况和政策、区位等软硬件配套设施情况，我们称其为金融运行和配套保障因子。公因子3在GDP年增长率这一变量上有较大的荷载值，GDP年增长率反映出目标区域的经济发展增速，因此我们把公因子3命名为经济发展增速因子。

6. 因子得分系数矩阵

通过旋转后的因子荷载矩阵可以确定公因子变量，在此基础上进一步确定各因子的得分。因子得分表示的是各指标的实际值经过处理后对应于不同公因子的具体值，如表13.6所示。

表13.6　　　　　　　　　　　因子得分系数矩阵

	因子		
	1	2	3
Zscore（金融创新政策）	−.089	.300	−.152
Zscore（GDP 年增长率）	.163	.129	−.961
Zscore（人均 GDP）	.181	−.074	.012
Zscore（对外贸易依存度）	.124	.048	−.099
Zscore（通货膨胀率 CPI）	.147	.031	−.114
Zscore（金融业增加值占 GDP 比重）	−.118	.307	−.089
Zscore（外资金融机构比重）	.243	−.087	−.095
Zscore（外币存款占本币存款比重）	.338	−.232	−.029
Zscore（外币贷款占本币贷款比重）	.274	−.158	−.019
Zscore（跨境贸易人民币结算金额）	.199	−.073	−.006
Zscore（基础系统设施：FT 账户 & CIPS）	−.082	.127	.232
Zscore（金融从业者占全部就业者比重）	−.092	.321	−.193
Zscore（港口集装箱吞吐量）	−.317	.355	.303

7. 公因子分值的计算

根据表 13.6 所得的因子得分系数矩阵计算各公因子的分值，即根据下列计算公式就可以得出各公因子的得分：

$$F1 = -0.089X_1 + 0.163X_2 + 0.181X_3 + 0.124X_4 + 0.147X_5 + (-0.118)X_6 + 0.243X_7 + 0.338X_8 + 0.274X_9 + 0.199X_{10} + (-0.082)X_{11} + (-0.092)X_{12} + (-0.317)X_{13} \tag{13.1}$$

$$F2 = 0.3X_1 + 0.129X_2 + (-0.074)X_3 + 0.048X_4 + 0.031X_5 + 0.307X_6 + (-0.087)X_7 + (-0.232)X_8 + (-0.158)X_9 + (-0.073)X_{10} + 0.127X_{11} + 0.321X_{12} + 0.355X_{13} \tag{13.2}$$

$$F3 = -0.152X_1 + (-0.961)X_2 + 0.012X_3 + (-0.099)X_4 + (-0.114)X_5 + (-0.089)X_6 + (-0.095)X_7 + (-0.029)X_8 + (-0.019)X_9 + (-0.006)X_{10} + 0.232X_{11} + (-0.193)X_{12} + 0.303X_{13} \tag{13.3}$$

8. 各目标区公因子得分比较分析

基于上述的因子分析法可以计算本书所选择的 14 个目标区域离岸金融市场培育潜力各个公因子的最后得分，结果如表 13.7 所示。

表 13.7　　　　　　　　各目标区域公因子得分

地区	F1	F2	F3
香港	3.28812	0.68313	0.78278
上海	−1.00952	2.26326	1.01333
天津	−0.36644	0.86343	−0.64916
广州	−0.0458	0.53783	−0.72419
深圳	−0.34905	1.35246	−0.78933
珠海	0.23491	−0.5048	−0.45627
福州	−0.02706	−0.69065	−0.19824
厦门	−0.50645	−0.08378	0.69457
宁波	−0.48247	−0.60257	0.90133
大连	−0.57793	−0.99356	2.41503
重庆	−0.15395	−0.12787	−1.10372
武汉	−0.04758	−0.80001	−0.72106
西安	−0.04491	−0.98418	−0.58125
郑州	−0.06115	−0.91269	−0.58382

9. 计算综合评分并进行排名

以各公因子的方差贡献率为权重计算 14 个目标区域离岸金融市场培育潜力的加权平均得分作为综合评分，计算公式为

$$F = 44.47\% F_1 + 37.13\% F_2 + 11.32\% F_3 \qquad (13.4)$$

对 14 个目标区域离岸金融市场的培育潜力进行评分，经计算，各目标区域离岸金融市场培育潜力的最后得分及排名如表 13.8 所示。

表 13.8 离岸金融市场目标区域培育潜力排序

排名	目标区域	综合得分
1	香港	1.804484
2	上海	0.506124
3	深圳	0.257594
4	广州	0.097351
5	天津	0.084151
6	珠海	− 0.13462
7	厦门	− 0.1777
8	重庆	− 0.24088
9	福州	− 0.26685
10	宁波	− 0.33626
11	大连	− 0.35253
12	武汉	− 0.35751
13	郑州	− 0.43216
14	西安	− 0.4512

第三节　因子分析的结果与评价

首先，由表 13.8 可知，香港毋庸置疑地在所有 14 个地区中排名第一，得分为 1.804 分，是离岸金融市场发展能力最高的地区。如果我们以 0 分作为平均水平的话，表中浅灰色底纹的目标区域（上海、深圳、广州、天津四个地区）的最后得分均高于平均水平，而深灰色底纹的目标区域（珠海、厦门、重庆、福州、宁波、大连、武汉、郑州、西安）均低于平均水

平。具体来说，上海在 13 个拟建立离岸金融市场的目标区中排名第一，位居所有被考察区域的第二位，得分为 0.506 分，其离岸金融市场的培育能力较之于香港还有一定差距；深圳在拟建立离岸金融市场的 13 个目标区中排名第二，整体排名第三；天津最终评分为 0.084 分，在 13 个目标区中排名第四，整体排名第五，仅次于广州，其培育潜力的最终得分高于表中其他拟建立离岸金融市场的 9 个目标区域。

其次，影响一个区域培育、建立、发展离岸金融市场的因子可以归纳为 3 个，分别是对外经贸因子、金融运行和配套保障因子、经济发展增速因子。对外经贸因子涵盖了 7 个原始变量，其描述了一个地区的金融开放程度、经济稳定程度、贸易发展情况以及整体经济环境，也说明一个地区对外经济贸易发展的总体环境对于培育离岸金融市场的吸引度是较大的。金融运行和配套保障因子涵盖了 4 个原始变量指标，说明在考虑对一个区域进行离岸金融市场培育时，该地区整体的金融运行和配套保障较为关键。特别是自由贸易港金融创新政策的支持力度，直接决定了离岸金融市场建设的制度框架；金融从业人员占比、金融业增加值占比、金融基础系统设施为离岸金融市场的业务运行提供了建设基础。经济发展增速因子只包括 GDP 年增长率这一个变量指标，该因子反映了目标区域的经济发展增速，它影响着离岸金融市场建成以后的发展进度。概括来说，三个因子按其方差贡献率大小排序，依次表明了离岸金融市场目标区的培育基础（44.473%）、建设基础（37.134%）、发展速度（11.323%），对于我们所要考察的自由贸易港离岸金融市场的培育潜力具有很强的整体解释效用。

最后，本书实证分析的最后结果表明，上海虽然距离香港国际金融中心还有一定差距，但其培育离岸金融市场的潜力均大于其他地区。根据所掌握的原始数据，上海的贸易依存度、跨境贸易人民币结算金额，以及外资金融机构比重、金融基础系统设施、自由贸易港金融创新政策等均排第一，因此，该地区培育、建设、发展离岸金融市场的基础最佳。深圳、广州、天津三个地区的最终得分依次递减，但均在被考察区域的平均水平之上，故均具有培育离岸金融市场的一定优势。其他九个被考察区域，本书认为暂不具有培育离岸金融市场的潜力。上述结论也从定量的角度证实了早在自贸试验区战略实施以前就已分别获批开展离岸金融业务的深圳、上海、天津三地，具有一定的离岸金融业务基础和发展离岸金融市场的实力。综合前文的定性评价及本篇的定量分析，本书研究认为，除了发展较为成熟的香港自由港离岸市场，上海是目前条件相对最成熟、最适宜培育离岸金融市场的目标区域。从上海最具培育离岸金融市场优势的角度来说，上海自由贸易港是目前我国探索建设区港一体化、多功能复合型自由贸易港成本相对最低、难度最小的自由贸易港，建设宏观经济环境促进型的综合型自由贸易港也更加符合我国探索建设自由贸易港的根本初衷。

第六篇　发展策略

　　从适宜培育离岸金融市场的角度来说，建设宏观经济环境促进型、区港一体化自由贸易港是目前我国探索建设成本相对最低、难度最小的方案，建设多功能复合型的自由贸易港也更加符合我国探索建设自由贸易港的根本初衷。

　　由前文研究结论可知，上海较之于其他目标区域，在地缘条件、账户条件、政策条件，以及金融业务体量、营商环境、基础配套等方面，具有培育离岸金融市场的显著优势。因此，本篇将借鉴发达国家自由贸易港离岸金融市场发展的成熟经验，以上海为例，重点研究自由贸易港如何开展离岸金融市场建设。本篇主要包括三个章节：一是探讨上海自由贸易港建设离岸金融市场的发展目标和功能定位，借鉴发达国家建设离岸金融市场或离岸金融中心的经验教训，确立上海自由贸易港离岸金融市场的发展模式、运行模式及发展策略；二是探讨上海自由贸易港离岸金融市场利率与汇率的形成机制；三是研究自由贸易港离岸金融市场人民币资本项目试点开放路径措施的策略。

第十四章　自由贸易港离岸金融市场的建设布局

近年来，我国内地特别是金融发展程度最高的上海①的离岸金融业务市场需求越来越高，上海自由贸易港的设立为离岸金融市场的建设与发展提供了良好契机。理顺上海自由贸易港离岸金融市场的建设布局，有助于离岸金融市场发挥示范效应，带动区港一体化的自由贸易港的建设发展，带动上海自贸试验区的金融改革创新。

第一节　上海自由贸易港离岸金融市场的目标定位

按照上海深改方案②，上海自贸试验区的空间范围包括上海外高桥保税区、上海外高桥保税物流园区、洋山保税港区、上海浦东机场综合保税区4个海关特殊监管区域（也称保税区片区）以及陆家嘴金融片区、金桥开发片区、张江高科技片区，共120.72平方公里。从宏观的区位视角看，7个并非接壤的行政区域形成了空间意义上的自贸试验区。按照上海全面深改方案③，上海自贸试验区要在洋山保税港区和上海浦东机场综合保税区等海关特殊监管区域内，设立自由贸易港区。对标国际最高水平，实施更高标准的"一线放开""二线安全高效管住"贸易监管制度。

传统的自由贸易港是借助港口区域的自然条件，用物理围网方式实现"一线放开、二线管住，区内自由"的监管要求。本书认为，物理围网只能适用于货物贸易为主的自由贸易港监管要求，在当前互联网信息革命和数

---

① 根据最新 Z/Yen 全球金融中心指数（GFCI）最新排名，前五位分别为伦敦、纽约、香港、新加坡和东京，上海排名为16位，居我国内地之首。

② 2015年4月8日，国务院印发《进一步深化中国（上海）自由贸易试验区改革开放方案》，简称上海深改方案。

③ 2017年3月30日，国务院印发《全面深化中国（上海）自由贸易试验区改革开放方案》，简称上海全面深改方案。

字贸易时代，物理围网显然无法满足自由贸易港在金融创新、服务业开放和投资便利化后的区内驻点、区外渗透、内外联动要求，并且这种落后的监管方式还将人为地隔断区内外人员、要素自由流动和资源的优化配置。因此，上海自由贸易港离岸金融市场的建设应当在保持上海自由贸易港（洋山保税港区和上海浦东机场综合保税区）物理围网的基础上，大胆创新，充分发挥陆家嘴金融片区和张江高科技片区优势，尝试运用"信息围网"方式，网罗上海自贸试验区四块片区七个辖区的产业、物流、资本、制度等要素信息，坚持区港一体化、发展"在岸"的离岸金融市场，打造多功能复合型自由贸易港，进而实现"境内关外"的管理效果和自由贸易港离岸市场上货物、服务、金融、人员的自由流动。因此，应首先捋清上海自由贸易港离岸金融市场的发展目标和功能定位。

1. 上海自由贸易港离岸金融市场的发展目标

在区港一体化的基础上发展"在岸"的离岸金融市场，有四点目标：其一，要在现有的自贸试验区和自由贸易港的政策框架和自由贸易账户范围之内，放松金融管制，培育市场机制，在风险可控的前提下，对人民币资本项目可兑换进行先行先试，推动国内金融改革，为国内金融体系深化积累经验；其二，对接国际资本，吸引国际机构，提供本外币一体化的综合金融服务，实现与国外金融机构同平台竞争；其三，拓展金融服务实体经济能力，充分发挥陆家嘴金融片区、保税区的金融创新和金融服务功能，支持金桥片区的先进制造业、生产性服务业、战略性新兴产业、生态工业以及张江高科技片区高新技术产业的进一步发展；其四，对标国际金融市场的发展环境，打造具有上海特色的在岸型离岸金融市场，强化上海的国际金融中心地位，助力人民币国际化战略的推进。

2. 上海自由贸易港离岸金融市场的功能定位

上海自由贸易港在进行离岸金融市场功能定位时，一方面要参考纽约、伦敦、东京以及新加坡等国际成熟离岸金融中心的发展经验，另一方面应考虑自身的市场需求。当前，上海地区一些具有实际贸易和跨境项目投资背景的中资企业对离岸金融服务有着许多需求，如上海自贸试验区的前身上海综合保税区的企业、外向型的中小企业、"走出去"的企业、航运企业等。由于境内银行提供的离岸金融服务有限，这些客户大多"流失海外"。因此，上海自由贸易港离岸市场的功能主要是对接国际与国内客户的交易标的，满足境外客户与区内客户的金融交易及结算需求，而交易双方完全为境外客户的情况在现阶段来说只占少数。因此，上海自由贸易港离岸金融市场不适于建立典型的完全为离岸客户提供服务的离岸金融市场，而类似于美国IBF的"在岸"的离岸金融市场，或称"境内关外"的居于一国国境之内，但独立于该国国内金融的循环体系的离岸金融市场，更适合当前上海自贸试验区的发展实际。

在发展初期，本书认为，应更倾向于借用境外资金支持国内传统优势产业的转型升级和实体经济的进一步发展，打造吸引外资的资本"偏进型"的离岸金融市场，中期通过离岸人民币贸易融资培育"纯离岸型"市场，长期以扩大人民币对外直接投资培育"国际借贷流出型"市场。上海自由贸易港离岸金融市场的建设与发展将具有过渡、缓冲的意义。

第二节　上海自由贸易港离岸金融市场的模式选择

明确了自由贸易港离岸金融市场的目标定位，下一步就是要紧紧围绕"金融服务实体经济发展"这个核心，按照"风险可控、稳步推进"的原则，研究当前最适合上海自由贸易港离岸金融市场的发展模式、运行模式，逐步推进金融服务业的对外开放。

1. 上海自由贸易港离岸金融市场的发展模式

综观国际离岸金融市场的发展，欧洲货币市场的产生和发展主要依靠市场自然形成的力量，而后来形成的美国IBF、新加坡以及中国香港离岸金融中心，很大程度上都是依靠政府推动以及政策创新。政府在这一过程中起到了消除约束条件与不利因素、推动离岸金融市场健康快速发展的作用。然而，随着金融全球化的加深，构建和发展离岸金融市场所面临的情况也越发复杂。现阶段，上海自由贸易港离岸市场的建设与发展，不能像过去那样主要依赖一种模式，而更应充分利用多种模式的内在优势，共同作用，最终实现离岸金融市场的长足发展。

从现阶段来看，一方面，上海在区位上拥有全国最大的港口，也是内地经济最发达、金融结构和服务体系最完善的市场。这些自然的地理优势和先前的发展基础有利于上海自由贸易港顺利开展多层次离岸业务。另一方面，随着上海自贸试验区的设立，国家各部委出台多项政策支持区内进行大规模、深层次的金融改革，从2013年9月上海自贸试验区成立至今，在金融及相关领域出台多项支持政策，为区港一体化的上海自贸试验区发展自然形成型离岸市场创造了有利条件。

从国际环境来看，当今世界经济格局异常复杂，主要经济大国的货币政策迥异，国际资金成本存在着严重分别。同时，我国的人民币贬值态势也仍在调整，且与国际资金相比还存在一定的息差。在如此复杂的格局背景下，上海自由贸易港必须紧密结合国际资金导向，积极落实政策引导，在控制好境内资本外流的当前形势下，运用政策创新和环境改善，创造条件吸引国际金融机构和国际资本。尽管不同的片区有着不同的条件，但在政府的政策推动和引导下，创造积极条件创建和发展区港一体化的离岸金融市场，不仅能为不同片区的对外开放和经济发展创造融资环境，也能借助这些机会提高上海在国际金融领域的竞争地位和声誉优势。上海自由贸易港应顺应经济金融全球化、自由化的创新潮流，积极运用政策推动离岸金融市场加快发展。

从内外因素分析情况来看，上海自由贸易港在发展离岸金融市场过程中，一方面有着自身得天独厚的自然与政治经济优势，另一方面也存在政府政策的外部推动力，与伦敦、新加坡以及中国香港相比，其自身优势条件更为显著。在选择上海自由贸易港离岸金融市场发展模式时要注重多种模式的共同作用，以自然形成的离岸金融市场为基础，以传统的政府推动型离岸市场为模板，以创新的政策推动型离岸金融市场为手段，消除现阶段制约上海自由贸易港建设发展离岸金融市场的种种约束条件，大力推动上海自由贸易港离岸市场的健康、快速发展。国际离岸金融市场的发展模式见表14.1。

表14.1 国际离岸金融市场的发展模式

发展模式	所在国家	设立时间	所在地	设立的离岸金融市场
自然形成型离岸金融市场	英国	证券交易所1773年成立	伦敦	1975年外国银行分支机构数达330家，1975年离岸金融占国际银行业的27.1%
	德国	货币兑换所1402年成立	法兰克福	1985年外国银行分支机构数达287家，1975年离岸金融占国际银行业的7.1%
	瑞士	货币兑换所1786年成立	苏黎世	1981年外国银行分支机构数达52家，1975年离岸金融占国际银行业的5.9%
	法国	货币兑换所1800年成立	巴黎	1985年外国银行分支机构数达147家，1975年离岸金融占国际银行业的9.1%
	卢森堡	—	卢森堡	1982年外国银行分支机构数达99家，1975年离岸金融占国际银行业的8.85%

续表

发展模式	所在国家	设立时间	所在地	设立的离岸金融市场
传统的政策推动型离岸金融市场	新加坡	1968 年 10 月	新加坡	政府批准美洲银行新加坡分行设立 ACU，新加坡亚洲美元市场由此开始
	菲律宾	1977 年 7 月	马尼拉	政府开放离岸金融业，放宽外汇管制，免征外币存款所得税
创新的政策推动型离岸金融市场	美国	1981 年 12 月	纽约	美联储批准在纽约州设立 IBF
	日本	1986 年 12 月	东京	日本东京离岸金融市场 JOM 成立
	中国台湾	1984 年 7 月	台北	境外金融中心（OBU）在台北建立并开始运营
	马来西亚	1990 年 10 月	纳闽	政府宣布纳闽岛为国际离岸金融中心（IOFC）
	泰国	1992 年 9 月	曼谷	政府设立"曼谷国际银行设施"（BIBF）

资料来源：作者根据相关材料整理。

2. 上海自由贸易港离岸金融市场的运行模式

通过前文国际经验的梳理可知，美国 IBF 和日本 JOM 的这种为将本国货币发展为主要交易货币而构建的离岸金融市场，与我国当前欲在上海自由贸易港发展离岸金融市场的情况较为相似。其一，前文已探讨，上海自由贸易港离岸市场适合发展类似于 IBF 的"在岸"的离岸市场，一是为了满足我国国内巨大的实体经济需求，二是为了进一步促进国内金融体系的对外开放。其二，在我国自贸试验区框架下构建离岸市场，是为了加快自贸试验区金融改革、推进国内金融自由化，一旦放松金融管制的试验在自贸试验区风险可控的范围内取得成功，必将推广、复制至全国层面，届时离岸市场也即完成了其试验田的功能与使命，而这一点恰巧与 IBF 在美国金融自由化和金融市场的发展中所发挥的过渡、缓冲作用不谋而合。其三，美国在设立 IBF 之时，其金融体系已经相当成熟，虽然如此，美国的离岸市场仍以离岸银行业务及产品为主要依托；同时，其严密的账户分离模式，具有透明度高和便于监管的优势，而我国当前的离岸金融业务几乎全部以银行体系为依托，以内外分离模式发展离岸金融市场是可以被效仿采纳的。

但是，与美国 IBF 产生之际不同的是，其一，我国目前仍属于发展中国家，发展自由贸易港离岸市场的主旨之一，是要开辟利用外资的新渠道，允许国际资金安全地进入国内，借用境外经验和资金支持国内实体经济发展。其二，上海自贸试验区自由贸易账户"分账管理、离岸自由、双向互通、有限渗透"的功能，实质是在境内金融和离岸金融业务分账处理的前提下，根据经济发展重点引资需求，允许一定比例的离岸账户资金流入境内。这种"有限渗透"也给上海自由贸易港离岸金融市场的运行模式提供了一种可能性。

本书认为，上海自由贸易港离岸金融市场在初期应实行"有限渗透＋严格管理"运行模式（见表14.2），既保证资金渗透的通道畅通，又强化对渗透规模加以量化的严格管理，在确保上海自由贸易港离岸金融市场在岸、离岸业务分账处理的前提下，根据实体经济发展对引进外资的真实需求，设定离岸资金规模总体控制，实行有管理的离岸、在岸资金流动[①]。另外，上海要成为国际金融中心，也需要具备离岸金融服务功能，上海自由贸易港离岸市场所采取的有限渗透模式，可以与上海国际金融中心进行对接，其内流资金可成为上海国际金融中心的重要资金来源。待到该市场逐渐运行成熟至一定阶段，"有限渗透"的离岸市场也将逐渐过渡到向上海市的"全面渗透"。届时，类似于伦敦的内外混合型的上海国际金融中心也将最终实现，离岸市场上先行先试的市场化机制也将在全国复制和推广。

表14.2　　　　　　　上海自由贸易港离岸金融市场的建设步骤

阶段	类型	政府作用	交易主体	交易币种	业务范围	监管措施
当前阶段	有限渗透＋严格管理	政府推动为主发挥市场作用	居民和非居民	本外币一体化	银行业务为主，证券、基金、保险业务为辅	一线宏观审慎、二线有限渗透的严格管理
	渗透方向	渗透渠道	渗透管理		渗透规模	
	双向流动	贸易、投融资	量化管理、适度渗透临时性管制措施		资金流动年度总额控制	
成熟阶段	内外混合型	市场力量为主政府适度干预	居民和非居民	本外币一体化	混业经营	宏观审慎风险预警

资料来源：作者汇总梳理。

---

① 杨帆. 天津离岸金融市场发展若干问题的研究——基于天津自由贸易试验区框架下的分析［J］. 价格理论与实践，2015（7）：79－81.

第三节 上海自由贸易港离岸金融市场的发展策略

现阶段，上海自由贸易港离岸金融市场建设发展的主旨，是要满足实体经济投资贸易便利化的合理需求，在"一线"宏观审慎和"二线"有限渗透的严格管理下，借助政府推力，把离岸金融市场建成同时服务居民与非居民、本外币一体化的"全牌照"离岸金融市场。在渗透方向上，要循序渐进，先单向再双向，逐步做到离岸自由、双向流动。在渗透渠道上，可以通过贸易和投融资等多种渠道吸引国际资金；对于区内企业和非居民，可以开放其在经常项下和直接投资项下在岸账户与自由贸易账户之间的渗透限制；而在资本项下的交易，应采取限额审批，允许境内离岸人民币业务将有限的额度投资于在岸市场，尤其是针对没有真实贸易背景的非居民。在渗透规模上，实施区内与境内区外自由贸易账户资金流动总量管控模式，即按照企业投融资汇兑需求的预测实施"年度总额控制"模式，在一定程度上容忍跨境资本套利行为。在渗透管理上，一是要做到量化管理、适度渗透，保证每笔引入资金进入实体经济或围绕实体经济开展金融创新[1]；二是保留存款准备金等监管指标，必要时启动准备金、存贷比等调控手段控制离岸资产规模的扩张[2]；三是在必要时可采取临时性管制措施，实行账户隔离或适度实体隔离，防范其快速扩张带来的潜在风险。

当前，上海自由贸易港离岸金融市场应把握住自由贸易账户的资金渗透流向偏好。现阶段，由于人民币贬值预期引发资金出逃，试验区由离岸人民币市场转变为离岸境内外币资金市场。因此，当前的管理重点在资金流出上，对企业和机构资本流出应进一步加大限制，同时对境外资本进入离岸市场的服务业、制造业、资本市场和货币市场可以适当放宽。这样可使市场的供求关系尽可能处在相对比较平衡的状态，短期内遏制住资本大规模流出产生的急剧升高的外汇需求，防止资金短期内集中流出，加大国内金融风险。随着上海自由贸易港离岸金融市场的建设，可以预见，未来离岸金融市场管理的重点是离岸账户的资金输入，因为国内巨大的经济市

---

[1] 杨帆. 天津离岸金融市场发展若干问题的研究——基于天津自由贸易试验区框架下的分析 [J]. 价格理论与实践，2015（7）：79-81.

[2] 汪川，刘佳骏. 借鉴国际银行设施（IBF）模式建设上海自贸区离岸金融中心 [J]. 上海金融，2014（6）：46-48.

场潜力，终将会吸引大量海外资金进入国内市场进行投资。届时，离岸金融市场应确保输入的资金主要用于实体经济建设。

上海自贸试验区"金改40条"① 提到"逐步扩大本外币兑换限额，率先实现可兑换"。这个"兑换限额"即表明监管部门应在遵循"有限渗透"原则的基础上，分阶段扩大或收缩汇兑额度，保证引入的资金量不会对区内物价等实体经济产生冲击，② 同时提升金融机构开展分账核算业务的自主性。可以预见，待到上海自由贸易港离岸金融市场突破资本项目兑换限额以后，离岸金融市场将逐步向条件成熟的内外混合型模式发展，在风险可控、效率提升的前提下，充分发挥市场的力量，率先实现人民币资本项目可兑换，最终形成类似于伦敦的"全面渗透型"国际化金融市场③。

第四节　上海自由贸易港离岸金融市场的业务布局

建立自由贸易港离岸金融市场，应进一步推进各类离岸金融功能的拓展，培育建设多层次离岸金融市场，要做好对各要素市场和业务功能的构建布局。从各国际离岸金融中心的要素市场结构来看，都包括了外汇市场、货币市场与资本市场三个方面。但不同的离岸市场在发展过程中侧重点也有所不同：伦敦和东京注重货币市场的发展，在建设过程中将货币市场的多样化建设作为重点；而纽约与新加坡则更加注重资本市场的发展，新加坡更是将外汇市场与资本市场作为核心共同推进。

上海自由贸易港离岸金融市场的业务功能布局，既要考虑对标国际金融的发展趋势和经验，也要兼顾市场自身的实际业务需求，满足实体经济的发展需要。实体经济的发展需要各项离岸金融业务的协同发展，仅靠传统的银行服务拉动的实体经济不具有发展的可持续性。上海自贸试验区的航运企业、"走出去"企业、外向型的中小企业、融资租赁机构等一些具有实际贸易和开展跨境项目投资业务的中资企业机构，对离岸金融服务有着

---

① 2015 年 10 月 29 日，中国人民银行、商务部、银监会、证监会、保监会、外汇局、上海市人民政府联合印发《进一步推进中国（上海）自由贸易试验区金融开放创新试点、加快上海国际金融中心建设方案》。

② 杨帆. 天津离岸金融市场发展若干问题的研究——基于天津自由贸易试验区框架下的分析 [J]. 价格理论与实践，2015（7）：79 – 81.

③ 杨帆. 天津离岸金融市场发展若干问题的研究——基于天津自由贸易试验区框架下的分析 [J]. 价格理论与实践，2015（7）：79 – 81.

强大需求。因此，在构建离岸金融市场的离岸业务功能布局时，应在传统的银行业务基础上，重点发展离岸证券、离岸基金、离岸衍生品交易，开展离岸融资租赁业务创新，拓展离岸保险的航运险等（见图14.1）。

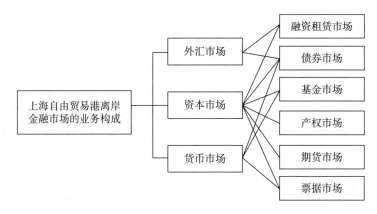

资料来源：作者根据相关资料绘制。

图14.1　上海自由贸易港离岸金融市场的业务构成

1. 离岸银行业务

鼓励各银行金融机构在跨境公司、投行、同业、私行等业务领域进一步创新，允许银行机构开展跨境投资金融服务，支持本外币境外融资及本外币资金池业务的开展，同时需要注意海外法律风险、洗钱风险以及经营风险。加强银行信贷对国际贸易服务业的支持力度，创新金融产品和金融服务，进一步发挥银行业对进出口贸易、转口贸易以及离岸贸易的支撑作用。

2. 离岸证券

《中国人民银行关于金融支持中国（上海）自由贸易试验区建设的意见》明确规定，符合条件的个人可开展境外投资。细则虽尚未出台，但为上海自由贸易港离岸金融市场的发展指明了方向。在目前的《证券法》框架下，设立上海离岸证券交易中心"国际板"，吸引境外公司，特别是"一带一路"沿线国家的重点企业赴中国上市，允许境外公司发行股票并以普通股形式直接挂牌上市交易；同时还可以人民币计价，境外投资者可不受外汇规模、外商投资比例限制自由买卖，境内合格的投资者也可参与交易[①]；该市场也可以同时发行交易境外企业的债券及其他证券产品。

3. 离岸基金

发展上海本地的人民币海外投资基金，设立境外股权投资母基金，推进上海前期试点的 QFLP、QDLP 等业务发展，推动注册于上海的基金在世界其他国家或地区得到法律认可并进行双边或多边募集销售，以及离岸基金如欧洲 UCITS 等公募基金在境内的销售。此外，上海自贸试验区应争取跨境股权投资基金中心的建设，帮助国内企业"走出去"，并把外资企业和股权基金"引进来"。

4. 离岸融资租赁

以融资租赁为突破口，鼓励支持各类融资租赁公司在区内设立项目子公司并开展跨境租赁，在资本和贸易项下为金融租赁搭建绿色通道。支持金融租赁公司进入银行间市场，允许融资租赁公司利用外汇储备、中长期外债、资产证券化等方式拓宽资金来源[②]。鼓励融资租赁公司开展跨境资产证券化，在离岸金融市场建立融资租赁产权交易平台，为跨境资产证券化产品提供交易流通场所。

5. 离岸保险

离岸保险业务的开展需要一定数量的保险、再保险机构和保险中介机构的参与。上海自由贸易港离岸金融市场应重点发展航运保险，支持引入国外专业航运保险机构，调动区内保险公司参与开展国际航运保险业务的积极性，对航运保险业务实施税收优惠，并确保这些优惠政策与周边国家（地区）相比具有一定的竞争优势；同时，鼓励开展人民币跨境再保险业务，支持保险公司创新出口信用保险等与国际贸易密切相关的保险业务[③]，推动航运衍生品创新，加快避险金融产品的研发，强化运价相关指数的应用，加大对小微企业的支持力度，进一步活跃航运金融市场。

---

① 杨帆．天津离岸金融市场发展若干问题的研究——基于天津自由贸易试验区框架下的分析 [J]．价格理论与实践，2015（7）：79–81.

② 杨帆．天津离岸金融市场发展若干问题的研究——基于天津自由贸易试验区框架下的分析 [J]．价格理论与实践，2015（7）：79–81.

③ 杨帆．天津离岸金融市场发展若干问题的研究——基于天津自由贸易试验区框架下的分析 [J]．价格理论与实践，2015（7）：79–81.

第十五章　自由贸易港离岸金融市场人民币利率、汇率形成机制

目前，在外币的存贷款利率方面，上海自贸试验区已经实现了市场化，但本币汇率的自由波动幅度仍较低（日波幅 ±2%①）。建设人民币离岸市场，目的在于加速人民币贷款利率的下限和存款利率上限的逐渐放松，推动汇率自由化，逐步消除人民币在岸利率价格和离岸利率价格的差异，改变资源价格扭曲局面，降低人民币国际化资本流动冲击的风险；同时，逐步建立人民币货币锚机制，逐步探索人民币的定价机制和汇率变动机制。因此，在上海自由贸易港区港一体化的条件下分析当前人民币离岸利率与汇率的形成机制，有利于探索二者的交互关系，为离岸市场的试验提供指导。

第一节　上海自由贸易港离岸人民币利率的形成机制

建设区港一体化的人民币离岸市场，人民币借贷活动将会使离岸市场出现区内、区外两种人民币利率。如果央行对离岸人民币采取同样的政策，会导致境内外市场上出现利率差。在离岸市场上，人民币的供求情况会直接决定其利率水平。尽管离岸市场设置了有限的渗透渠道来控制境内外人民币的跨境流动，但参与离岸业务的企业依然会通过多种渗透渠道实现部分人民币的跨境流动。因此，人民币的跨境流动会使得离岸利率与在岸利率之间存在一定的相互影响，而且人民币离岸存款利率将高于在岸人民币存款利率与套利成本之差。当离岸市场上对人民币的需求量增加时，离岸银行等金融机构为了获取更多的资金，会提高离岸市场的存款利率水平，导致离岸市场存款利率高于境内存款利率，产生利率差。离岸与在岸两个

---

① 2014 年 3 月 17 日起境内银行间即期外汇市场人民币兑美元汇率浮动幅度由 1% 扩大至 2%。

市场的贷款利率水平也会随着两地存款利率水平的变动而变化，离岸市场人民币需求量增加导致资金借贷成本上升，离岸人民币贷款利率提高，而离岸银行也会提高存款利率来获取更多的存款资金。离岸市场存款利率水平的提高会吸引境内投资者通过一定渠道或方式将境内资金转移到离岸市场，增加了离岸市场人民币的供应量，进而可以抑制离岸市场人民币利率水平的上升，减小境内外市场人民币利差。

上海自由贸易港离岸金融市场将会逐渐完善外汇市场，因而企业可以换汇为中转进行人民币套利活动。我们以美元为例，即先在境内将人民币兑换成美元，然后再在离岸金融市场中将美元兑换成人民币（境内人民币无法直接流入离岸市场）。当离岸人民币存款利率高于美元存款利率时，为了获取更高的收益，企业就会倾向于将手中持有的美元兑换为人民币；相反，则会把人民币兑换为美元。在资金借贷方面，当离岸市场上人民币贷款利率高于美元贷款利率时，企业会先选择以美元进行资金借贷，而后再兑换为人民币，进而降低资金借贷成本；相反，企业会选择以人民币进行借贷，需要时再兑换为美元。由此可见，在离岸市场上，人民币与美元两种不同货币的利率也会存在紧密联系。

图 15.1 描绘的是上海自由贸易港离岸人民币利率的形成，纵轴 I 表示离岸人民币利率水平，横轴 M 表示离岸市场人民币的货币流通量，而人民币需求曲线 D 向右下方倾斜，供给曲线 S 向右上方倾斜。假设国内人民币存款利率与套利成本之差为 $i-c$，如图 15.1 所示，根据套利条件，$i-c$ 即为离岸人民币存款利率的下限。不考虑信贷配给因素，当利率高于 $i-c$ 时，即处于水平线 $i-c$ 以上的范围时，离岸人民币存款利率 i_d 和贷款利率 i_L 与美元利率水平之间的相互关系，会受到离岸市场人民币资金供求状况的影响。首先，若境内人民币存款利率上升，则 $i-c$ 线上移，那么离岸人民币存款利率也会随之提高；相反，境内人民币存款利率下降也会引起离岸存款利率下降。其次，美元利率水平的提高会吸引更多的人民币资金兑换为美元，导致市场上人民币的供应量减少，供给曲线 S 左移，迫使人民币利率上升，反之则会下降，这说明离岸人民币存款利率将随美元存款利率的变化而变化。最后，如果离岸人民币需求增加，曲线 D 右移，则将使离岸人民币利率上升，反之则存款利率下降。

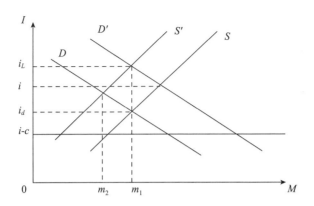

资料来源：作者根据相关资料绘制。

图15.1　上海自由贸易港离岸人民币利率的形成

综上分析，离岸人民币利率的变化会产生以下几方面的影响：

第一，在一定程度上削弱境内市场央行货币政策的效果。假设离岸市场上人民币的存量规模足够大，当国内市场上出现比较严重的通货膨胀时，央行会采取提高利率等紧缩性货币政策措施，但是境内市场人民币利率的提高会吸引离岸市场的人民币资金回流，导致境内市场人民币供应量增加，从而影响了央行紧缩性货币政策的执行效果。

第二，套利人民币资金的流动将会频繁发生。由于人民币境内外两个市场上存在利差，为了获取更大的收益，人民币会通过一定的渠道在两个市场之间流动，进而引起内地市场上货币供应量发生变化。

第三，境内外人民币利率的相互联系加强。由于离岸人民币利率与境内市场人民币利率以及美元利率都存在相互的关联和影响，因此央行对境内市场人民币利率进行调整时，不仅要结合国内市场，还要顾及美国的经济环境以及美元的供需情况，从而在一定程度上增加了货币政策制定和实施的难度。

因此，为了能够合理引导上海自由贸易港离岸金融市场的资金流向、控制货币流动规模，需要采取一定的资金流动管理措施。从资金在境内外市场上流动的驱动因素看，由于利率在离岸市场与境内市场上的决定机制不同，通过建立资金的境内外市场流动渠道，可以影响两个市场上人民币的供求状况，逐步提升离岸市场与境内市场的融合度，进而倒逼境内市场利率市场化改革。从资金在离岸市场与国外金融市场之间的流动看，离岸市场利率水平的变动会影响国际资本在自由贸易港离岸市场的流动方向和规模，因此适度干预离岸市场利率水平，可以通过国际资本的流动影响离岸市场资金的供求状况，这也促进了自由贸易港离岸金融市场利率形成机制改革逐渐与国际接轨。

第二节　上海自由贸易港离岸人民币汇率的形成机制

图 15.2 纵轴表示离岸人民币汇率水平，横轴表示离岸市场人民币的流通量，而人民币需求曲线为一条折线，即图 15.2 中的 D 线，离岸人民币的供给函数 $S=f(P)$ 则是一般供给函数，离岸人民币的汇率越高，对离岸人民币的供给量就越大，因此 S 是一条向右上方倾斜的曲线。假设上海自由贸易港离岸金融市场采用间接标价法表示的人民币汇率为 P，而境内市场上人民币汇率为 P^*，离岸市场上人民币的需求量表示为 D，而离岸市场人民币需求函数则表示为 $D=f(P)$，此时，离岸市场人民币需求函数不仅要受到 $P>0$ 的约束，而且在资本管制条件下境内外市场人民币汇率 P 和 P^* 之间存在价差同样会影响需求变化。当离岸市场人民币汇率 P 越高时，对人民币的需求量也就越小。

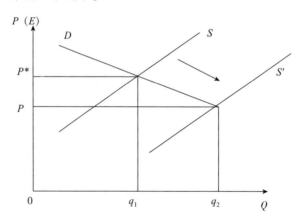

资料来源：作者根据相关资料绘制。

图 15.2　上海自由贸易港离岸人民币汇率的形成

从现实情况分析来看，影响离岸人民币供给与需求的因素主要包括人民币与外币之间的相对利差以及国内资本外逃的数量。从本外币利差情况来看，以美元为例，如果人民币利率高于美元利率的差价进一步扩大，人们更倾向于用美元兑换人民币，以获取更高的利息收益，而此时，离岸市场人民币的需求量将增加，需求曲线 D 向右移动，离岸人民币汇率 P 上升，人民币升值。从资本外逃的角度看，境内资金的外逃数量增加会导致离岸市场上人民币的供给量增加，促使供给曲线 S 向右移动，导致离岸人民币汇率 P 下跌，离岸人民币汇率贬值。但是，在资本项目不完全可兑换的情况下，资本的跨境流动会受到一定的管制，境内资金外逃对离岸市场人民币汇率变动的影响程度也比较小。

从理论层面来看，利率平价理论通过分析国内外利差对一国货币汇率的决定作用，阐释汇率与利率之间的协调联动关系。由于上海自由贸易港离岸金融市场与国内市场之间资本的有限流动，加之区港一体化的离岸市场暂未实现利率和汇率的市场化机制、金融市场还在进一步建设之中等金融环境制约，经典的利率平价理论不能有效解释该问题。因此，我们以何慧刚的利率平价修正模型[①]为基础，重点探讨我国上海自由贸易港离岸金融市场人民币汇率的决定。

本书假定在我国上海自由贸易港离岸金融市场上的本币年利率为 I，美国市场上的美元年利率为 I^*，投资期限为 t 年，自由贸易港离岸市场上的人民币兑美元即期汇率为 E_t（直接标价法，美元用人民币表示的价格），一年后的即期汇率为 E_{t+1}^e（具有不确定性）。由于上海自由贸易港离岸金融市场仍存在一定程度的资本管制和利率、汇率非市场化等制约，进一步引入交易成本 C 和制度成本 K 对模型进行修正。交易成本包括常规性手续费、通信、运费等交易费用（技术成本），制度成本是指由制度性因素产生的对利率平价的摩擦系数（制度成本），则适合我国上海自由贸易港离岸金融市场人民币汇率决定的利率平价修正模型如下：

$$I_t - I_t^* = \frac{E_{t+1}^e - E_t}{E_t} \pm (C+K) \tag{15.1}$$

其中，$I_t - I_t^*$ 为利差收入，$(E_{t+1}^e - E_t)/E_t$ 测度的是汇率的波动幅度，$(C+K)$ 前的"+"表示达到无利可套前人民币套利资本流向为内流，"-"表示达到套利平价前人民币套利资本流向为外流。由于上海自由贸易港离岸金融市场还不存在完善的远期外汇市场，因此，抛补利率平价在该市场尚不成立。式（15.1）就是适合该市场的非抛补利率平价的变形表达

① 何慧刚. 中国利率—汇率联动协调机制："利率平价模型"视角［J］. 求索，2007（4）：8－11.

式。这里，所使用利率为名义利率，汇率采用直接标价法。由式（15.1）可知，上海自由贸易港离岸人民币汇率取决于本外币市场利率、汇率预期、市场的交易成本、资本的有限流动管制因素。

从上海自由贸易港人民币离岸金融市场汇率与利率形成机制的分析中可以发现，管制差价是二者的共同特点，也是上海自由贸易港离岸金融市场建设必须注意的一点。在尚未实现汇率市场化的条件下，如果境内市场上人民币汇率被严重低估或高估，将会使自由贸易港离岸市场出现人民币投机风潮，导致人民币离岸汇率的大幅波动。国内外文献研究已经证明，利率波动 ΔR 和汇率变动率之间存在显著的相互影响，利率波动与汇率变动率在一定程度上可互相替代，即 $\Delta R = \lambda \Delta E / E$[①]。国内学者赵胜民等的研究结果表明，人民币利率与汇率之间同样存在相互影响的关系，特别是2005 年 7 月 21 日汇率形成机制改革以后，二者之间的相互影响进一步加强[②]。因此，如果能够进一步提升上海自由贸易港离岸人民币利率市场化水平，则有助于通过利率波动降低投资冲击引发的离岸人民币汇率波动幅度。

---

① RAYMOND W SO. Price and Volatility Spillovers between Interest Rate and Exchange Value of the US Dollar ［J］. Global Finance Journal, 2001：95 – 107.

② 赵胜民等. 金融市场化改革进程中人民币汇率和利率动态关系研究 ——兼论人民币汇率市场化和利率市场化次序问题 ［J］. 南开经济研究, 2013（5）：33 – 49.

第十六章 自由贸易港离岸金融市场资本项目开放的路径分析

上海自由贸易港建设离岸金融市场的核心目标，就是要放松金融管制，培育市场机制，在风险可控的前提下，进行人民币资本项目开放的先行先试。资本项目开放包括放松或取消跨境资本交易的管制、放松或取消与资本交易相关的外汇自由兑换管制、对外开放本国金融市场三层含义。上海自由贸易港离岸金融市场上的人民币资本项目的逐步开放，就是要在试验区的封闭市场中逐步探索放松人民币跨境交易的管制、推行人民币在资本项目上进行自由兑换、将自由贸易港离岸金融市场对外开放。

第一节 扩展的三元悖论

随着上海自由贸易港离岸金融市场实施金融自由化，离岸市场将逐步实现利率市场化、资本自由流动、人民币可兑换以及远期外汇市场建设等。假设离岸市场满足上述条件，则修正的利率平价模型表达式将与开放经济条件下的表达式相同，式（15.1）将简化为

$$I_t - I_t^* = \frac{E_{t+1}^e - E_t}{E_t} \pm C \tag{16.1}$$

假设不存在市场干预和管制（C 为常数），在资本项目开放条件下，当利率与汇率变动差 $(I_t - I_t^*) - (E_{t+1}^e - E_t)/E_t$ 大于 C 时，资本自发的套利流动将引起汇率（或利率）的波动。货币的供求状况会对利率、汇率以及资本流动产生较大的影响。因此，由式（16.1）可以得出如下结论：货币政策的独立性、资本自由流动和汇率稳定三个重要的政策目标无法同时实现，即著名的三元悖论（Krugman，1999）。三元悖论理论认为，在开放经济条件下，一国不可能同时实现货币政策独立、资本自由流动和汇率稳定三大宏观经济目标，只能取其二而舍其一。

Frankel 指出，三元悖论考虑了极端的情况，即完全的资本自由流动、

完全的货币政策独立性和固定汇率制度，并没有考虑中间情况①。我国学者易纲等放开了三元悖论角点解的限制，提出部分汇率稳定、部分货币政策独立性与部分资本流动可以达成平衡②。Obstfeld 等研究表明，各国在平衡货币政策独立性、资本自由流动、汇率稳定这三个目标的相互关系的实践操作中，与三元悖论并不完全吻合③。上述文献证明，三元悖论的三个元素并不是非此即彼的关系，都存在中间状态。

第一，资本流动存在部分流动的情况。从资本的流动看，既存在资本流入，也存在资本流出。即使在存在资本管制的情况下，资本也并不是完全不流动的，即处于部分资本管制的状态。资本自由流动的程度主要取决于资本管制的程度，但在各国收益差距的吸引下，国际资本仍会通过一定的渠道进行跨境流动，以寻求更高的收益。资本匮乏的新兴市场国家，往往会采取放松资本流动、限制资本流出的资本管制措施。

第二，汇率制度存在中间状态。根据 IMF 对汇率制度的分类，除了固定汇率制度和浮动汇率制度外，汇率制度还存在很多中间状态，具体包括无独立法定货币的汇率安排、货币局制度、其他传统的固定盯住制度、水平带内的汇率盯住制度、爬行盯住汇率制度、爬行带内的浮动汇率制度、未事先安排有管理的浮动汇率制度、完全自由的浮动汇率制度等。其中，第一、第二和第八种汇率制度称为角点汇率制度，而剩余的均称为中间汇率制度。对于发展中国家而言，与发达国家相比在经济、金融发展实力与完善性方面都存在较大差距，因此更合适采用中间汇率制度。

第三，货币政策独立性不同。在开放经济条件下，货币政策的独立性主要指的是中央银行在制定和执行货币政策时能够保持相对独立，不受外汇市场的影响。随着对外开放程度的不断提升，对货币政策独立性的冲击也越来越明显，而除了外汇市场因素之外，经济全球化程度、货币供给内生性、货币替代等因素都会对中央银行的货币政策产生一定的影响。弗兰克、施穆克勒、塞尔文（2002）研究表明，不管采取怎样的汇率制度，都

---

① FRANKEL J A. No Single Currency Regime is Right for All Countries or at All Times [J]. NBER Working Paper, 1999, No. 7338.

② 易纲，汤弦. 汇率制度的"角点解假设"的一个理论基础 [J]. 金融研究，2001（5）：5-17.

③ OBSTFELD, MAURICE, SHAMBAUGH, JAY C, TAYLOR, ALAN M. The Trilemma in History: Tradeoffs Among Exchange Rates, Monetary Policies, and Capital Mobility [J]. Review of Economics & Statistics, 2005, 87（3）：423-438.

会使得货币政策独立性受到一定程度的影响。

综上分析，三元悖论基于不存在市场干预和管制的完全市场化机制的极端假设条件，没有足够的证据可以证明在选择政策组合时不可以考虑中间情况（见图16.1）。从世界各国资本项目开放的实践来看，即使在资本项目实现完全开放以后，各国也不会放弃对市场的干预。Hausmann 等指出，被归类为浮动汇率制度或宽幅汇率带的国家在管理汇率政策的方式上存在显著差异，表现在国际储备的水平、汇市干预的倾向和为应对冲击所允许的汇率灵活性上[1]。沈国兵等将本币国际借债能力引入易纲的扩展三角模型基础，将三元悖论的不可能三角模型拓展为四面体假说，指出不可能三角是四面体假说的一个特例[2]（见图16.2）。假设所采用汇率制度汇率自由浮动的程度主要取决于本币在国际市场上的借债能力，本币在国际市场上的借债能力越强，则可以接受的汇率自由浮动程度越高。本币在国际市场上的借债能力与本国的货币政策以及资本管制程度也都存在紧密联系。当本币具有完全国际借债能力时，对于货币政策的依赖程度较小，资本管制程度也较低；但当本币具有不完全国际借债能力时，情况则相对复杂，货币政策可以实现完全独立，也可以部分独立或不独立，而资本同样可以不完全流动或者严格管制，这也排除了三者之间可能的内生性。

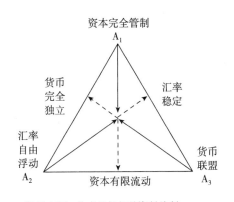

资料来源：作者根据相关资料绘制。

图 16.1　三元悖论的中间状态

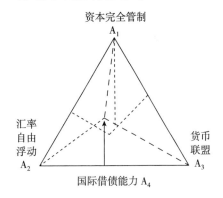

资料来源：作者根据相关资料绘制。

图 16.2　扩展三元悖论的四面体假说

---

①　HAUSMANN R，U PANIZZA，E STEIN. Why do countries float the way they float？[J]．Inter – American Development Bank，2000.

②　沈国兵，史晋川．汇率制度的选择：不可能三角及其扩展［J］．世界经济，2002（10）：5 – 17.

作为世界第二大经济体，我国拥有大规模的外汇储备①，这为政府干预外汇市场、维护汇率稳定提供了选项。增加了外汇储备维度的"扩展的三元悖论"也从理论上论证了汇率稳定、货币政策独立性、资本的自由流动可以在相当长的时期内并存，条件是中央银行要进行对冲操作。我国过去的实践经验表明，在升值期间，选择汇率稳定、货币政策独立、资本的自由流动会导致外汇储备的持续增加；在贬值期间，则会导致外汇储备的持续减少。由于长期的国际收支不平衡，我国外汇储备已经不再只是熨平汇率波动的工具，在更大程度上，外汇储备已经成为国民储蓄的重要形式，是国际经济实力的一种表现。因此，外汇储备也不应大量用于单向的、持续的外汇市场干预，因为通过干预外汇市场实行的"预期管理"并不能导致汇率的自主稳定，从根本上说，其取决于政府是否允许市场根据供求关系决定汇率水平。

第二节 人民币资本项目开放折中策略

基于上文"扩展的三元悖论"四个维度的分析，本节尝试从维护汇率稳定、保住外汇储备、保持货币政策独立性、实现资本自由流动的四个维度互相折中的视角，构建上海自由贸易港离岸金融市场人民币资本项目开放的分析框架。

一、上海自由贸易港离岸金融市场资本项目开放的策略模型

根据外汇供求理论，本书在赵大平资本项目开放折中模型②基础上，补充了外汇储备维度的考量，构建了上海自由贸易港离岸金融市场资本项目开放的策略模型。如图 16.3 所示，纵轴是以人民币兑美元的直接标价法表示的上海自由贸易港离岸人民币汇率水平（E），横轴是以离岸市场上美元交易量（Q）表示的人民币资本项目开放的策略区间（H）。E_0表示当离岸市场外汇供求平衡时的均衡汇率水平，$S_\$$ 和 $D_\$$ 分别为离岸市场美元的供给曲线和需求曲线。离岸市场人民币汇率主要由外汇市场人民币和美元的

---

① 截至 2018 年 5 月末，我国外汇储备规模为 31106 亿美元。

② 赵大平. 人民币资本项目可兑换模型及其在上海自贸区的实践 [J]. 世界经济研究，2015 (6)：43 - 53.

供求状态决定，当汇率处于均衡点 E_0 时，满足式（16.1）所示的修正的利率平价条件。

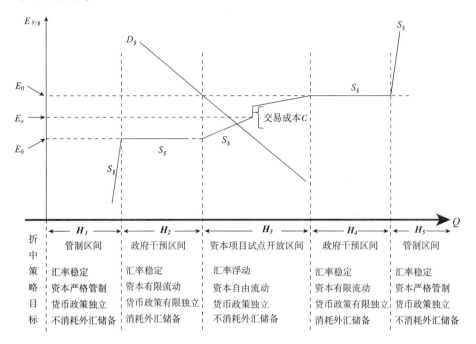

折中策略目标	H_1 管制区间	H_2 政府干预区间	H_3 资本项目试点开放区间	H_4 政府干预区间	H_5 管制区间
	汇率稳定	汇率稳定	汇率浮动	汇率稳定	汇率稳定
	资本严格管制	资本有限流动	资本自由流动	资本有限流动	资本严格管制
	货币政策独立	货币政策有限独立	货币政策独立	货币政策有限独立	货币政策独立
	不消耗外汇储备	消耗外汇储备	不消耗外汇储备	消耗外汇储备	不消耗外汇储备

资料来源：作者根据相关资料绘制。

图16.3　上海自由贸易港离岸金融市场人民币资本项目开放折中策略模型

当前，我国境内采取的是有管理的浮动汇率制，汇率自由波动幅度较小（日波幅 ±2%）。假设上海自由贸易港离岸金融市场实施金融自由化，拓宽了人民币汇率波幅，浮动 ±δ，则本书认为离岸市场汇率稳定的目标区间为 $[(1-\delta)E_0, (1+\delta E)E_0]$。基于我国当前维护经济金融稳定运行、保持货币政策独立性的重要前提，以及上海自由贸易港风险可控的战略要求，结合外汇市场的供求理论，本书将上海自由贸易港离岸金融市场的人民币资本项目开放划分为三个策略区间，即资本项目试点开放区间、政府干预区间、资本项目严格管制区间。根据"扩展的三元悖论"，在每一个策略区间，不可能实现汇率稳定、货币政策独立、保持外汇储备规模、资本自由流动四个目标的兼得，因而下文在每个区间提出了相应的折中策略目标。

1. 资本项目试点开放区间

折中策略目标：汇率浮动、资本自由流动、货币政策独立、不消耗外汇储备。

当离岸外汇市场美元的交易量 Q 处于 H_3 区间时，离岸市场人民币汇率水平 E 可以在 $[(1-\delta)E_0, (1+\delta)E_0]$ 范围内自由浮动，资本可以在 H_3 区间内自由流动，央行不需要采取任何的干预措施，货币政策能够保持相对独立。

2. 政府干预区间

折中策略目标：汇率稳定、资本有限流动、货币政策有限独立、消耗外汇储备。

当离岸外汇市场供求发生变动、汇率波动超出汇率稳定目标区间时，只要外汇市场投机冲击的规模不超过 $(H_4 - H_3)$ 或 $(H_2 - H_1)$ 的交易规模，央行就可以通过干预外汇市场，维护离岸人民币汇率的稳定。同时，资本流动导致的汇率波动也将通过利率的市场化调节而被吸收，但需要央行在保持货币政策独立性方面作出一定让步，即不采取冲销干预措施来稳定货币供应量。因此，当离岸外汇市场交易量 Q 落在 H_2 或 H_4 区间时，离岸市场人民币汇率水平 E 超出 $[(1-\delta)E_0, (1+\delta)E_0]$ 的自由浮动范围，政府需要动用适量的外汇储备，采取非冲销干预措施，影响离岸市场人民币供求关系，使汇率重新稳定在 $[(1-\delta)E_0, (1+\delta)E_0]$ 区间内。

3. 资本项目严格管制区间

折中策略目标：汇率稳定、资本严格管制、货币政策独立、不消耗外汇储备。

由于央行的外汇干预作用有限，当政府动用的外汇储备达到一定数额以后，汇率波动可能失控，人民币可能急速贬值或升值。换言之，当离岸外汇市场交易量 Q 处在 H_1 或 H_5 两极区间、离岸人民币汇率水平极高或极低时，央行需对此进行资本项目管制，防范汇率风险。

二、对资本项目试点开放区间的探讨

扩大上海自由贸易港离岸金融市场资本项目的开放，首先是要放松人民币跨境交易的管制，扩大离岸市场资本自由流动的空间。因此，本部分重点探讨 H_3 区间，拓宽汇率自由浮动幅度 (ΔE)，扩大资本自由流动范围 (ΔQ)。由前文的结论可知，上海自由贸易港离岸人民币汇率取决于本外币市场利率、汇率预期、市场的交易成本、资本管制因素。因此，还应将本外币利差因素 $(I - I^*)$、交易成本因素 C 纳入对 H_3 区间的探讨。

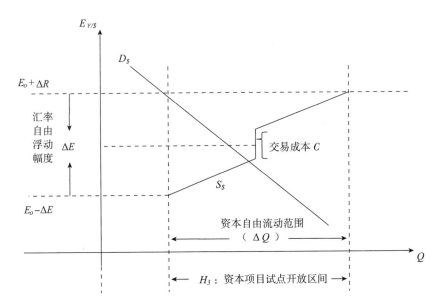

资料来源：作者根据相关资料绘制。

图16.4　上海自由贸易港离岸金融市场资本项目试点开放区间

由式（16.1）可知，由于存在交易成本 C，市场上的货币利差或者汇率的波动幅度较小时不会对离岸市场的外汇供求状况产生影响，只有当利差与汇率的波动幅度差大于 C 时，才会出现套利机会。我们继续上一章第二节的假设来展开说明，最初上海自由贸易港离岸金融市场的投资者在该金融市场上投资的 1 单位人民币，从自由贸易港离岸市场流向国外市场，该套利交易的成本系数为 θ（交易成本越大，θ 越小）[①]，则一年后这笔资本外流的机会成本 Cost（在离岸市场上的收益）为

$$\text{Cost} = 1 + I \tag{16.2}$$

该资本在国外市场上的收益 R 为

$$R = \theta\,(1 + I^{*})\,E_{t+1}^{e}/E_{t} \tag{16.3}$$

比较两个市场的收益，经过计算可以得到资本流动的下限为

$$\Delta E_{d} = \left[\,(1+I) - \theta\,(1+I^{*})\,\right]\,/\theta\,(1+I^{*}) \tag{16.4}$$

同样可以得到资本流动上限为

[①]　$\theta = (1-t_{1})(1-t_{2})(1-t_{3})$，一笔完整的非抛补套利交易活动由三次交易完成，$t_{1}$ 表示卖出本国有价证券的交易成本百分数，t_{2} 表示购买即期外汇的交易成本百分数，t_{3} 表示购买外国有价证券的交易成本百分数，t_{n}（$n = 1，2，3$）表示每次交易的交易成本数额占交易量的百分比。

$$\Delta E_u = [\theta(1+I) - (1+I^*)] / (1+I^*) \qquad (16.5)$$

其中，ΔE 为预期汇率变动（直接标价法），如果以 C_1 表示资本流出的交易成本，C_2 表示资本流入的交易成本，则可近似得到资本流入边界为

$$\Delta E_u + C_2 = I - I^* \qquad (16.6)$$

即当 $\Delta E_u + C_2 < I - I^*$ 时，资本将内流。

同样可以近似得到资本流出边界为

$$\Delta E_d - C_1 = I - I^* \qquad (16.7)$$

即当 $\Delta E_d - C_1 > I - I^*$，资本将外流。

资本自由流动的边界如图 16.5 所示。

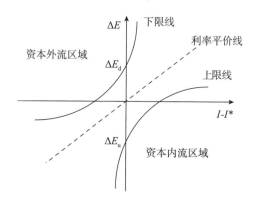

资料来源：作者根据相关资料绘制。

图 16.5 资本自由流动的边界

依据式（16.6）、式（16.7），得出结论 1：在 H_3 区间的资本套利活动中，在本外币利差（$I-I^*$）既定的前提下，交易成本（将 $C_1 + C_2$ 近似作为交易过程中成本总和 C）的增加，可能引起资本自由流动量 ΔQ 的减少，进而引起人们对预期汇率变化的判断不足，最终导致预期汇率波动幅度 ΔE 的相应缩小。

根据前文的研究，利率波动 ΔR 和汇率变动率之间存在显著的相互影响，利率波动 ΔR 与汇率变动率在一定程度上可以互相替代，即 $\Delta R = \lambda \Delta E / E$。据此，得出结论 2：当上海自由贸易港离岸人民币汇率、利率实施市场化之后，H_3 区间的汇率自由浮动幅度可扩大为 $[(1-\delta)E_0 - \Delta R, (1+\delta) E_0 + \Delta R]$（如图 16.4 所示）。

假设 H_3 区间美元对离岸人民币汇率的供给弹性为 $\varphi = (\Delta Q / Q) / (\Delta E / E)$，则离岸外汇市场上资本自由流动量空间为

$$\Delta Q = \varphi Q \ (\Delta E/E) \tag{16.8}$$

扩大上海自由贸易港离岸金融市场资本自由流动范围，即调整式（16.8）中 ΔQ 的大小。根据上述分析，得出：

$$\Delta Q = f \ (\varphi, \ Q, \ \Delta E, \ \Delta R, \ C) \tag{16.9}$$

依据式（16.9），得出结论3：提高外汇市场美元的供给弹性 φ，扩大外汇市场交易量 Q，扩大汇率、利率的自由波动幅度 ΔE、ΔR，降低外汇市场交易成本 C 等措施，能够进一步扩大离岸外汇市场资本自由流动 ΔQ。

第三节　上海自由贸易港离岸金融市场资本项目开放的路径

综上研究，上海自由贸易港离岸金融市场的人民币资本项目开放可划分为资本项目试点开放、政府干预、资本项目严格管制三个策略区间。推进上海自由贸易港离岸人民币资本项目试点开放的试验，可从以下三个方面逐步落实推进：一是逐步放宽离岸人民币汇率、利率的自由波幅；二是扩大离岸外汇市场交易规模，促进资本自由流动；三是降低离岸外汇市场交易费用，提高外汇供给弹性。一旦资本的自由流动超出资本项目试点开放区间，应立即实施政府干预甚至资本项目严格管制措施。

一、放宽离岸人民币汇率、利率自由波动幅度

2014年3月，央行已将人民币兑美元汇率的日波幅扩大到2%，而在上海自贸试验区内也已经完全取消了对外币存贷款利率的管制。因此，为了促进离岸金融市场资本项目的开放，需要进一步提高离岸人民币利率和汇率的自由波动区间。因此，可以尝试采取以下措施：

第一，完善离岸市场上居民与非居民自由贸易账户本外币资金利率的市场化定价监测机制。将离岸市场上银行存款利率市场化与地区性存款保险制度建设结合起来，建设上海地区性存款保险制度，并与国家存款保险制度绑定，形成保险与再保险机制。规定由存款保险覆盖的小额存款执行全国存款基准利率上浮的比例，数额超出存款保险上限的大额存款可完全市场化定价[①]。

---

① 杨帆. 天津离岸金融市场发展若干问题的研究——基于天津自由贸易试验区框架下的分析[J]. 价格理论与实践，2015（7）：79-81.

第二，加强中国外汇交易中心上海自贸试验区外汇交易所建设，创设多币种外汇调剂业务，挂牌英镑、欧元、日元、韩元、亚洲其他大国货币与人民币的汇价，减少通过美元交叉汇率的决定。条件成熟时，在离岸市场逐渐试点实施±2%～5%的目标区管理浮动汇率制度，并逐渐提高境内人民币汇率自由波幅，减小两个市场的人民币汇率自由波幅的差距，并在此基础上，上调离岸人民币汇率自由波动幅度。此外，对离岸市场上离岸人民币与越来越多的币种实现实时连续报价以及自由兑换等业务数据进行全天候的监测记录并公开，促进离岸人民币市场价格机制的形成。

二、扩大离岸外汇市场规模，促进资本自由流动

要拓宽离岸外汇市场交易规模，首先要消除境内外管制价差，因为如果境内外市场间存在较大的套利空间，将可能对境内市场造成巨大冲击。因此，应加快利率、汇率的市场化改革，而后在风险可控、套利空间趋窄的情况下，推进以下措施：

第一，进一步扩大 QFII、QDII 和 RQFII 的额度，推进上海前期试点的 QFLP、QDLP 等业务的发展，通过降低机构投资者进入自贸试验区资本市场的门槛，扩大资金供求，通过自由贸易港离岸金融市场的桥梁作用，平抑国内市场与国际市场利差。

第二，审慎推动不同币种进出市场及自由兑换，可先与东亚国家的货币自由兑换，强化上海在东亚地区的经济枢纽作用；对不同的行业，可实行区别对待，特别是对试验区的贸易企业、服务企业、科技创新企业、物流企业、航运企业等给予较大的货币兑换自由度；此外，还可以考虑对不同的资本账户科目实行动态区别对待。

第三，推动离岸金融衍生品市场的发展，研究推出场内交易的离岸人民币衍生产品。由于当前我国人民币盯住美元的汇率比重尚不能大幅缩减，因此在离岸市场上，应选择外汇互换业务。该业务不仅与实体经济联系密切，也需要灵活的人民币汇率市场化机制尽早在自由贸易港离岸金融市场形成。

三、降低离岸外汇市场交易费用，提高外汇供给弹性

目前，上海自贸试验区分账管理体系的建立、分账核算关于本外币一

体化的金融服务、关于境外融资与跨境资金流动的实施细则，为上海自贸试验区内的主体进行资金交易、降低交易成本做足了准备，下一步可在以下方面继续加强措施：

第一，进一步推动上海自贸试验区人民币跨境支付系统（CIPS）的业务拓展，降低离岸外汇市场的交易费用，提高资本流动对离岸人民币利率和汇率波动的弹性，扩大资本自由流动区间，进一步提升上海自由贸易港资本项目的开放度。

第二，提高资本流动对离岸人民币利率和汇率的波动弹性，进而影响央行货币政策的实施，主要包括加快货币流动速度、提高货币政策的传导效率、加强各金融市场之间的联系等，这也将会促进金融创新，优化金融资源配置，提升金融市场的运行效率。

第三，根据资本项目开放顺序和时间表，推进资本项目试点开放，促进上海自由贸易港离岸金融市场与国内外各种类型的金融市场的融合，加快上海自由贸易港、上海自贸试验区金融自由化改革试验的成功经验向全国的复制推广。

四、适时的政府干预，必要时的资本管制

第一，根据资本项目开放策略区间的划分，一旦资本流动规模超出资本项目试点开放区间，应立即实施政府干预。央行可以通过动用适量的外汇储备，采取非冲销干预措施，影响离岸市场外汇供求关系，使汇率重新稳定在目标区间内。

第二，央行的外汇干预作用有限，过度的市场干预可能导致价格发生扭曲，也就是说，当政府动用的外汇储备达到一定数额以后，汇率波动可能失控。因此，政府应辅以价格手段来限制资本的大规模流动，启动准备金、存贷比等货币政策调控手段控制离岸资产规模的扩张；实施托宾税等措施，强化对短期投资资本征收交易税、累进税等。

第三，当自由贸易港离岸人民币发生急速贬值或升值，政府的适度干预无法将汇率稳定在一定区间时，政府应及时启动紧急保障条款，采取临时性管制措施，实行账户隔离或适度实体隔离，重新对资本项目实施严格管制，应对快速扩张的汇率风险。

第七篇 风险防范

由前文可知，自由贸易港离岸金融市场的利率、汇率市场化及人民币资本项目逐步开放的试验，必然会面临区内外金融管制差异引发的矛盾和冲击。离岸金融市场放松金融监管的过程，还会促使国际"热钱"和境外资本涌入，并通过离岸金融市场向国内金融体系渗透，产生一系列系统性金融风险的传导和溢出。因此，本篇将首先以具有借鉴意义的香港及台湾人民币离岸市场为研究对象，运用 GARCH-CoVaR 模型实证考察境内关外的人民币离岸市场对国内金融体系的系统性金融风险溢出效应，找准离岸金融市场风险溢出的源头；然后，据此探讨上海自由贸易港离岸金融市场可能对国内金融体系造成的系统性金融风险，进一步明确风险溢出的源头和风险监管的对象；最后，提出相应的风险监管及防范措施，为实现上海自由贸易港离岸金融市场放松管制与风险监管防范之间的相对平衡做预警分析。

第十七章　离岸金融市场对国内金融体系风险溢出的实证分析

由于我国自由贸易港离岸金融市场尚处于设计构想、尚未步入实操阶段，本部分将实证考察我国境内的香港人民币离岸市场、台湾人民币离岸市场对国内金融体系的系统性金融风险溢出效应。虽然香港、台湾两个离岸市场分别实行内外混合、内外渗透的运行机制，但内地仍存在资本管制，因而两个市场作为独立个体而言，分别与我国内地在岸的金融市场保持着同样的资本管制约束下的有限渗透，这与上海自由贸易港离岸金融市场所采取的"有限渗透 + 严格分离"相似。所以，本书将以香港人民币离岸市场、台湾人民币离岸市场为研究对象，运用 CoVaR 模型，实证分析两个市场是否对国内金融体系产生风险溢出。

第一节　GARCH – CoVaR 模型

本部分运用 GARCH – CoVaR 模型进行实证检验。CoVaR 模型是在在险价值模型 VaR（Value at Risk）的基础上发展起来的。VaR 测度的是在一定的置信条件 q 下，金融机构 i 为了获取投资收益 r_i 所面临损失的风险，即

$$P\ (r_i \leqslant VaR_q^i) = q \tag{17.1}$$

VaR 是重要的风险测度方法，已经被广泛应用于风险管理实践中，但是 VaR 模型只适用于市场正常波动条件下的潜在风险测度，而无法准确衡量市场出现极端情况时的风险损失。Adrian 和 Brunnermeier（2009）提出的 CoVaR 模型可以测度在一定的置信条件 q 下，金融机构 j 获取的投资收益 r_j 小于 VaR_q^j 时，金融机构 i 获取收益 r_i 所面临的潜在风险损失。与 VaR 相比，CoVaR 模型重点关注的是金融机构之间的风险溢出效应。

$$P\ (r_i \leqslant CoVaR_q^{i,j}\ |\ r_j = VaR_q^j) = q \tag{17.2}$$

金融机构 j 对金融机构 i 的风险溢出强度为

$$\Delta CoVaR_q^{i,j} = CoVaR_q^{i,j} - VaR_q^i \tag{17.3}$$

对于不同的金融市场 i 和 j 来说，可以运用 CoVaR 模型研究金融市场 j 对金融市场 i 的系统性风险溢出。

利用分位数回归法可以计算 CoVaR 的具体值。与其他线性回归模型相比，分位数回归模型的优点在于能够准确地捕捉到回归变量在分布上尾和下尾时的异质性影响，体现出金融时间序列普遍存在的尖峰厚尾特征。

为研究离岸金融市场对在岸金融市场的系统性金融风险溢出，给定置信水平 q，进行如下分位数回归：

$$R_i = \alpha_q^{i,j} + \beta_q^{i,j} R_j \tag{17.4}$$

其中，R_i 表示境内金融市场，R_j 表示离岸金融市场。那么，$CoVaR_q^{i,j}$ 可以表示为

$$CoVaR_q^{i,j} = VaR_q^i \mid VaR_q^j = \alpha_q^{i,j} + \beta_q^{i,j} VaR_q^j \tag{17.5}$$

本书运用基于 GARCH 模型的参数方法测算 VaR 水平，即

$$VaR_q = S\sigma N^{-1}(q)\sqrt{T} \tag{17.6}$$

其中，S 为资产的初始值，T 为持有期限，均假设为 1；$N^{-1}(\cdot)$ 为标准正态分布累积分布函数的逆函数，σ 为条件波动率。对每一个收益率序列，本书通过估计 GARCH（1，1）模型拟合条件波动。

第二节　样本选取与描述统计

由于上海自由贸易港离岸金融市场尚未建立，本书用香港和台湾人民币离岸金融市场的相关数据代替。

本书数据来源于彭博（Bloomberg）数据库。本书样本期选择为 2011 年 9 月至 2016 年 6 月，数据频率为日度数据。

对于香港人民币离岸市场，本书分别选取中银香港人民币隔夜拆借利率（HIBOR）、花旗离岸人民币债券指数（CDSBI）、香港人民币兑美元即期汇率（CNH）作为香港人民币离岸货币市场、债券市场和外汇市场的研究对象。

对于台湾人民币离岸金融市场，本书选取台湾永丰银行点心债券指数（SDSBI）作为台湾人民币离岸债券市场的研究对象。由于台湾人民币兑美元价格与境内人民币兑美元即期价格一致，并且缺乏离岸人民币利率数据，在此不做分析。

对于境内在岸金融市场，本书分别选取上海银行间同业隔夜拆借利率（SHIBOR）、中债综合指数（CDI）、沪深 300 指数（CSI）、人民币兑美元即期汇率（CNY）、沪深 300 期货指数（CFCI），刻画在岸货币市场、债券市场、股票市场、外汇市场与期货市场。

本书运用对数差分计算各市场资产价格的收益率（除利率），即

$$r_t = \left[\ln\left(p_t\right) - \ln\left(p_{t-1}\right) \right] \times 100\% \tag{17.7}$$

从表 17.1 所示的样本描述统计中可以发现，香港人民币隔夜拆借平均利率为 2.17，要显著低于上海银行间同业隔夜拆借平均利率（2.70）。此外，香港人民币隔夜拆借利率的波动性高于上海银行间同业隔夜拆借利率。在债券市场方面，境内在岸债券市场收益率高于香港和台湾离岸人民币债券市场收益率。在外汇市场上，境内人民币兑美元收益率与香港人民币兑美元收益率相近。

表 17.1　　　　　　　　　　　样本描述统计

变量	最小值	最大值	均值	标准差
HIBOR	- 3.725	66.815	2.166341	2.324551
CDSBI	- 1.729	0.6255	0.01398	0.097084
CNH,	- 1.4516	2.8677	0.003974	0.196676
SDSBI	- 0.7335	0.719	0.018091	0.089114
SHIBOR	1.027	13.444	2.698145	0.964689
CSI	- 9.1542	6.4989	0.00876	1.645659
CDI	- 0.5861	0.7073	0.022018	0.084466
CFCI	- 10.5239	9.5263	0.007715	1.7329
CNY	- 0.6186	1.8097	0.003483	0.129386

对各市场收益率时间序列进行平稳性检验，结果如表 17.2 所示，ADF检验和 PP 检验结果都证明各收益率序列均是平稳的，符合运用 GARCH 模型计算条件波动率的基本条件。

表 17.2　　　　　　　　　　　样本平稳性检验

变量	ADF 检验		PP 检验	
	统计量	P 值	统计量	P 值
HIBOR	- 16.53433	0.0000	- 24.82045	0.0000
CDSBI	- 12.36880	0.0000	- 34.45175	0.0000

变量	ADF 检验		PP 检验	
	统计量	P 值	统计量	P 值
CNH	− 31. 88863	0. 0000	− 31. 76220	0. 0000
SDSBI	− 40. 81073	0. 0000	− 8. 481582	0. 0000
SHIBOR	− 5. 567576	0. 0000	− 6. 193451	0. 0000
CSI	− 33. 42984	0. 0000	− 33. 40929	0. 0000
CDI	− 21. 36100	0. 0000	− 21. 56530	0. 0000
CFCI	− 26. 21536	0. 0000	− 32. 20169	0. 0000
CNY	− 30. 03979	0. 0000	− 30. 03979	0. 0000

第三节　实证结论

本书基于 CoVaR 模型，利用 SAS 软件分别计算香港人民币离岸债券市场、货币市场、外汇市场，以及台湾人民币离岸债券市场对于境内在岸市场、股票市场、期货市场、外汇市场与债券市场的风险溢出。表 17.3 为分位数回归的结果。

表 17.3　　　　　　　　　　　分位数回归结果

R_j	R_i	α	β
香港人民币离岸债券市场	境内外汇市场	− . 1621987 [− . 1859043 ， − . 1384932]	− . 0598716 [− . 3022958 ， . 1825526]
	上海银行间市场	1. 456901 [1. 308003 ， 1. 6058]	− . 8784992 [− 2. 401201 ， . 6442028]
	境内股票市场	− 2. 420793 [− 2. 776123 ， − 2. 065464]	3. 863503 [. 2297374 ， 7. 497269]
	境内期货市场	− 2. 419596 [− 2. 803227 ， − 2. 035964]	2. 43716 [− 1. 486032 ， 6. 360353]
	境内债券市场	− . 1051515 [− . 1201696 ， − . 0901335]	. 164676 [. 0110942 ， . 3182578]

R_j	R_i	α	β
香港人民币拆借市场	境内外汇市场	−.1682727 [−.2003523，−.1361932]	.0008813 [−.0092167，.0109794]
	上海银行间市场	1.724803 [1.527263，1.922344]	−.1047084 [−.166914，−.0425028]
	境内股票市场	−1.56437 [−2.050379，−1.078361]	−.4758084 [−.6287948，−.322822]
	境内期货市场	−1.576316 [−2.122969，−1.029663]	−.39397 [−.5660459，−.2218941]
	境内债券市场	−.0872167 [−.1084372，−.0659962]	−.0079988 [−.0146786，−.001319]
香港人民币汇率市场	境内外汇市场	−.1494561 [−.1711919，−.1277204]	.3137786 [.2036271，.4239301]
	上海银行间市场	1.469761 [1.316494，1.623028]	.0495807 [−.7271377，.8262992]
	境内股票市场	−2.349689 [−2.632423，−2.066955]	−1.90268 [−3.335507，−.469852]
	境内期货市场	−2.41982 [−2.741966，−2.097674]	−1.544867 [−3.177425，.0876901]
	境内债券市场	−.0996052 [−.1158842，−.0833262]	−.0482764 [−.1307745，.0342217]
台湾人民币离岸债券市场	境内外汇市场	−.1640111 [−.1898954，−.1381268]	−.0549455 [−.3397253，.2298344]
	上海银行间市场	1.465436 [1.307256，1.623615]	−.661053 [−2.401348，1.079242]
	境内股票市场	−2.397367 [−2.746453，−2.04828]	2.530262 [−1.310396，6.370921]
	境内期货市场	−2.368114 [−2.774085，−1.962142]	2.426877 [−2.039633，6.893388]
	境内债券市场	−.1017953 [−.1172957，−.086295]	.0172127 [−.1533226，.187748]

注：方括号内是95%置信度下的置信区间。

VaR 和 CoVaR 都小于 0，根据式（17.3） $\Delta CoVaR_q^{i|j} = CoVaR_q^{i|j} - VaR_q^i$，当 $\Delta CoVaR_q^{i|j} < 0$ 时，表明市场 j 对市场 i 存在风险溢出效应。

图 17.1 反映了香港人民币离岸债券市场对境内金融市场的风险溢出情况。由图中的实证结果可以发现，香港人民币离岸债券市场对境内股票市场、债券市场和期货市场存在显著的风险溢出效应，但是对于境内货币市场和外汇市场的影响不显著。

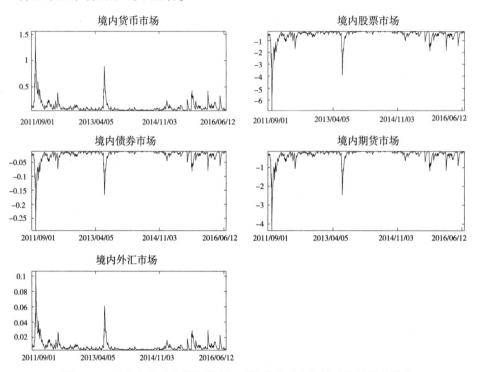

图17.1 香港人民币离岸债券市场对境内金融市场的系统性风险溢出

图 17.2 反映的是香港人民币离岸货币市场对境内金融市场的风险溢出效应，从中可以看出，这种风险溢出效应主要集中体现在境内外汇市场，并且从 2014 年开始，这种溢出效应呈现逐渐加强的趋势，而对境内其他金融市场不存在风险溢出效应。

图 17.3 描述了香港人民币离岸外汇市场对境内金融市场的风险溢出效应。从长期看，香港人民币离岸外汇市场对于境内货币市场和外汇市场的风险溢出程度较大，尤其是在 2015 年 8 月 11 日人民币汇率改革后，风险溢出程度达到峰值，远远高于其他时期，并且改革后的风险溢出平均水平也大于 2012—2014 年的水平；而对于境内股票市场、债券市场和期货市场来说，则没有波动溢出。

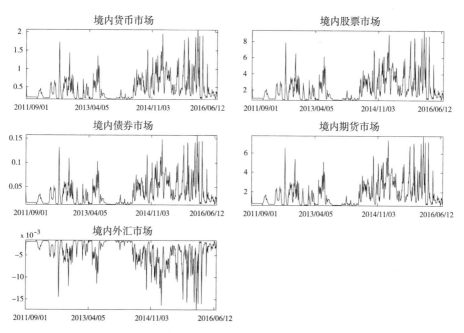

图 17. 2　香港人民币离岸货币市场对境内金融市场的系统性风险溢出

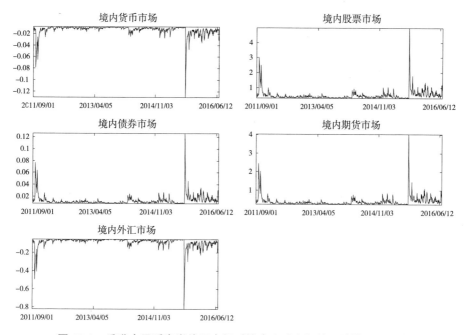

图 17. 3　香港人民币离岸外汇市场对境内金融市场的系统性风险溢出

图 17.4 描述了台湾人民币离岸债券市场对境内金融市场的系统性风险溢出效应。与香港人民币离岸债券市场对境内金融市场的系统性风险溢出情况相似，台湾人民币离岸债券市场对于境内金融市场的风险溢出效应主要体现在境内股票市场、债券市场和期货市场，且存在较强的、长期的系统性金融风险溢出；而对境内货币市场和外汇市场来说，这种效应则不明显。

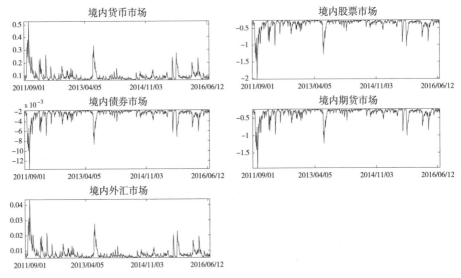

图 17.4　台湾人民币离岸债券市场对境内金融市场的系统性风险溢出

基于 CoVaR 模型的实证分析表明，人民币离岸金融市场对境内金融市场存在显著的风险溢出效应。具体来说：

（1）香港人民币离岸外汇市场的风险溢出效应主要体现在境内货币市场和外汇市场上。由此推断，上海自由贸易港离岸人民币利率、汇率的市场化及资本项目开放等金融管制的逐步放松，会对我国国内金融体系带来一定的风险溢出，主要表现在以下几个方面：

第一，离岸金融市场可能造成国内外债规模失控，并进一步引发债务危机。境内金融机构在离岸金融市场筹集资金并转移到境内金融市场后再贷给境内企业，随着这一资金转移活动的进行，境内企业的外债规模不断扩大。同时，境外金融机构借助离岸金融市场投资于本币金融产品，意味着境内金融市场承担的外债规模进一步增加。

第二，离岸金融市场将对国内货币政策产生扰动，影响了央行货币政策的独立性。当离岸市场与在岸市场之间出现较大的价差，形成套利空间时，会导致投机资本在两个市场之间大规模流动，为了维护市场稳定，央行必须运用货币政策等进行干预，进而影响了货币政策独立性；而且，离岸金融市场的发展还可能给境内市场带来输入性通胀压力，例如，境内金融机构或者企业在离岸金融市场筹集资金后大规模转移到境内市场进行投资等活动，在资本不完全自由兑换条件下，将导致境内货币供应量增加，进而产生通胀风险。

（2）香港人民币离岸债券市场、台湾人民币离岸债券市场对于境内股票市场、债券市场和期货市场来说，均存在长期较强的系统性金融风险溢出，主要表现在以下几个方面：

第一，从资产价格定价权方面看，离岸金融市场上衍生类金融产品价格会引导境内金融产品价格的变动，削弱其自主定价权，不仅不利于自身发展，还会影响金融体系的稳定。

第二，从市场波动的角度看，离岸金融市场资产价格的波动会冲击境内金融市场资产价格的稳定，加剧境内金融产品市场的波动。

由此推断，上海自由贸易港离岸金融市场上金融机构的产品创新以及金融机构的发展，将向国内金融体系溢出风险。

第十八章　上海自由贸易港离岸金融市场的系统性金融风险分析

　　研究自由贸易港离岸金融市场的金融风险，应在考察离岸市场金融体系内在脆弱性的基础上，充分研究境外宏观经济金融变化对区内及境内区外的风险溢出。根据前文关于香港人民币离岸市场、台湾人民币离岸市场对国内金融体系的系统性金融风险溢出效应的实证结论，结合上海自由贸易港离岸金融市场的运行机制以及 FSAP① 等宏观审慎风险评估框架，本书认为，上海自由贸易港离岸金融市场系统性金融风险溢出，主要包括国际宏观经济风险、跨境资本流动风险、离岸市场金融管制放松对国内溢出的风险、离岸市场金融机构创新向国内溢出的风险，见图 18.1。

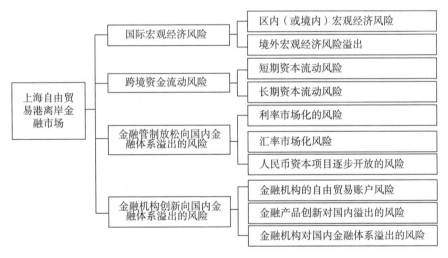

资料来源：作者根据相关资料绘制。

图 18.1　上海自由贸易港离岸金融市场的系统性金融风险溢出

---

　　① FSAP 是 Financial Sector Assessment Programme 的缩写，即金融部门评估规划，FSAP 是国际货币基金组织和世界银行联合启动的评估项目，主要评估各国金融体系的稳健性（脆弱性），包括宏观审慎指标（如经济增长、通货膨胀、利率等）、综合微观审慎指标（如资本充足性、盈利性指标、资产质量指标等），推动国际监管标准的实施。

第一节　国际宏观经济和跨境资本流动的风险

上海自由贸易港离岸金融市场建设，将进一步放开金融市场准入，促进金融机构集聚，离岸市场跨境资金交易规模也将随之扩大。受到信息不对称以及"洗钱"等非法资金交易活动的影响，资金跨境流动过程中可能引发的国别风险也会加大，而自由贸易港离岸金融市场风险还可能通过各种渠道进一步传递到境内金融市场。

1. 境外宏观经济风险

作为衔接国内外贸易、金融活动的主战场，上海自由贸易港在建设发展离岸金融市场的过程中，不仅要关注本国宏观经济的发展情况，还要关注其他国家经济金融发展情况的变化。在全球经济维持低速增长、经贸"逆全球化"波动的趋势背景下，各国经济发展走势分化进一步加剧，美国经济逐步回暖，而欧洲、日本以及一些新兴市场经济体仍然处于困境之中。在不同的经济发展环境下，主要经济体的货币政策也在逐步走向分化，甚至出现背离。美联储已经退出量化宽松政策并采取加息政策，而欧洲和日本央行为了促进本国经济的复苏仍在继续实施量化宽松政策，使得美元开始持续走强，国际金融市场也随之出现波动调整，给其他国家带来了巨大的冲击，而且美元升值趋势下国际资本加速回流美国，许多高负债、高杠杆经济体将面临严重的偿债危机，国际金融市场的宏观经济风险正在逐步加大。对于我国来说，上海自由贸易港离岸金融市场作为连接两种资源、两个市场的通道，如果管控不当，境外宏观经济风险将会通过自由贸易港流入国内市场，进而对国内金融体系产生重大影响。因此，应重点关注新形势下所暴露的各种宏观经济风险通过上海自由贸易港扩散到境内市场，冲击我国金融稳定。

2. 跨境资本流动风险

在自由贸易港离岸金融市场的建设发展中，扩大资本项目开放，将为国际投机资本进行套利提供空间，进而引发跨境资本的大规模流动。在这种情况下，如果缺乏有效的监管和防范措施，将进一步加剧我国国际收支调节与资本管制难度，催生金融风险，影响我国境内经济金融的稳定运行。

（1）短期资本流动风险。短期资本跨境流动主要是为了进行套利交易，而离岸金融市场建设为短期资本跨境自由流动提供了重要的基础。如果短期资本借助离岸市场的各种渠道大规模进入境内金融市场，容易引发资产价格泡沫，影响金融市场的稳定，而在资本不完全开放的条件下，资本的大规模流入会使得外汇储备增加，并通过外汇占款的形式导致货币供应量增加，从而产生通胀压力，降低了货币政策的独立性。随着全球大部分经济体踟蹰在低利率甚至负利率区间而美国却连续实施加息政策①，利差的扩大使得资本开始迅速外逃、流回美国，给人民币带来巨大的贬值压力，汇率开始出现波动，并进一步传递到金融市场，冲击金融市场的稳定，系统性金融风险逐步加大。

（2）长期资本流动风险。在国际金融市场上，长期资本主要通过证券投资、国际借贷以及直接投资的形式流动。在上海自由贸易港离岸金融市场的建设发展中，长期资本的流动同样可能引发风险。当国际资本通过在离岸金融市场以资金借贷方式大规模流入到国内市场进行证券投资时，会导致证券市场供求状态发生变化，证券价格剧烈波动，影响金融市场稳定。在缺乏有效监管的情况下，国际借贷资本的大规模涌入导致国内金融市场资金过于充裕，商业银行容易产生盲目扩大信贷规模的行为，使得潜在的信贷风险加大。受国际金融市场冲击，当资本开始大规模流出时，国内金融市场资金的流动性将受到影响，进而引发金融市场的波动。

第二节　离岸市场的金融管制放松向国内金融体系溢出的风险

上海自由贸易港离岸金融市场加速金融制度改革，势必会带来市场内外的金融双轨制，引发区域内外的矛盾和冲击，并累积成套汇、套利等流动性风险。我国自由贸易试验区战略的前提是风险可控，因此需要在金融管制放松的过程中对潜在的金融风险进行重点关注和防范。

1. 利率市场化的风险

利率市场化的本质就是要取消对利率的管制，利率水平由金融机构根据金融市场上资金供求状况的变化进行调整，建立以央行基准利率为基础、以货币市场利率为中介、由市场供求决定的利率形成机制。当前，境外的

---

① 2015 年 12 月 16 日，美联储宣布上调联邦基准利率 25 个基点，利率浮动区间上浮至 0.25%～0.5%；2016 年 12 月 14 日，美联储宣布加息 0.25 个百分点：超额存款准备金利率提高至 0.75%，逆回购利率提高至 0.50%。

资金成本低于我国境内，随着上海自由贸易港离岸利率市场化的加快推进，离岸市场的资金成本也将逐渐低于国内其他区域，因此市场内外利率的双轨制可能引起资金流动风险。具体来讲，在离岸金融市场利率市场化改革的刺激下，国外大量资本进入离岸市场，形成一个利率洼地，从而成为境外资金进入国内的跳板，一旦境外资金发生大规模的异常流动，将对国内金融市场造成严重的冲击。

2. 汇率市场化风险

汇率市场化改革就是要提高市场自发调节机制在汇率价格形成中的决定性作用，人民币汇率价格要符合国际市场上人民币的供求状况，并能够根据供求状况的变动进行灵活调整。随着自由贸易港离岸汇率的市场化改革，自贸试验区内外会形成不同的汇率，汇率双轨制的存在会诱使区内外相关机构通过离岸市场转移资金来赚取汇率差额，在离岸市场上形成资金流动风险，并进一步通过国际借贷、国际证券投资以及外汇市场传导到国内，形成对国内金融市场的冲击。

汇率市场化风险是各国经济金融市场化发展中面临的重要难题。从东南亚国家利率市场化改革的经验教训看，经济金融发展实力的不足以及金融改革经验的缺乏，导致汇率市场化改革的同时产生了资产价格泡沫、债务增加等问题，最终以失败告终；而且很少有国家能够实施彻底的汇率市场化改革，即使是一些发达国家，在实施汇率市场化改革过程中也面临着各种各样的风险。

3. 人民币资本项目逐步开放的风险

资本项目的开放意味着要放松或取消对跨境资本流动的管制，实现外汇自由兑换，促进本国金融市场的对外开放。上海自由贸易港离岸金融市场上的人民币资本项目的逐步开放，就是要在试验区的封闭市场中逐步探索放松人民币跨境交易的管制、推行人民币在资本项目上进行自由兑换、将自由贸易港离岸金融市场对外开放。

随着自由贸易港资本项目开放改革的推进，国际资本能够在离岸市场与国际金融市场之间自由流动，离岸金融市场将面临资本流动风险，尤其是当前全球大部分经济体仍在实行量化宽松政策的背景下，美联储加息将对全球金融市场产生冲击，并可能造成我国自由贸易港离岸金融市场的货币贬值、资本外流抑或是大规模调整动荡，从而进一步威胁我国国内金融市场安全。

第三节　离岸市场的金融机构创新向国内金融体系
溢出的风险

作为一种金融创新，在自由贸易港发展离岸金融市场，其本身就是一个金融风险载体。预计在上海自由贸易港离岸金融市场建设的初期，金融风险不会充分显现。但随着离岸市场金融管制的逐步放开和自由贸易账户的广泛使用，金融创新不断加快，金融产品和业务也将向多元化、复杂化发展，离岸市场金融机构跨区、跨境、跨行业、跨市场的风险交叉传导，各种金融风险可能会凸显。

1. 离岸市场上金融机构的自由贸易账户风险

账户渗透，通过在岸账户与离岸账户之间的借贷来实现资金的转移渗透。目前，上海自贸试验区内实施的是"一线放开，二线管住"① 的自由贸易账户分账核算体系，离岸金融市场建设初期也将以自由贸易账户的分账核算功能为依托，实行"有限渗透 + 严格管理"模式，既保证资金渗透的通道畅通，又能强化对渗透规模加以量化的严格管理。如何管控离岸账户向在岸账户资金渗透的总量，是个值得深思的问题，因为一旦离岸账户向在岸账户的资金渗透量超出实体经济需要，将会诱发一系列账户风险。

2. 离岸市场的金融产品创新对国内溢出的风险

随着自由贸易港离岸金融市场的发展，市场上的金融机构在积累金融创新经验、积极研发推广创新金融产品的同时，也将对国内各金融产品市场构成压力。一方面，离岸市场上金融机构大力开展金融产品创新，以尽量避开监管机构的监管，放大了杠杆倍数，加强了金融市场和金融机构之间的联系，同时也提高了离岸金融市场风险向境内市场传递的可能性和渗透度。另一方面，离岸市场的金融产品创新可能会抢夺相应在岸金融产品市场的定价权，威胁在岸金融产品市场发展，对在岸金融产品市场产生波动溢出效应，冲击在岸金融产品市场的稳定。

---

① "一线"指自贸试验区和境外之间，"二线"指自贸试验区和境内区外之间；"一线放开"指自由贸易（FT）账户与境外账户、境内区外的非居民账户，以及 FT 账户之间的资金可自由划转；"二线管住"指机构 FT 账户与境内（含区内）机构非 FT 账户之间产生的资金划转（含同名账户）视同跨境业务管理。

3. 离岸市场的金融机构对国内金融体系溢出的风险

金融机构相互关联性的增加以及相互作用下的放大机制使得金融机构存在脆弱性。所以，自由贸易港离岸金融市场上的金融机构通过与境内市场法人或上级机构之间的相互作用，使得离岸市场金融风险能够对境内市场产生溢出效应，影响境内金融机构的资本充足性、资产质量、盈利能力等。例如，离岸市场上银行机构开展的抵押贷款和表外业务受到资产价格波动冲击时，会影响境内银行系统的稳健运行。

另外，随着上海自由贸易港离岸金融市场准入的不断开放，金融机构的经营基础和环境将会发生重大变化。目前，上海自贸试验区吸引了不少国际金融机构，离岸金融市场建设的优惠政策将进一步产生虹吸效应，引起离岸金融市场银行贷款增加，周边在岸金融市场的银行贷款减少，加剧在岸金融市场与离岸金融市场之间的金融替代，尤其是离岸金融市场与在岸金融市场金融机构之间的竞争。

第十九章　自由贸易港离岸金融市场的风险监管与防范分析

根据前文的研究结论可知，离岸金融市场对国内金融体系存在着系统性金融风险的溢出。因此，本章借鉴香港及台湾人民币离岸金融市场的监管经验，在找准上海自由贸易港离岸金融市场风险溢出的源头、明确风险监管对象之后，努力寻求放松管制与风险防范之间的相对平衡，防范过度的金融风险，实现上海自由贸易港离岸金融市场的健康发展。

第一节　对自由贸易港离岸金融市场跨境资金流动的风险监管

1. 做好跨境资金流动风险的防范措施

按照"一线宏观审慎、二线有限渗透"的总体监管原则，上海自由贸易港离岸金融市场应分别在"一线"和"二线"建立两道资金往来调控闸门，提前做好防范跨境资金流动风险的措施。可以通过托宾税限制短期资本流动，对某些投机项目采取更高的税率。从众多金融危机爆发的原因看，短期资本的大规模流动是诱发风险的重要因素。因此，对于资金在在岸与离岸市场之间的流动，可参照托宾税的做法，当跨境流动资金出现期限不匹配或者是受到境外金融市场的冲击时，对短期流动增收高税率，进而降低资本大规模流动对本国金融市场的冲击。

2. 加强跨境资金流动风险的监测

第一，设计开发跨境资金流动监测系统，重点对短期资金的流动情况进行实时监测，准确掌握资金的跨境流动情况，并通过构建资金异常流动风险指标体系，对跨境资金流动风险进行有效识别，监测异常资金流动情况及可能引发的风险，进而采取相应措施做好风险防范。

第二，构建跨境流动资金风险预警机制，通过选择相关指标和模型，对跨境资金流动情况进行模拟，计算风险临界点，制定多种应对预案，在危机出现之前及时警示，在风险接近临界点水平时及时采取针对性措施，实现跨境资金流动的风险识别、预警与处置之间的协调，严格防止资金脱离实体经济而在金融体系内"自我循环"。

第三，金融监管当局做好对跨境资金用途的审查，通过采取备案制和额度管理，做好对跨境资金的事前监管，同时对资金在自贸试验区、自由贸易港内的运转进行监测和管理，加强对跨境资金流动的事中与事后监管。此外，还要积极与境外监管机构建立合作机制，进行信息交流与沟通，及时了解自由贸易港离岸金融市场往来资金的来源和去向。

第二节　对自由贸易港离岸金融市场金融管制放松的风险防范

针对上海自由贸易港离岸金融市场和国内市场未来可能出现的利率、汇率双轨制，及由此产生的风险与危机，决策部门应充分考虑在放松金融管制与防范金融风险之间寻求平衡，制定相应的制度措施，防止大规模的套利、套汇风险。

1. 适度放宽准备金监管要求

我国现行的存款准备金制度不适用于离岸市场的外汇存款，但是随着自由贸易港离岸金融业务规模的不断扩大，需要根据离岸市场与在岸市场之间的联系程度，实施离岸存款准备金制度，如果离岸与在岸市场分离程度较高，可以适当降低离岸存款准备金要求。具体来说，可将流动资产与负债之比下限设为25%，并按生息资本的30%计提准备金，进行风险防范。

2. 开展引导资金走向的制度创新

尝试通过对境内外金融机构采取统一的账户资金管理、实施离岸交易的储备金制度、设定存款指标限制、进行人民币自由兑换风险评估等措施，引导自由贸易港离岸金融市场资金的投融资走向，并对资金由离岸市场向在岸市场的渗透采取额度管理措施。

3. 开展顺应离岸市场发展的混业监管模式创新

在上海自贸试验区，目前是由证监会、银保监会搭建了一个全方位的监管平台，但依然存在监管盲区。在当前的经济和金融发展趋势下，以银行为核心的分业经营模式很难持续下去，而混业经营具有更强的适应性。当前，自贸试验区对FT账户以及金融市场的监管可能无法满足混业经营发展的要求，因为在自贸试验区混业经营模式发展过程中，同一个FT账户中的资金可能同时与银行、证券、保险等多个部门关联，而分业监管模式下各监管部门相互独立，很难对整个市场的金融风险进行全面监管，降低了金融监管的有效性。因此，可以选择利用综合信息平台，对上海自由贸易港离岸金融市场以集中"会诊"的创新模式进行监管，在保持原有的分部门、专业化监管格局的基础上，实现协调监管，解决综合性的金融监管问题，而对监管人员的配置和培训采用"矩阵式"模式，如银行内部风险控制模式。可以预见，从金融分业发展到混业经营必将是 FT 账户资金监管的重要前提，而金融监管制度创新更应以混业经营为趋势。

第三节　对自由贸易港离岸金融市场金融机构风险外溢的监管

从前文的研究可知，上海自由贸易港离岸金融市场上的金融机构创新对国内金融体系将存在风险溢出。因此，在风险的监管上，应着重对 FT 账户的风险进行监管，加强对上海自由贸易港离岸金融市场金融机构的内部管理。

1. 对 FT 账户风险的监管防范

第一，加强 FT 账户内资金流向监控。按照"宏观审慎监管"原则，根据监管系统风险的时间分布以及跨境金融机构的设置，设立 FT 账户资金监控体系，对于进出 FT 账户的资金进行实时、全程跟踪监测，对其中规模较大、频率较高的资金流动给予重点关注和检查，并适时采取必要的暂停机制。同时，对交易项目以及交易对象资金交易的真实性进行严格审查，严厉打击"热钱"套利、恶意套现等可能引发风险的资金异常流动。

第二，建立 FT 账户本外币汇兑监测机制。在"一线宏观审慎、二线有限渗透"的严格管理下，在离岸市场内建立居民自由贸易账户和非居民自由贸易账户本外币汇兑的监测机制，利用金融大数据统计，建设统一的金融监管信息平台，促进金融监管信息的归集、交换和共享。

第三，加强对 FT 账户的量化管理。上海自由贸易港离岸金融市场应加强与国内市场之间资金的"后向联系"渠道，探索建立 FT 账户资金在离岸与在岸市场流动的总量监管模式，基于企业投融资汇兑需求量变动情况，合理确定上海自由贸易港离岸金融市场"年度总额控制"模式。按照"有限渗透"的基本监管原则，金融监管机构应当适时扩大或收缩汇兑额度，保证有足够的资金流量来恰当满足实体经济需要。对于区内主体开展的投融资活动,可以根据资金交易的类型实行分类管理。具体来看,对于经常项下和直接投资项下的跨境资金流动,可以取消其渗透限制;而对于资本项下的资金交易,要合理控制资金交易的规模,即采用限额审批制,在审批的限额内,离岸市场的人民币可以在境内金融市场进行投资。同时,要对在岸市场与 FT 账户之间资金流动的交易背景进行监管,必须以实体经济需求为基础,防止风险向在岸账户传递,避免日本"再贷款"① 现象的发生。

2. 加强对离岸金融市场金融机构的内部管理

第一,完善金融机构定期向监管部门报告或者信息披露制度。尝试根据巴塞尔协议Ⅲ要求自由贸易港离岸金融市场和金融机构进行信息披露,在试点初期,为了降低风险,可以适当增加信息披露的项目,提高信息披露的频率。随着离岸金融市场监管制度的完善,可以根据离岸金融市场运行的稳定情况对披露的项目和频率进行调整。

第二,构建金融机构信息披露量化指标体系,设立人民银行紧急状态下的特权制度。上海自贸试验区内所有金融机构,特别是银行类机构,要每日及时向人民银行等监管部门汇报本机构的跨境资金流动情况。人民银行在离岸金融机构的跨境资金流动管理过程中,应当建立紧急状态下的特殊规则。当离岸金融市场上商业银行等机构的跨境资金流动出现大幅波动时(大于3倍日波动标准差),金融监管当局应要求金融机构对跨境资金流动情况进行实时披露;当跨境资金波动幅度达到规则临界值时,金融机构应向监管部门上报资金流动的详细数据和信息;而当整个离岸金融市场上的金融机构都出现跨境资金流动异常情况时,监管部门应及时启动应急措施,暂停或限制资金的跨境流动。

---

① 1984年6月,日本政府废除外汇兑换限制,由于经过"特别国际金融账户"向国内账户转移离岸资金需要缴纳准备金,日本经营离岸业务的商业银行在逐利动机下,将离岸筹集的大量外汇资金贷给其在中国香港和新加坡的境外分行,境外分行再将这些资金贷给国内金融机构和企业,绕开了政府对离岸资金进入在岸的监管通道,出现了离岸资金向在岸市场的严重渗透,产生了日本"再贷款"危机,严重冲击了日本的经济,在房地产领域以及金融领域形成了极大的泡沫,损害了实体经济的发展。

总　结

　　中国自由贸易港的建设探索应高度参考中国香港、新加坡等国际先进经验模式，但又不能完全照搬。进入新时代以后，中国自由贸易港的建设探索要体现中国特色，致力于打造开放层次更高、营商环境更优、辐射作用更强的开放新高地，尝试成为中国开放型经济创新发展的先行区。本书从培育离岸金融市场的视角为我国自由贸易港的建设探索提供参考。

一、结论

　　1. 对自由贸易港培育离岸金融市场可行性、必要性的论证

　　首先，本书通过梳理近年来我国离岸金融业务及离岸金融市场的发展、我国自贸试验区战略的金融创新政策及实践、我国自由贸易港的金融开放期许，从自由贸易港金融开放的具体领域、离岸金融市场建设的功能、二者的异同点、自由贸易账户体系的设置、全国前两批获批建立自贸试验区的区域以及"一线放开"的角度六个方面，论证了自由贸易港离岸金融市场建设的可行性，得出结论：自由贸易港为离岸金融市场的建立与发展提供了良好的基础条件，而建立离岸金融市场、推动离岸业务的发展能够从微观上推动金融体制改革，加快自由贸易港金融功能的建设探索，促进区域经济发展和高水平的对外开放。

　　其次，离岸金融是自由贸易港的应有之义，我国对保税区境内关外及离岸金融的认识存在不足；离岸金融市场是加快自由贸易港金融开放目标实现的有效手段，自由贸易港为消化区内自由贸易账户资金，迫切需要建立层次和功能齐全的境内关外金融市场；离岸金融是推进自由贸易港发展离岸贸易的有效支撑，自由贸易港在开展离岸贸易的基础上，需进一步开放高端服务业，发展离岸金融业务；在岸的离岸金融市场建设将进一步推动人民币国际化进程，以此阐明了建设自由贸易港离岸金融市场的必要性。

　　2. 对自由贸易港离岸金融市场培育潜力评价指标体系的构建

　　本书通过梳理新加坡、中国香港、开曼群岛这三个既是自由贸易港，

也是离岸金融市场的案例，以及 IBF、JOM、BIBF 三个境内关外离岸金融市场的案例，对我国自由贸易港建设发展离岸金融市场提出了三点经验启示，即区位条件、制度要素、风险监管。

在此基础上，本书构建了自由贸易港离岸金融市场培育潜力的评价指标体系，该体系共分三个层次：一级指标为自由贸易港离岸金融市场的培育潜力，二级指标为政策制度环境指标、宏观经济环境指标、金融开放程度指标、基础配套设施指标四个方面，三级指标为金融创新政策、GDP 年增长率、金融业增加值占 GDP 比重、基础系统设施（FT 账户和人民币跨境支付系统）等 20 个具体指标。而后，为了对拟培育离岸金融市场的目标区域进行综合打分和评价，本书将无法衡量的指标进行合理删减，将高度相关或观测值无差异的指标剔除，将内容重复的指标进行筛选，最终确定了简化后可进行具体量化操作的自由贸易港离岸金融市场建设发展评价指标，包括 1 个一级指标、4 个二级指标、13 个三级指标，其中定量指标 11 个，定性指标 2 个。

最后，本书运用因子分析法，对上述简化后的指标体系中各指标因素的有效性进行实证检验，得出结论：影响一个区域培育、建立、发展离岸金融市场的因子可以归纳为对外经贸因子、金融运行和配套保障因子、经济发展增速因子；三个因子按其方差贡献率大小排序，依次表明了离岸金融市场目标区的培育基础、建设基础、发展速度，对于我们所要考察的自由贸易港离岸金融市场的培育潜力，具有很强的整体解释作用。

3. 对自由贸易港培育离岸金融市场区位选择的论证

本书建立计量分析模型，按照简化后的自由贸易港离岸金融市场培育潜力评价指标体系中的 13 个指标，将已获批建立自贸试验区的 4 个区域所在的 7 个城市（上海、深圳、广州、珠海、天津、福州、厦门），以及部分第三批获批建立自贸试验区且具有较强金融开放创新竞争力的 6 个城市（重庆、宁波、大连、武汉、西安、郑州）作为我们培育离岸金融市场的潜在目标区域，对其培育离岸金融市场的潜力进行打分。同时，对我国离岸金融发展得较为成熟的香港，也参照此体系予以量化评价，将 13 个目标区域的得分与已发展成熟的香港地区的得分进行比较，得出结论：上海虽然距离香港国际金融中心还有一定差距，但其培育离岸金融市场的潜力均大于其他地区。深圳、广州、天津三个地区的最终得分依次递减，但均在被考察区域的平均水平之上，故均具有培育离岸金融市场的一定优势。其他 9

个被考察区域，本书认为暂不具有培育离岸金融市场的潜力。

鉴于深圳、上海、天津三地早在自贸试验区战略实施以前，就已分别获批开展离岸金融业务，且具有一定的离岸金融业务基础，因此本书着重对上海、广东深圳、天津三地自贸试验区培育离岸金融市场的基础和优势进行考察，对三地自贸试验区的金融创新实践进行对比，最终认为上海自贸试验区在地缘条件、账户条件、政策条件，以及金融业务体量、营商环境、基础配套等方面，都具有更突出的培育离岸金融市场的基础和优势。特别是自由贸易账户的运行，为自由贸易港离岸金融市场建设提供了平台和载体。

4. 对上海自由贸易港离岸金融市场建设布局的论证

本书首先研究上海自由贸易港离岸金融市场的目标定位。（1）发展目标：在现有的政策框架和自由贸易账户范围内，放松金融管制，培育市场机制，在风险可控前提下，对资本项目开放进行先行先试；拓展金融服务实体经济能力，支持先进制造业、生产性服务业、战略性新兴产业、生态工业以及高新技术产业的发展；对接国际资本，吸引国际机构，提供本外币一体化的综合金融服务；对标国际金融市场环境，打造具有上海特色的在岸型离岸金融市场，强化上海国际金融中心地位，助推人民币国际化战略。（2）功能定位：上海自由贸易港离岸金融市场的建设与发展具有过渡、缓冲意义，发展初期更倾向于借用境外资金支持国内传统优势产业的转型升级和实体经济的进一步发展，打造吸引外资的资本"偏进型"的离岸金融市场；中期通过离岸人民币贸易融资培育"纯离岸型"市场；长期以扩大人民币对外直接投资培育"国际借贷流出型"市场。

另外，本书还论证了上海自由贸易港离岸金融市场的模式选择及发展策略。（1）发展模式：上海自由贸易港离岸金融市场可以自然形成为基础，以传统的政府推动为依托，以创新政策为手段，形成多种动力叠加的发展模式。（2）运行模式：通过对比美国 IBF 产生之际的异同点，上海自由贸易港离岸金融市场初期应实行"有限渗透 + 严格管理"的运行模式，后期逐渐过渡到向上海市的全面渗透，当"有限渗透"的自由贸易港离岸金融市场逐渐过渡到向上海市"全面渗透"时，类似伦敦的内外混合型的上海国际金融中心也将最终实现，离岸市场上先行先试的利率、汇率市场化机制也将在全国复制和推广。（3）发展策略：现阶段，上海自由贸易港离岸金融市场建设发展的主旨，是要满足实体经济贸易投资便利化的合理需求，在"一线宏观审慎"和"二线有限渗透"的严格管理下，借助政府推力，建设同时服务居民与非居民、本外币一体化的"全牌照"离岸金融市场。在资金渗透方向上，先单向再双向。在渗透渠道上，通过贸易和投融资等多种渠道吸引国际资金；对于区内企业和非居民，开放其在经常和直接投资项下在岸账户与自贸账户之间的渗透限制；而在资本项下，采取限额审批。在渗透规模上，实施区内与境内区外自由贸易账户资金流动总量管控模式，即按照企业投融资汇兑需求的预测实施"年度总额控制"模式，在一定程度上容忍跨境资本套利行为。在渗透管理上，可采取临时性管制措施，实行账户隔离或适度实体隔离。当前，上海自由贸易港离岸金融市场应把握住自由贸易账户的资金渗透流向偏好，将当前的管理重点放在资金流出上。

5. 对自由贸易港离岸金融市场资本项目试点开放策略的论证

本书通过探讨上海自由贸易港离岸人民币的利率、汇率形成机制，基于扩展的"三元悖论"的四面体假说，提出了上海自由贸易港离岸金融市场人民币资本项目开放的分析框架，在前人研究基础上，补充了外汇储备维度，构建了上海自由贸易港离岸金融市场人民币资本项目开放折中策略模型，划分出资本项目试点开放、政府干预、资本严格管制三个策略区间，并重点对资本项目试点开放区间进行探讨，得出放宽离岸人民币汇率和利率自由波幅、扩大离岸外汇市场规模、促进资本自由流动、降低市场交易费用、提高外汇供给弹性的结论，并据此提出上海自由贸易港离岸金融市场人民币资本项目试点开放的路径措施。

放宽离岸人民币汇率、利率自由波动幅度，可尝试以下方法：一是将试验区离岸市场上银行存款利率市场化与地区性存款保险制度建设结合起来，建设上海地区性存款保险制度，并与国家存款保险制度绑定，形成保险与再保险机制。二是加强中国外汇交易中心上海自贸试验区外汇交易所建设，创设多币种外汇调剂业务，减少通过美元交叉汇率的决定机制。条件成熟时，在离岸市场试点实施±5%的目标区域管理浮动汇率制度。

扩大离岸外汇市场规模，促进资本自由流动，可尝试以下方法：一是进一步扩大 QFII、QDII 和 RQFII 的额度，通过降低机构投资者进入门槛来扩大资金供求，扩大离岸外汇市场规模。二是在币种兑换方面，对不同币种的进出及自由兑换审慎对待，对不同的行业实行区别对待，对不同的资本账户科目实行动态区别对待。三是推动离岸金融衍生品市场的发展。

降低离岸金融市场交易费用，提高外汇供给弹性，须进一步推动上海自贸试验区人民币跨境支付系统（CIPS）的业务拓展，降低离岸金融市场上资金的流动成本；促进上海自由贸易港离岸金融市场与国内、国际市场融合，与各类型金融市场融合。

一旦资本的自由流动超出资本项目试点开放区间，应立即实施政府干预甚至资本项目严格管制措施。

6. 对自由贸易港离岸金融市场的系统性风险及防范的论证

通过第十章离岸金融中心效应模型，本书得到结论：长期来讲，自由贸易港离岸金融市场的发展有利于国内金融体系的深化；而短期内，则会加剧在岸市场与离岸市场间的金融替代，对在岸市场造成一定冲击。由于上海自由贸易港离岸金融市场尚未成形，本书以香港及台湾人民币离岸市场为研究对象，运用 GARCH – CoVaR 模型，分别计算了香港人民币离岸债券市场、货币市场、外汇市场，以及台湾人民币离岸债券市场对于境内在岸股票市场、期货市场、外汇市场与债券市场的风险溢出。结果表明，人民币离岸金融市场对境内在岸金融市场存在较强的系统性金融风险溢出效应。具体来说，香港人民币离岸外汇市场对于境内货币市场和外汇市场的风险溢出程度较大。由此推断，上海自由贸易港离岸人民币利率、汇率的市场化及资本项目开放等金融管制的逐步放松，会对我国国内金融体系带来一定的风险溢出。此外，香港人民币离岸债券市场、台湾人民币离岸债券市场对于境内股票市场、债券市场和期货市场来说，均存在长期较强的系统性金融风险溢出。可以推论，上海自由贸易港离岸金融市场上金融机构的产品创新以及金融机构的发展，将向国内金融体系溢出风险。

根据上述实证结论，本书参照 FSAP 等国内外现有的宏观审慎风险评估框架，结合上海自由贸易港离岸金融市场的特点，从理论机制层面梳理出上海自由贸易港离岸金融市场拟对国内金融市场溢出的系统性金融风险，主要包括四个方面，即国际宏观经济的风险，长期和短期的跨境资本流动风险，离岸人民币利率、汇率市场化及资本项目开放等金融管制放松对国内溢出的风险，离岸市场上金融机构的自由贸易账户、金融产品创新以及金融机构的发展向国内溢出的风险，进一步明确了离岸金融市场风险溢出的源头，对实现上海自由贸易港离岸金融市场放松监管与风险防范之间的相对平衡作出预警分析。

最后，通过理论和实证检验，本书明确了自由贸易港离岸金融市场系统性金融风险溢出的源头和风险监管的对象，进而提出了相应的离岸业务监管体系和风险防范措施。一是要做好跨境资金流动风险的防范措施和监测机制；二是通过实施更加宽松的准备金政策、开展引导资金走向的制度创新、开展顺应离岸市场发展的混业监管模式创新，做好对上海自由贸易港离岸金融市场金融管制放松的风险防范；三是通过加强对 FT 账户风险的监管防范、加强对离岸市场金融机构的内部管理，做好上海自由贸易港离岸金融市场金融机构风险外溢的监管。

二、政策建议

鉴于当前我国金融开放程度较低，放松金融管制的市场化改革仍在推进，上海自由贸易港离岸金融市场的建设与发展具有过渡、缓冲的意义。一旦利率、汇率市场化机制在离岸市场试验成熟，必将迅速在全国复制和推广。为进一步形成可复制、可推广、可升级的制度经验，以先行先试倒逼国内金融自由化改革，本书提出以下政策建议：

1. 扩大自由贸易港离岸金融市场的业务体系

自由贸易港离岸金融市场发展初期，限定在传统银行业务，视发展实际逐步过渡到资本市场领域、金融衍生品领域。此外，由于金砖银行的总部在上海，上海自由贸易港离岸金融市场可以加强与金砖银行的联动发展，开展离岸业务创新。

第一，加强离岸债券市场建设。当前，随着美国利率进入上升周期，国际资本开始流出发展中国家和新兴市场经济体，重新流到美国国内金融市场，给这些国家带来了流动性压力。对于我国而言，在新常态下经济增速的放缓给人民币带来了一定的贬值压力，而且美联储加息使得美元与人民币之间的利差不断缩小，发展中国家和新兴市场经济体发行人民币计价债券的需求有所增长。因此，上海自由贸易港离岸金融市场可以与总部设在上海的金砖银行开展合作，在离岸市场上创建国外债券发行平台——"丝路债券"，主要针对与中国贸易关系密切的"一带一路"国家进行债券发行，为与中国贸易投资比较紧密的国家进行融资。同时，离岸市场还可设立面向国际发债机构和国内投资者的国际债券市场，允许符合条件的境内外企业通过在离岸金融市场发行人民币或美元债券，实现跨境融资。

第二，建立并完善离岸股票市场。在离岸金融市场建设过程中，通过建立离岸股票市场引导境外企业在离岸市场挂牌，对离岸金融市场的发展具有重要的推动作用。因此，上海自由贸易港离岸金融市场可以在《证券法》的框架下，适时尝试建立境外企业的股票发行和交易市场，通过相应制度设计吸引境外公司，特别是吸引"一带一路"沿线国家的重点企业赴中国上市，允许境外公司发行股票并以普通股形式直接挂牌上市交易；同时，还可以人民币计价，境外投资者可不受外汇规模、外商投资比例限制自由买卖，境内合格的投资者也可参与交易，为区内跨国公司提供股票融资渠道和跨境股权融资支持。

第三，加快离岸衍生品市场建设。与发达国家相比，我国的金融衍生品市场发展还比较滞后，目前人民币衍生品交易，除了香港，最大规模还在本土，但若不采取后续措施，该地位很有可能被替代。离岸金融业务要与实体经济需求匹配，也就是说上海自由贸易港在建设离岸衍生品市场时能够充分考虑区内企业的实际需求，为其进行有效的风险管理提供相应的衍生品交易。从对外贸易的区域结构看，中国与五大洲的对外贸易基本处于均衡状态。由于亚洲地区实际上是"准美元区"，而且在短时间内人民币参照美元的比重也不会大幅下降，所以应当在离岸衍生品市场上重点发展外汇互换业务。外汇互换业务与实体经济发展的实际需求密切关联，而且能够推进更加灵活的人民币汇率市场化机制尽早在试验区离岸金融市场形成。人民币衍生品在有弹性的交易过程中，通过扩大交易量能够使人民币汇率波动达到我们所希望的水平。因此，借鉴东京离岸金融市场建设的经验教训，在服务实体经济的总体目标和要求下，在离岸金融市场尽快推广跨境人民币衍生品业务，有助于在上海自由贸易港离岸金融市场向上海国际金融中心过渡的过程中，主导人民币产品的定价权和主要交易市场。

2. 完善自由贸易港离岸金融市场政策制度体系

上海自贸试验区成立至今已近五年，金融发展成效与市场期望还存在一定差距，国际资本参与自贸试验区金融市场的意愿不强，相关配套制度和法规未能及时跟进改革的步伐，导致自贸试验区建设陷入瓶颈期。自由贸易港战略的根本目的是采取一种新的方法，将改革全面深化下去。基于此，建设上海自由贸易港离岸金融市场，需要通过创造政策优势，吸引国际金融机构、业务与人才。

第一，加强财政税收的政策支持。与中国香港、新加坡等国际离岸金融中心16.5%、17%的企业所得税税率相比，上海自由贸易港应积极争取对区内符合条件的、以离岸业务为主的企业按15%的优惠税率征收企业所得税的政策支持，确保离岸业务税收低于或不高于境内同类税负、不高于周边国家（地区）离岸金融市场的平均水平，从而吸引国外机构入区设立机构；对区内新设立的从事离岸金融业务的金融主体酌情豁免利息税、营业税、印花税、资本利得税、股息预扣税及各种准备金等，对经营 1~2 年的离岸业务主体在税收返还上给予补贴，引导离岸、在岸业务分离；同时，继续加大对区内跨境租赁、航运金融业务主体的税收优惠及补贴。

第二，适度放松准备金监管要求。从当前的监管要求看，我国对在离岸金融市场开展的外汇存款业务并没有设立准备金要求。上海自由贸易港离岸金融市场建成以后，可以根据离岸、在岸市场之间的渗透程度，对离岸人民币存款设定准备金要求。具体来说，可按离岸市场金融主体 30% 生息资本比例、流动性资产对负债比底线 25% 设立准备金，以防范外汇汇兑、非居民存贷的在岸融资等基础风险。

第三，完善离岸金融市场法律体系建设。国家应制定或更新我国离岸金融市场相关的法律法规，制定以离岸银行业务管理、离岸账户管理、离岸业务税收、离岸公司登记注册、离岸金融交易为主要内容的法律法规，明确离岸金融市场的准入条件、允许经营的业务范围以及税收政策等，保障离岸金融市场和在岸金融市场参与者的合法权益，杜绝通过离岸金融市场进行洗钱、逃汇等非法活动，形成一系列激励和规范离岸金融业务发展的法律体系。

3. 健全自由贸易港离岸金融市场账户管理体系

上海自由贸易港离岸金融市场建设应在明确离岸金融市场性质的前提下完善现有的自由贸易账户的管控。一旦自由贸易账户模式发展成熟，即可复制到广东、天津等其他自由贸易试验区。

第一，管控 FT 账户的开设和隔离。借鉴银行业机构开展业务时所采用的尽职调查原则，上海自由贸易港离岸金融市场应当要求区内金融机构严格执行银行账户实名制，避免盗用、冒用他人信息开立金融账户从事非法金融活动、扰乱金融市场的情况发生；对 FT 账户予以备案和监控，对于大规模、高频率的异常资金流动应当及时进行核查，必要时采取"暂停机制"；严格核实资金的交易对象和交易项目，实时监测资金流动，严格预防"热钱"大规模跨境流动、恶意套现等行为。此外，建立 FT 账户管理标准，完善相关法律法规，从而使实务操作更具预期性。

第二，加强 FT 账户资金流向监控，建立 FT 账户本外币汇兑监测机制。

为了加强对离岸金融市场的宏观审慎监管，对离岸金融市场 FT 账户及其资金流动应当建立完整的监控体系，对资金流动进行实时、全程跟踪监测。同时，在"一线"宏观审慎、"二线"有限渗透的严格管理下，在离岸市场内建立居民自由贸易账户和非居民自由贸易账户本外币汇兑的监测机制，利用金融大数据统计，建设统一的金融监管信息平台，促进金融监管信息的归集、交换和共享。

第三，加强 FT 账户量化管理。上海自由贸易港离岸金融市场应加强与国内市场之间资金的"后向联系"渠道，探索离岸市场与国内市场 FT 账户资金流动总量管控模式，即按照企业投融资汇兑需求预测实行上海自由贸易港离岸金融市场"年度总额控制"模式。监管部门应在遵循"有限渗透"原则之上，分阶段扩大或收缩汇兑额度，保证引入资金量能够恰当满足实体经济需要，防止风险向在岸账户传递，避免出现日本"再贷款"现象。

第四，开展顺应离岸市场发展的混业监管模式创新。按照现有的监管制度体系，由人民银行、证监会和银保监会共同监管的分业监管模式无法适应上海自由贸易港离岸金融市场对 FT 账户及其业务的监管需求。在风险分散等多种投资需求下，同一个 FT 账户的资金交易可能同时涉及银行、证券、保险、基金等不同金融机构，而分业监管模式很难对账户内的资金流动进行全面监管。因此，可以选择利用综合信息平台，对上海自由贸易港离岸金融市场以集中"会诊"的创新模式进行监管，通过会诊的形式保留专业化格局，解决综合性的问题。

4. 规范自由贸易港离岸金融市场管理体系

建立和完善上海自由贸易港离岸金融市场管理体系，就是要严格市场准入、业务模式的监管，控制离岸金融参与者的准入与退出。

第一，通过牌照管理，放开对中资银行开展离岸业务的资质限制，参考香港所采取的三级牌照管理制度，即全牌照、部分牌照和接受存款公司，探索在自由贸易港离岸金融市场实施牌照管理制度，逐步取消行政审批。可以根据金融机构的具体情况，为其在区内颁发相应的经营牌照。例如，对于综合实力雄厚、经营业务范围广泛、风险管理水平较高的金融机构允许其直接在区内注册为全牌照银行，而对于其他中小型金融机构可以为其颁发部分牌照，然后根据其在离岸市场的实际经营情况再逐渐扩大其经营范围，尽可能实现金融机构经营业务与其风险管理水平的匹配，降低金融体系的风险。同时，还可以尝试在上海自由贸易港成立离岸银行，并对其实施特殊牌照管理。

第二，积极构建金融监管协调合作机制。对上海自由贸易港离岸金融市场实施全面、审慎、高效监管，需要人民银行联合各金融监管机构、上海市政府等多个部门，建立监管协调合作机制，共同维护离岸金融市场的稳定。区内金融政策、金融监管可参考香港金融管理局模式，在分账管理基础上，抓紧出台区内银行及非银行金融机构合规性监管细则。同时，在充分发挥人民银行在金融监管中主导地位的基础上，结合离岸金融市场金融发展的实际情况，尽快设立专门的金融管理机构，负责对自由贸易港离岸金融市场进行微观审慎监管，与宏观审慎监管相互配合，共同防范离岸市场的金融风险。

第三，逐渐打破传统分业经营的业务界限，推动混业经营的试点，加强各类金融机构之间的合作，包括资产管理、银行和信贷服务、证券、集体投资基金、商品期货交易、托管和信托服务、保险以及金融要素平台交易等，主动适应国际金融中心通行的混业模式，也为全国范围内探索混业经验框架先行做一个试验。同时，创新市场监管组织模式。借鉴迪拜国际金融中心（DIFC）的监管组织架构，设立统一性监管组织——上海自贸试验区离岸金融事务管理局，全面负责上海自贸试验区内金融机构的执照授予及其在离岸金融活动的持续监管，以避免不必要的监管重复。

5. 构建自由贸易港离岸金融市场风险监管体系

针对上海自由贸易港离岸金融市场和国内市场未来可能出现的利率、汇率双轨制，以及因资本项目开放等金融管制放松而产生的跨境资金流动风险，本书提出以下措施：

第一，做好跨境资金流动风险的防范措施。在"一线"宏观审慎、"二线"有限渗透的严格管理下，上海自由贸易港离岸金融市场应分别在"一线"和"二线"建立两道资金往来调控闸门，提前做好防范跨境资金流动风险的措施。可以通过托宾税限制短期资本流动，对某些投机项目采取更高的资本交易税、累进税来提高其交易成本。从国际金融危机爆发的情况看，短期资本流动是冲击金融稳定、引发金融危机的重要因素，而国际长期资金借贷对金融稳定的冲击程度要小很多。因此，当资金在离岸与在岸市场之间流动时，如果出现严重的期限不匹配，或者是受到国际金融市场大幅波动的冲击时，可以采取提高跨境资金收益税率的方式，抑制资金流动，降低对国内金融市场的冲击程度。

第二，构建跨境资金流动风险的监测机制。首先，针对自由贸易港离岸金融市场资金流动数据建立监测系统和共享数据库，构建资金异常流动风险指标体系，加强对短期资金流动情况的信息监测，进行可视化、实时、全程监测，及早识别异常资金流动，并采取相应处置措施。其次，构建资金流动风险预警指标体系和预警模型，对短期资金的异常流动进行模拟和计算，防止资金在实体经济"体外循环"，建立并完善离岸金融市场的风险预警、风险处置以及突发事件的应对协调机制，制定多种应对预案，在危机出现之前及时警示，采取前瞻性、针对性的风险防范措施。最后，监管部门须加强对跨境资金用途的监管力度，实施严格的备案制和额度管理，加强与境外监管机构的沟通与合作，及时了解贷出资金的去向。同时，注重事中与事后监管，加强对区内日常资金运行的实时监测和短期投机性资本流动的监管，防止资金在实体经济"体外循环"。

参考文献

［1］安东尼·奥格斯．规制：法律形式与经济学理论［M］．北京：中国人民大学出版社，2008．

［2］巴曙松，郭云钊．离岸金融市场发展研究——国际趋势与中国路径［M］．北京：北京大学出版社，2010．

［3］陈静．打造自贸区离岸金融中心［J］．金融博览，2014（3）：46－47．

［4］陈丽英，江宏伟．上海自贸区人民币离岸金融中心的模式选择研究——内外分离型与渗透型的比较分析［J］．浙江金融，2016（4）：66－75．

［5］陈卫东，钟红，边卫红，陆晓明．美国在岸离岸金融市场制度创新与借鉴［J］．国际金融研究，2015（6）：33－41．

［6］陈晓莉．再论中国金融自由化的次序［J］．南开学报，2014（5）：58－65．

［7］成思危．从保税区到自由贸易区：中国保税区的改革与发展［M］．北京：经济科学出版社，2003．

［8］仇堃．在伦敦与新加坡建立人民币离岸市场的优势［J］．经济纵横，2014（4）：99－104．

［9］丁剑平，赵晓菊．自贸区金融开放与改革的理论构思——基于要素流动速度不对称视角［J］．学术月刊，2014（1）：34－36．

［10］丁剑平．自贸区离岸金融的几种可能的发展方向［J］．上海交通大学学报，2014（3）：12－13．

［11］丁一兵．离岸市场的发展与人民币国际化的推进［J］．东北亚论坛，2016（1）：21－29．

［12］范俊林．上海自贸区离岸金融发展策略探讨［EB/OL］．［2013－10－22］．http：//finance.ifeng.com/a/20131023/10917862_0.shtml．

［13］顾苏海，陈丽郦．上海自贸区人民币回流机制建设研究［J］．经济视角，2014（7）：60－62．

［14］顾益民．自由贸易区离岸金融市场模式选择、制度障碍和实现路

径［J］．上海海关学院院报，2013（5）：1 – 11.

［15］郭信昌．世界自由港和自由贸易区概论［M］．北京：北京航空学院出版社，1987.

［16］郭云钊，胡传雨．离岸金融业务对经济发展的影响研究——基于香港地区的实证检验［J］．中央财经大学学报，2013（3）：28 – 32.

［17］韩龙．试验区能为人民币国际化提供资本项目开放的有效试验吗？［J］．上海财经大学学报，2014（8）：86 – 94.

［18］何帆等．香港离岸人民币金融市场的现状、前景、问题与风险［J］．国际经济评论，2011（3）：88 – 95.

［19］贺伟跃．上海自贸区离岸金融业务税收政策初探［J］．税务研究，2014（9）：70 – 73.

［20］贺瑛，肖本华．基于自贸区“蝴蝶效应”的上海国际金融中心建设研究［J］．上海金融，2013（12）：25 – 27.

［21］贺瑛．国际金融中心比较研究［M］．上海：上海财经大学出版社，2010.

［22］洪昊，葛声．我国离岸业务发展特点和对策研究［J］．浙江金融，2011（1）：39 – 42.

［23］胡汝银．建设与发展上海自贸区离岸金融市场［N］．国际金融报，2013（5）．

［24］胡逸闻，戴淑庚．人民币资本账户开放的改革顺序研究——基于TVP – VAR 模型的期限结构分析［J］．世界经济研究，2015（4）：39 – 42.

［25］黄宝奎．加快建设厦门自由港和境外金融市场的设想［J］．厦门大学学报（哲学社会科学版），1994（1）：22 – 28.

［26］黄运成，杨再斌．关于上海建设国际金融中心的基本设想［J］．管理世界，2003（12）：23 – 26.

［27］焦克．建立离岸金融中心推动人民币国际化进程［J］．上海海事大学学报，2012（4）：18 – 22.

［28］焦武．上海自贸区金融创新与资本账户开放——兼论人民币国际化［J］．上海金融学院学报，2013（6）：9 – 16.

［29］李文增．以东疆保税港与香港经济金融联动发展为切入点，促进天津市深层次开放［J］．港口环渤海经济瞭望，2013（10）．

［30］李文增．离岸金融与天津自贸区建设［J］．城市，2013（12）．

［31］李向阳，丁剑平．人民币国际化：基于资本项目开放视角［J］．世界经济研究，2014（5）：10－15．

［32］李真．离岸金融与人民币国际化关联机制研究——兼论离岸金融的监管与国际经验镜鉴［J］．广西大学学报，2014（5）：26－32．

［33］连平．离岸金融研究［M］．北京：中国金融出版社，2002．

［34］连平．有限渗透的离岸模式有利风险控制［EB/OL］．［2013－11－01］．http：//www.shfinancialnews.com/xww/2009jrb/node5019/node5036/node5037/userobject1ai118944.html．

［35］连平．资本流动自由化中离岸金融业的风险及管理［J］．国际经济评论，1999（1）：2．

［36］刘彬，李麟．自贸区金融创新机理研究——基于试错机制的视角［J］．上海金融，2016（6）：40－44．

［37］刘朝晖．全球金融自由化改革的制度经济学分析［J］．国际金融研究，2003（8）：18－22．

［38］刘丹．上海离岸金融市场建设的模式及路径研究［J］．宏观经济研究，2010（4）：32－37．

［39］刘少波，杨竹清．资本市场开放及金融自由化的经济后果研究评述［J］．经济学动态，2012（5）：137－144．

［40］刘翔峰．推动上海自贸区建立境内人民币离岸中心［N］．第一财经日报，2016－05－10．

［41］陆红军．国际金融中心竞争力评估研究［J］．财经研究，2007（3）：47－56．

［42］罗素梅，周光友．上海自贸区金融开放、资本流动与利率市场化［J］．上海经济研究，2015（1）：29－35．

［43］马君潞．21世纪金融大趋势——金融自由化［M］．北京：中国金融出版社，1999．

［44］马骏，徐剑刚．人民币走出国门之路——离岸市场发展与资本项目开放［M］．北京：中国经济出版社，2012．

［45］孟浩．离岸市场对货币主权国金融市场的影响分析——基于亚洲美元市场的实证研究［J］．区域金融研究，2011（3）：45－47．

［46］潘英丽．自贸区建设，金融改革先试先行［J］．金融市场研究，2013（10）：16－21．

［47］裴长洪，付彩芳. 上海国际金融中心建设与自贸区金融改革
［J］. 国际经贸探索，2014（11）：4 - 18.

［48］彭红英，范作军. 我国离岸金融市场选址问题的模型分析［J］.
改革与战略，2004（10）：86 - 89.

［49］钱晓霞，王维安. 金融开放进程下中国汇率波动、短期资本和股
价的联动效应研究［J］. 国际经贸探索，2016（12）：95 - 107.

［50］乔桂明，车玉华. 离岸金融发展模式分析及中国的当下选择
［J］. 苏州大学学报，2014（6）：99 - 104.

［51］乔桂明. 离岸金融发展模式分析及中国的当下选择［J］. 苏州大
学学报，2014（6）：99 - 104.

［52］乔依德，李蕊，葛佳飞. 人民币国际化：离岸市场与在岸市场的
互动［J］. 国际经济评论，2014（2）：93 - 104.

［53］商务部国际贸易经济合作研究院课题组. 中国（上海）自由贸
易试验区与中国香港、新加坡自由港政策比较及借鉴研究［J］. 科学发展，
2014（9）：5 - 16.

［54］上海对外经贸大学自由贸易港战略研究院. 关于建设自由贸易港
的经验借鉴与实施建议［J］. 国际商务研究，2018（1）：5 - 12.

［55］尚荣. 上海自贸区自由贸易账户体系的建立：自贸区政策的新突
破［J］. 上海金融，2014（8）：3 - 7.

［56］邵宇. 中国金融大爆炸［N］. 英国金融时报，2013 - 12 - 04.

［57］沈飞，吴解生，王会龙. 上海自贸区发展离岸金融中心的模式探
索与对策建议［J］. 对外经贸实务，2014（9）：51 - 53.

［58］沈战. 上海自贸区离岸金融发展路径探析［J］. 生产力研究，
2014（12）：43 - 46.

［59］盛斌. 天津自贸区：制度创新的综合试验田［J］. 国际贸易，
2015（1）：4 - 10.

［60］施珈娅等. 开放环境下跨境资金流动宏观审慎管理政策框架研
究——基于上海自贸区的实践思考［J］. 上海金融，2016（6）：64 - 73.

［61］孙立坚. 上海自贸区总体方案的金融开放战略［J］. 新金融，
2013（12）.

［62］涂永红，赵雪情. 自贸区为人民币国际化提供新动力［N］. 第
一财经日报，2013 - 12 - 13.

[63] 汪川. 借鉴国际银行设施（IBF）模式建设上海自贸区离岸金融中心 [J]. 上海金融, 2014 (6): 46-48.

[64] 王朝阳. 上海自贸试验区金融改革创新的若干探讨 [J]. 国际贸易, 2014 (10): 42-45.

[65] 王丹枫, 项燕莉. 离岸金融市场制度安排的隐患及其启示 [J]. 商业经济, 2004 (2).

[66] 王海峰. 上海自由贸易试验区进展、问题和建议 [J]. 宏观经济管理, 2015 (1): 73-75.

[67] 王力. 中国区域金融中心研究 [M]. 北京: 中国金融出版社, 2008.

[68] 王伟亮, 白新宇, 吴炎芳. 天津东疆保税港区离岸金融发展研究 [J]. 中国货币市场, 2009 (4).

[69] 王炜. 关于伦敦离岸人民币业务发展的思考 [J]. 金融发展评论, 2016 (2): 147-151.

[70] 王勇, 宗文昊, 王慧娜. 离岸金融中心演进的经济效应分析 [J]. 财经问题研究, 2014 (10): 48-54.

[71] 温彬. 人民币国际化: 世界经济金融的新亮点 [J]. 今日中国, 2014 (6).

[72] 吴大器, 肖本华, 殷林森. 以金融自由化为背景的上海自贸区金融改革创新的思考 [J]. 上海金融学院院报, 2014 (3): 15-22.

[73] 吴晓求. 中国构建国际金融中心的路径探讨 [J]. 金融研究, 2010 (8): 3-7.

[74] 吴晓求. 资本市场: 中国金融崛起之关键 [J]. 资本市场, 2010 (1): 11.

[75] 向静. 人民币国际化——前海的机会和使命 [J]. 特区经济, 2013 (3): 10.

[76] 项后军, 何康. 自贸区的影响与资本流动——以上海为例的自然实验研究 [J]. 国际贸易问题, 2016 (8): 3-15.

[77] 肖本华. 中国（上海）自由贸易试验区资本项目可兑换研究 [J]. 新金融, 2014 (10): 54-58.

[78] 许明朝, 高中良. 论中国离岸金融模式的选择 [J]. 国际金融研究, 2007 (12): 70-76.

［79］闫海洲，郑爽，黄诗晖，王安颖，赵星印．国际离岸金融市场发展对上海自贸区建设的借鉴意义［J］．上海经济研究，2014（10）：74－79.

［80］杨承亮．日本离岸金融市场发展对上海自贸区的启示［J］．中国外汇，2013（10）：62－63.

［81］杨杞煌．发展自由贸易区是深化开放的根本性问题［J］．科学发展，2014（2）：35－41.

［82］杨维新．上海自由贸易区离岸金融发展：国际比较与路径设计［J］．亚太经济，2014（4）：129－134.

［83］姚大庆，约翰·沃雷．上海自贸区的设立对中国资本管制的影响［J］．新金融，2015（8）：7－11.

［84］殷林森，吴君．资本账户开放与上海自贸试验区金融创新研究［M］．北京：中国财政经济出版社，2014.

［85］尤瑟夫·凯西斯．资本之都——国际金融中心变迁史［M］．北京：中国人民大学出版社，2013.

［86］余淼杰，徐竹西，祝辉煌．逆全球化背景下我国自由贸易港建设的动因与路径［J］．江海学刊，2018（2）：108－113.

［87］余颖丰．化解改革瓶颈：关于上海自贸试验区金融改革思考及政策建议［J］．经济学动态，2013（11）：76－81.

［88］余永定．上海自贸试验区的金融改革须聚焦于人民币国际化［EB/OL］．［2013－12－02］．http：//forex. jrj. com. cn/2013/12/02065516248399. shtml.

［89］袁志刚．中国（上海）自由贸易试验区新战略研究［M］．上海：上海人民出版社，2013.

［90］原毅军，卢林．离岸金融中心的建设与发展［M］．大连：大连理工大学出版社，2010.

［91］曾之明．人民币离岸金融中心发展研究［M］．北京：经济科学出版社，2012.

［92］张岸元．上海自由贸易区离岸金融发展前景初探［J］．经济研究参考，2014（9）：85－92.

［93］张瑾．上海自贸试验区金融宏观审慎风险管理浅析［J］．福建金融，2015（4）：14－18.

［94］张明．金融开放中的潜在风险［J］．中国金融，2014（14）：

55 – 56.

［95］张莫. 自贸区金融自由化应当有边界 ［N］. 经济参考报, 2013 – 09 – 17.

［96］张瑞军, 孟浩. 人民币离岸债券市场风险评价——基于 GARCH 的 VAR 测度分析 ［J］. 海南金融, 2013 (5).

［97］张释文, 程健. 我国自由贸易港建设的思考 ［J］. 中国流通经济, 2018 (2): 91 – 97.

［98］张贤旺. 离岸金融中心在人民币国际化过程中的角色 ［J］. 山东大学学报, 2014 (5): 1 – 13.

［99］张谊浩, 裴平, 沈晓华. 香港离岸金融发展对大陆金融深化的效应——基于离岸金融中心的实证研究 ［J］. 国际金融研究, 2009 (6): 71 – 73.

［100］张瀛. 论发展中国家的金融自由化与中国金融的开放 ［J］. 现代经济信息, 2014 (4): 29.

［101］张幼文. 自贸区试验与开放经济体制建设 ［J］. 学术月刊, 2014 (1): 11 – 19.

［102］赵大平. 人民币资本项目开放模型及其在上海自贸区的实践 ［J］. 世界经济研究, 2015 (6): 43 – 53.

［103］赵胜民, 谢晓闻, 方意, 田庄. 金融市场化改革进程中人民币汇率和利率动态关系研究——兼论人民币汇率市场化和利率市场化次序问题 ［J］. 南开经济研究, 2013 (5): 33 – 49.

［104］周小川. 人民币资本项目可兑换的前景和路径 ［J］. 金融研究, 2012 (1): 1 – 19.

［105］朱孟楠. 香港: 从人民币离岸债券市场到人民币离岸中心 ［J］. 世界经济, 2009 (8): 74 – 77.

［106］左连村, 王洪良. 国际离岸金融市场理论与实践 ［M］. 广州: 中山大学出版社, 2002.

［107］A K ROSE. Currency Unions and International Integration. NBER Working Paper, 2002: 78 – 72.

［108］AHMED. ZOROME. Concept of Offshore Financial Centers: In Search of an operational Definition ［J］. IMF Working Paper WP/07/27, 2007.

［109］ALESSANDRIA, GEORGE, JUN QIAN. Endogenous financial intermediation and real effects of capital account liberalization ［J］. Journal of International Economics，2005：97 － 128.

［110］ANDREW K ROSE，MARK M SPIEGEL. Offshore Financial Center，Parasites or Symbionts? NBER Working Paper，No. 12044，2006 － 02.

［111］ANDREW K ROSE，MARK M SPIEGEL. Offshore Financial Centres：Parasites or Symbionts? ［J］. The Economic Journal，October 2007.

［112］ANDREW KROSE，MARK M SPIEGEL. Offshore Financial Centers：Parasites or Symbionts? ［J］. Federal Reserve Bank of San Francisco，Working Paper Series，05/05/2005.

［113］ANTIGUA，BARBUDA. Detailed assessment of compliance with basel core principles for effective banking supervision － offshore banking ［J］. Revised：February 2006，IMF Country Report No. 04/388，December 2004：171 － 180.

［114］BAILLIU，JEANNINE，ROBERT LAFRANCE，JEAN － FRANCOIS PERRAULT. Exchange rate regimes and economic growth in emerging markets. Bank of Canada，Revisiting the Case for Flexible Exchange Rates，2001.

［115］BEKAERT，GEERT，CAMPBELL R HARVEY. Emerging markets finance ［J］. Journal of Empirical Finance 10. 1，2003：3 －55.

［116］ BEKAERT，GEERT，HARVEY. CAMPBELL，RANDLUNDBLAD，CHRISTIAN. Liquidity and Expeeted Returns：Lessons from Emerging Markets ［C］. 2005：113 －114.

［117］BOSSONE B，SANDEEP MAHAJAN，FARAH ZAHIR. Financial infrastructure，Group Interests and Capital Accumulation ［C］. IMF Working Paper，2003.

［118］CASSARD，MARCEL. The Role of Offshore Centers in International Financial Intermediation，1994 － 09 － 01.

［119］CHEN X. The Changing Roles of Free Economic Zones in Development：A Comparative Analysis of Capitalist and Socialist Cases in East Asia ［J］. Studies in Comparative International Development，29 （3，Fall），1994：3 － 25.

［120］CHOO JECHO，MCCAULEY ROBERT N. Liberalising the capital account without losing balance：Lessons from Korea ［J］. BIS Papers，No. 15 － 10，2003：75 －92.

［121］DAVID L MCKEE，DON E GAMER，YOSRA ABUAMARA MC-

KEE. Offshore Financial Centers, Accounting Services and the Global Economy [M]. London: Quorum Books, 2000.

[122] DAVIS, E P. International financial centers: An industrial analysis [J]. London Bank of England Discussion Paper, 1990: 51.

[123] DAVIS, MATTHEW BENJAMIN. Gray Areas of Offshore Financial Centers [D]. University of Tennessee Honors Thesis Projects, 2008.

[124] DIAMOND W H. Free Trade Zones Offer Worldwide Opportunities [J]. Area Development Series, University of Miami, 1979: 33 –47.

[125] EDWARD J KANE, BOSTON COLLEGE. How offshore financial competition disciplines exit resistance by incentive – conflicted bank regulators [J]. Revision of JFSR Manuscript No. SF – 106 Prepared for Conference Issue on Financial Modernization and Regulation, May 11, 1999: 101 – 112.

[126] ESTHER C SUSS, ORAL H WILLIAMS, CHANDIMA MENDIS. Caribbean Offshore Financial Centers: Past, Present and Possibilities for the Future [D]. IMF Working Paper, 2002 – 06 – 26.

[127] FESER E BERGMAN E. National industry cluster templates: A framework for applied regional cluster analysis [J]. Regional Studies, 2000, 34 (3): 1 – 19.

[128] FRED R KAEN, GEORGE A HACHEY. Eurocurrency and National Money Market Interest Rates: An Empirical Investigation of Causality [J]. Journal of Money, Credit and Banking, 1983 (8): 23 – 25.

[129] GALBIS, V. Financial intermediation and economic growth in less – developed countries: A theoretical approach [J]. The Journal of Development Studies, 1977, 13 (2): 58 – 72.

[130] GANDOLFO, G. International Finance and Open – Economy Macroeconomics [M]. Cambridge University Press, 2006: 212 – 213.

[131] GEHRIG T. Cities and the Geography of Financial Centers [A]. Cambridge: Cambridge University Press, 2000.

[132] Gene M Grossman, Esteban Rossi Hansberg. Trading Tasks: A Simple Theory of Offshore [J]. NBER Working PaPer, December 2006.

[133] GRUBEL H G. Free Market Zones: Deregulating Canadian Enterprise [M]. Fraser Institute, 1983.

［134］ H C REED. The preeminence of International Financial Markers, 1998.

［135］ HAMADA K. An Economic Analysis of the Duty – Free Zone ［J］. Journal of International Economics, 1974, 4: 225 – 41.

［136］ HAMILTON C, SVENSSON, L E O. On the Welfare Effects of a "Duty – Free Zone" ［J］. Journal of International Economics, 1982, 13 (I/2), 45 – 64.

［137］ HE DONG, MCCAULEY ROBERT N. Offshore Markets for the domestic currency: Monetary and financial stability issues ［J］. BIS Working Paper, 2010, No. 320.

［138］ HILL E, BRENNAN J. A methodology for identifying the drivers of industrial clusters: The foundation of regional competitive advantage ［J］. Economic Development Quarterly, 2002, 14, (1): 65 – 96.

［139］ HILTON MC CANN. Offshore Finance ［M］. Cambridge University Press, 2005: 124 – 125.

［140］ IMF. Assessing Financial System Integrity – Anti – Money Laundering and Combating the Financing of Terrorism ［R］. Nework, 2005 – 09 – 29.

［141］ IMF. Monetary and Financial Systems Department. Information Framework: Financial Activities in International and Offshore Financial Centers ［R］. Nework, 2005 – 02 – 24.

［142］ IMF. Offshore Financial Centers (OFCs): IMF Staff Assessments ［R］. Nework, 2005 – 06 – 17.

［143］ JAYAWARDENA. Free – Trade Zones ［J］. Journal of World Trade Law, 17 (September – October), 1983: 427 – 444.

［144］ JENKINS M, ESQUIVEL G, GERARDO, L B. Export Processing Zones in Central America. Harvard Institute of International Development, Development Discussion Papers, Central America Project Series, August 1998, 1 – 57.

［145］ JOHANSSON H, Nilsson L. Export Processing Zones as Catalysts ［J］. World Development, 1997, 25 (12): 2115 – 2122.

［146］ KAPUR BASANT K. Alternative Stabilization Policies for Less Developed Economies ［J］. Journal of Political Economy, 1976, August, 84 (4, 1): 777 – 795.

［147］ KINDLEBERGER, C P. The Formation of Financial Centers: A

Study in Comparative Economic History [J]. International Finance, 1974, No. 36.

[148] King, R G Levine, R. Finance and Growth: Sehumpeter Might Be Right [J]. Quarterly Journal of Economies, 1993 (18): 717 – 735.

[149] KRUGMAN, PAUL R. What do undergrads need to know about trade? [J]. The American Economic Review, 1993: 23 – 26.

[150] Limited. The Global Financial Centers Index [R]. March 2007.

[151] LUIGI GUISO, PAOLA SAPIENZA, LUIGI ZINGALES. Does Local Financial Development Mater [J]. NBER Working Paper, 2002: 121 – 122.

[152] M Darbar, R B Johnston, M G Zephirin. Assessing Offshore Filling a gap in global surveillance [J]. Finance and Development, September 2003: 10 – 13.

[153] MADAM D. A Review of the Role and Impact of Export Processing Zones. World bank Research Report, Washington, D. C. , 1997.

[154] MARK HAMPTON. The Offshore Interface; Tax Havens in the Global Economy [M]. London: Macmillan, 1996: 106.

[155] MATHIESON Donald J. Financial Reform and Stabilization Policy in a Developing Economy [J]. Journal of Development Economics, 1980, September, 7 (3), pp. 359 – 395.

[156] MAZIAD SAMAR, FARAHMAND PASCAL, WANG SHENGZU, SEGAL STEPHANIE, AHMEDFAISAL. Internationalization of emerging market currencies: A balance between risks and rewards [J]. IMF Staff Discussion Note, SDN/11/17, 2011.

[157] MIYAGIWA K F. A Reconsideration of the Welfare Economics of a Free – Trade Zone [J]. Journal of International Economics, 1996, 21 (3/4): 337 – 350.

[158] Monetary and Exchange Affairs Department of IMF. Offshore financial centers [N]. IMF Background Paper, 2000 – 06 – 23.

[159] OBSTFELD, MAURICE. The logic of currency crises [J]. Springer Berlin Heidelberg, 1995.

[160] OECD. The Taxation of Multinational Banking En – terprises, Transfer Pricing and Multinational Enter – prise: Three Taxation Issues [M]. 1984:

123 – 125.

[161] OGAWA SUMIKO, PARK JOONKYU, SINGH DIVA, THACKER-NITA. Financial Interconnectedness and Financial Sector Reforms in the Caribbean [J]. IMF Working Paper, 2013, WP/13/175.

[162] PAGANO, MARCO. The flotation of companies on the stock market: A coordination failure model [J]. European Economic Review 37. 5 (1993): 1101 – 1125.

[163] PAPADOPOULOS, N. The Free Trade Zone as a Strategic Element in International Business [J]. Canadian Business Review, 1985, 12 (1): 51 – 55.

[164] PHILIP R LANE, GIAN MARIA IVKLESI – FERRETTI, Cross – in Small International Financial Centers [D]. IMF Border Investment Working Paper, February 2010.

[165] PHILIPP HARTMANN. Currency Competition and Foreign Exchange Markets: The Dollar, the Yen and the Euro [J]. Cambridge University Press, 1998: 42 – 44.

[166] PREMSIKKA. The Role of Offshore Financial Centres in Globalization Accounting Forum [D]. December 2003.

[167] RICHARD ROBERTS. Offshore Financial Centers [M]. Edward Elgar Publishing Limited, 1994: 88 – 92.

[168] ROMERO, A T. Export Processing Zones in Africa: Implications for Labour. Competition & Change, 1998, 2 (4): 391.

[169] Ronen Palan: The Emergence of An Offshore Economy [M]. Futures Vol. 30, 1998: 120 – 124.

[170] SALIRTI M DARBAR, R BARRY JOHNSTON, MARY CX ZEPHIRIN. IMF: 加强对离岸金融中心的监管 [N]. 2003 – 09 – 11.

[171] SARGENT J, Matthews L. Combining Export Processing Zones and Regional Free Trade Agreements: Lessons from the Mexican Experience. World Development, 2001, 29 (10): 1739.

[172] SHARON, CORKILL, COBB. Global Finance And Offshore Financial Centers. A Case Study of the Isle of Man [M]. UMI Company, 1998: 125 – 129.

[173] SHOGO ISHII, LI CUI. Measures to Limit the Offshore Use of Currencies: Pros and Cons [D]. Working Paper, 2001 – 04 – 06.

[174] STIGLITZ, JOSEPH E. Capital market liberalization, economic growth, and instability [J]. World Development , 2000: 1075 – 1086.

[175] STULZ RENÉ M. Globalization, corporate finance, and the cost of capital [J]. Journal of applied corporate finance 12. 3 (1999): 8 – 25.

[176] SUSS, ESTHER C, CHANDIMA. Caribbean Offshore Financial Centers: Past, Present, and Possibilities for the Future, 2002 – 04 – 01.

[177] T K JAYARAMAN. Role of Offshore Financial Center Institutions in-Vanuatu. Working Paper [D]. May 2010.

[178] The Monetary and Financial Systems Department of IMF. A Progress Report and the Future of the Program [D]. 2003 – 07 – 31.

[179] WARR P. Export Promotion via Industrial Enclaves: The Philippines' Bataan Export Processing Zone. The Journal of Development Studies, 1987: 220 – 41.

[180] WEI X. Acquisition of Technological Capability through Special Economic Zones (SEZs) the Case of Shenzhen SEZ [J]. Industry & Innovation, 2000, 7 (2): 199 – 221.

后　记

　　本书立足上海，放眼全国，较为全面地分析了当前自由贸易港培育离岸金融市场的可行性、必要性和有效性，客观总结了自由贸易港离岸金融市场建设面临的困境、风险和挑战，从宏观、微观两个层面探讨了自由贸易港离岸金融市场未来的发展策略和路径选择，并提出了扩大自由贸易港离岸金融市场的离岸业务体系、完善政策制度体系、健全账户管理体系、规范市场管理体系、构建风险监管体系的政策建议。

　　本书的面世应首先感谢天津市政府参事、中国滨海金融协同创新中心主任王爰俭教授的提议和大力支持，以及中国滨海金融协同创新中心副主任李向前教授的全力相助。在写作过程中，天津市自由贸易区研究院院长刘恩专教授给予笔者倾力指导和悉心点拨。中国社会科学院金融研究所副研究员林楠，天津财经大学经济学院金融系的李政副教授、刘场博士、邓黎桥博士、杜强博士为本书的研究提供了许多宝贵的意见和建议。中国金融出版社的领导和工作人员也对本书的出版给予了热情帮助。在此，向各方给予的支持与帮助表示衷心感谢！

　　我国自由贸易港离岸金融市场的建设探讨尚属于新生事物，本书研究视角难免会有局限，还有许多未言之处、未尽事宜，有待在今后的实践中继续研究思考。本书不当之处，恳请大家指正。期待每位读者的真知灼见，让此项研究更深入、更扎实。

杨　帆

2018 年 5 月 31 日